卞尺丹几乙し丹卞と
Translated Language Learning

Siddhartha

An Indian Poem
O Poezie Indiană

Hermann Hesse

English / Româna

Copyright © 2024 Tranzlaty
All rights reserved
Published by Tranzlaty
Siddhartha – Eine Indische Dichtung
ISBN: 978-1-83566-693-7
Original text by Hermann Hesse
First published in German in 1922
www.tranzlaty.com

The Son of the Brahman
Fiul Brahmanului

In the shade of the house
La umbra casei
in the sunshine of the riverbank
în soarele malului râului
near the boats
lângă bărci
in the shade of the Sal-wood forest
la umbra pădurii Sal-wood
in the shade of the fig tree
la umbra smochinului
this is where Siddhartha grew up
aici a crescut Siddhartha
he was the handsome son of a Brahman, the young falcon
era fiul frumos al unui brahman, tânărul șoim
he grew up with his friend Govinda
a crescut cu prietena lui Govinda
Govinda was also the son of a Brahman
Govinda era și fiul unui brahman
by the banks of the river the sun tanned his light shoulders
pe malurile râului soarele i-a bronzat umerii lumini
bathing, performing the sacred ablutions, making sacred offerings
scăldat, săvârșirea abluțiilor sacre, a face ofrande sacre
In the mango garden, shade poured into his black eyes
În grădina de mango, umbra i s-a revărsat în ochii negri
when playing as a boy, when his mother sang
când se juca când era băiat, când cânta mama lui
when the sacred offerings were made
când s-au făcut darurile sacre
when his father, the scholar, taught him
când tatăl său, cărturarul, l-a învățat
when the wise men talked
când înțelepții vorbeau

For a long time, Siddhartha had been partaking in the discussions of the wise men
De multă vreme, Siddhartha a luat parte la discuțiile înțelepților
he practiced debating with Govinda
a exersat dezbaterea cu Govinda
he practiced the art of reflection with Govinda
a exersat arta reflecției cu Govinda
and he practiced meditation
și a practicat meditația
He already knew how to speak the Om silently
Știa deja să rostească om în tăcere
he knew the word of words
cunoștea cuvântul cuvintelor
he spoke it silently into himself while inhaling
a spus-o în tăcere în sine în timp ce inspira
he spoke it silently out of himself while exhaling
a spus-o în tăcere din sine în timp ce expira
he did this with all the concentration of his soul
a făcut asta cu toată concentrarea sufletului său
his forehead was surrounded by the glow of the clear-thinking spirit
fruntea îi era înconjurată de strălucirea spiritului cu gândire limpede
He already knew how to feel Atman in the depths of his being
Știa deja să-l simtă pe Atman în adâncul ființei sale
he could feel the indestructible
putea simți indestructibilul
he knew what it was to be at one with the universe
știa ce înseamnă să fii una cu universul
Joy leapt in his father's heart
Bucuria a sărit în inima tatălui său
because his son was quick to learn
pentru că fiul său a învățat repede
he was thirsty for knowledge

era însetat de cunoaștere
his father could see him growing up to become a great wise man
tatăl său l-a putut vedea crescând devenind un mare înțelept
he could see him becoming a priest
îl putea vedea devenind preot
he could see him becoming a prince among the Brahmans
îl putea vedea devenind un prinț printre brahmani
Bliss leapt in his mother's breast when she saw him walking
Bliss a sărit în sânul mamei lui când l-a văzut mergând
Bliss leapt in her heart when she saw him sit down and get up
Bliss a sărit în inima ei când l-a văzut așezându-se și ridicându-se
Siddhartha was strong and handsome
Siddhartha era puternic și frumos
he, who was walking on slender legs
el, care mergea pe picioare zvelte
he greeted her with perfect respect
o salută cu un respect desăvârșit
Love touched the hearts of the Brahmans' young daughters
Dragostea a atins inimile tinerelor fiice ale brahmanilor
they were charmed when Siddhartha walked through the lanes of the town
au fost fermecați când Siddhartha a mers pe aleile orașului
his luminous forehead, his eyes of a king, his slim hips
fruntea lui luminoasă, ochii lui de rege, șoldurile lui subțiri
But most of all he was loved by Govinda
Dar mai ales era iubit de Govinda
Govinda, his friend, the son of a Brahman
Govinda, prietenul lui, fiul unui brahman
He loved Siddhartha's eye and sweet voice
Îi plăcea ochiul și vocea dulce a lui Siddhartha
he loved the way he walked
îi plăcea felul în care mergea
and he loved the perfect decency of his movements

și iubea decența perfectă a mișcărilor sale
he loved everything Siddhartha did and said
îi plăcea tot ce făcea și spunea Siddhartha
but what he loved most was his spirit
dar ceea ce iubea cel mai mult era spiritul lui
he loved his transcendent, fiery thoughts
își iubea gândurile transcendente, de foc
he loved his ardent will and high calling
își iubea voința înflăcărată și înalta chemare
Govinda knew he would not become a common Brahman
Govinda știa că nu va deveni un Brahman obișnuit
no, he would not become a lazy official
nu, nu ar deveni un oficial leneș
no, he would not become a greedy merchant
nu, n-ar deveni un negustor lacom
not a vain, vacuous speaker
nu un vorbitor zadarnic, vacu
nor a mean, deceitful priest
nici un preot răutăcios și înșelător
and he also would not become a decent, stupid sheep
și nici nu ar deveni o oaie decentă și proastă
a sheep in the herd of the many
o oaie în turma celor mulți
and he did not want to become one of those things
și nu voia să devină unul dintre acele lucruri
he did not want to be one of those tens of thousands of Brahmans
nu voia să fie unul dintre acele zeci de mii de brahmani
He wanted to follow Siddhartha; the beloved, the splendid
Voia să-l urmeze pe Siddhartha; iubitul, splendidul
in days to come, when Siddhartha would become a god, he would be there
în zilele următoare, când Siddhartha va deveni zeu, el va fi acolo
when he would join the glorious, he would be there
când s-ar alătura gloriosului, va fi acolo

Govinda wanted to follow him as his friend
Govinda a vrut să-l urmeze ca prieten
he was his companion and his servant
i-a fost tovarăş şi slujitor
he was his spear-carrier and his shadow
era purtătorul lui de suliţă şi umbra lui
Siddhartha was loved by everyone
Siddhartha era iubit de toată lumea
He was a source of joy for everybody
El a fost o sursă de bucurie pentru toată lumea
he was a delight for them all
era o încântare pentru toţi
But he, Siddhartha, was not a source of joy for himself
Dar el, Siddhartha, nu era o sursă de bucurie pentru el însuşi
he found no delight in himself
nu a găsit nicio plăcere în sine
he walked the rosy paths of the fig tree garden
a mers pe cărările roz ale grădinii de smochini
he sat in the bluish shade in the garden of contemplation
stătea în umbra albăstruie din grădina contemplaţiei
he washed his limbs daily in the bath of repentance
îşi spăla mădularele zilnic în baia pocăinţei
he made sacrifices in the dim shade of the mango forest
făcea sacrificii la umbra slabă a pădurii de mango
his gestures were of perfect decency
gesturile lui erau de o decentă desăvârşită
he was everyone's love and joy
era dragostea şi bucuria tuturor
but he still lacked all joy in his heart
dar tot îi lipsea toată bucuria din inima lui
Dreams and restless thoughts came into his mind
Vise şi gânduri neliniştite i-au venit în minte
his dreams flowed from the water of the river
visele lui curgeau din apa râului
his dreams sparked from the stars of the night
visele lui au izbucnit din stelele nopţii

his dreams melted from the beams of the sun
visele lui s-au topit de razele soarelui
dreams came to him, and a restlessness of the soul came to him
i-au venit vise și i-a venit o neliniște sufletească
his soul was fuming from the sacrifices
sufletul îi ardea de sacrificii
he breathed forth from the verses of the Rig-Veda
a suflat din versurile Rig-Vedei
the verses were infused into him, drop by drop
versurile i se infuzau, picătură cu picătură
the verses from the teachings of the old Brahmans
versurile din învățăturile vechilor brahmani
Siddhartha had started to nurse discontent in himself
Siddhartha începuse să îngrijească nemulțumirea în sine
he had started to feel doubt about the love of his father
începuse să se îndoiască de dragostea tatălui său
he doubted the love of his mother
se îndoia de dragostea mamei sale
and he doubted the love of his friend, Govinda
și se îndoia de dragostea prietenei sale, Govinda
he doubted if their love could bring him joy forever and ever
se îndoia dacă dragostea lor i-ar putea aduce bucurie pentru totdeauna
their love could not nurse him
dragostea lor nu putea să-l alăpteze
their love could not feed him
dragostea lor nu putea să-l hrănească
their love could not satisfy him
dragostea lor nu l-a putut satisface
he had started to suspect his father's teachings
începuse să suspecteze învățăturile tatălui său
perhaps he had shown him everything he knew
poate că îi arătase tot ce știa
there were his other teachers, the wise Brahmans

erau ceilalți profesori ai săi, brahmanii înțelepți
perhaps they had already revealed to him the best of their wisdom
poate că îi dezvăluiseră deja cea mai bună înțelepciune
he feared that they had already filled his expecting vessel
se temea că i-au umplut deja vasul care aștepta
despite the richness of their teachings, the vessel was not full
în ciuda bogăției învățăturilor lor, vasul nu era plin
the spirit was not content
spiritul nu era mulțumit
the soul was not calm
sufletul nu era liniștit
the heart was not satisfied
inima nu era satisfăcută
the ablutions were good, but they were water
abluțiile erau bune, dar erau apă
the ablutions did not wash off the sin
abluțiile nu au spălat păcatul
they did not heal the spirit's thirst
nu vindecau setea duhului
they did not relieve the fear in his heart
nu i-au alinat frica din inima lui
The sacrifices and the invocation of the gods were excellent
Sacrificiile și invocarea zeilor au fost excelente
but was that all there was?
dar asta era tot?
did the sacrifices give a happy fortune?
au dat sacrificiile o avere fericită?
and what about the gods?
si ce zici de zei?
Was it really Prajapati who had created the world?
Chiar Prajapati a fost cel care a creat lumea?
Was it not the Atman who had created the world?
Nu era Atmanul cel care crease lumea?
Atman, the only one, the singular one

Atman, singurul, singularul
Were the gods not creations?
Nu erau zeii creații?
were they not created like me and you?
nu au fost ei creați ca mine și ca tine?
were the Gods not subject to time?
nu erau zeii supuși timpului?
were the Gods mortal? Was it good?
Zeii erau muritori? A fost bine?
was it right? was it meaningful?
a fost corect? a avut sens?
was it the highest occupation to make offerings to the gods?
era cea mai înaltă ocupație să faci ofrande zeilor?
For whom else were offerings to be made?
Pentru cine altcineva trebuiau făcute ofrande?
who else was to be worshipped?
cui altcineva trebuia venerat?
who else was there, but Him?
cine altcineva era acolo, în afară de El?
The only one, the Atman
Singurul, Atmanul
And where was Atman to be found?
Și unde a fost găsit Atman?
where did He reside?
unde locuia El?
where did His eternal heart beat?
unde a bătut inima Lui veșnică?
where else but in one's own self?
unde altceva decât în propriul sine?
in its innermost indestructible part
în partea sa cea mai interioară indestructibilă
could he be that which everyone had in himself?
putea fi el ceea ce avea fiecare în sine?
But where was this self?
Dar unde era acest sine?
where was this innermost part?

unde era această parte cea mai interioară?
where was this ultimate part?
unde a fost această parte finală?
It was not flesh and bone
Nu era carne şi oase
it was neither thought nor consciousness
nu era nici gândire, nici conştiinţă
this is what the wisest ones taught
asta au învăţat cei mai înţelepţi
So where was it?
Deci unde era?
the self, myself, the Atman
sinele, eu însumi, Atmanul
To reach this place, there was another way
Pentru a ajunge în acest loc, era o altă cale
was this other way worth looking for?
merita cautat aceasta alta cale?
Alas, nobody showed him this way
Din păcate, nimeni nu i-a arătat aşa
nobody knew this other way
nimeni nu ştia asta altfel
his father did not know it
tatăl lui nu ştia asta
and the teachers and wise men did not know it
iar învăţătorii şi înţelepţii nu ştiau asta
They knew everything, the Brahmans
Ei ştiau totul, brahmanii
and their holy books knew everything
iar cărţile lor sfinte ştiau totul
they had taken care of everything
se ocupaseră de toate
they took care of the creation of the world
s-au ocupat de crearea lumii
they described origin of speech, food, inhaling, exhaling
au descris originea vorbirii, hrana, inhalarea, expirarea
they described the arrangement of the senses

au descris dispunerea simțurilor
they described the acts of the gods
au descris faptele zeilor
their books knew infinitely much
cărțile lor știau infinit de multe
but was it valuable to know all of this?
dar era valoros să știm toate acestea?
was there not only one thing to be known?
nu era un singur lucru de știut?
was there still not the most important thing to know?
nu era încă cel mai important lucru de știut?
many verses of the holy books spoke of this innermost, ultimate thing
multe versete din cărțile sfinte vorbeau despre acest lucru cel mai lăuntric, suprem
it was spoken of particularly in the Upanishades of Samaveda
despre ea s-a vorbit mai ales în Upanishadele din Samaveda
they were wonderful verses
erau versuri minunate
"Your soul is the whole world", this was written there
„Sufletul tău este lumea întreagă", s-a scris acolo
and it was written that man in deep sleep would meet with his innermost part
și era scris că omul în somn adânc se va întâlni cu partea sa cea mai lăuntrică
and he would reside in the Atman
iar el ar locui în Atman
Marvellous wisdom was in these verses
În aceste versete se afla o înțelepciune minunată
all knowledge of the wisest ones had been collected here in magic words
toate cunoștințele celor mai înțelepți fuseseră adunate aici în cuvinte magice
it was as pure as honey collected by bees
era pură ca mierea culesă de albine

No, the verses were not to be looked down upon
Nu, versurile nu trebuiau privite cu dispreț
they contained tremendous amounts of enlightenment
au conținut uriașe cantități de iluminare
they contained wisdom which lay collected and preserved
ele conțineau înțelepciune care era adunată și păstrată
wisdom collected by innumerable generations of wise Brahmans
înțelepciunea adunată de nenumărate generații de brahmani înțelepți
But where were the Brahmans?
Dar unde erau brahmanii?
where were the priests?
unde erau preoții?
where the wise men or penitents?
unde înțelepții sau penitenții?
where were those that had succeeded?
unde erau cei care reușiseră?
where were those who knew more than deepest of all knowledge?
unde erau cei care știau mai mult decât cea mai profundă dintre toate cunoștințele?
where were those that also lived out the enlightened wisdom?
unde erau cei care au trăit și înțelepciunea iluminată?
Where was the knowledgeable one who brought Atman out of his sleep?
Unde era cel informat care l-a scos pe Atman din somn?
who had brought this knowledge into the day?
cine a adus această cunoaștere în ziua de azi?
who had taken this knowledge into their life?
cine a luat aceste cunoștințe în viața lor?
who carried this knowledge with every step they took?
cine a purtat aceste cunoștințe cu fiecare pas pe care l-au făcut?
who had married their words with their deeds?

care își căsătorise cuvintele cu faptele lor?
Siddhartha knew many venerable Brahmans
Siddhartha cunoștea mulți brahmani venerabili
his father, the pure one
tatăl său, cel curat
the scholar, the most venerable one
savantul, cel mai venerabil
His father was worthy of admiration
Tatăl său era demn de admirație
quiet and noble were his manners
liniștite și nobile erau manierele lui
pure was his life, wise were his words
curată era viața lui, înțelepte erau cuvintele lui
delicate and noble thoughts lived behind his brow
în spatele sprâncenei lui trăiau gânduri delicate și nobile
but even though he knew so much, did he live in blissfulness?
dar, deși știa atât de multe, a trăit în fericire?
despite all his knowledge, did he have peace?
în ciuda tuturor cunoștințelor sale, avea pace?
was he not also just a searching man?
nu era și el doar un bărbat care căuta?
was he still not a thirsty man?
nu era încă un om însetat?
Did he not have to drink from holy sources again and again?
Nu trebuia să bea din izvoare sfinte din nou și din nou?
did he not drink from the offerings?
nu a băut el din daruri?
did he not drink from the books?
nu a băut din cărți?
did he not drink from the disputes of the Brahmans?
nu a băut el din disputele brahmanilor?
Why did he have to wash off sins every day?
De ce trebuia să spele de păcate în fiecare zi?
must he strive for a cleansing every day?
trebuie să se străduiască pentru o curățare în fiecare zi?

over and over again, every day
iar și iar, în fiecare zi
Was Atman not in him?
Nu era Atman în el?
did not the pristine source spring from his heart?
nu a izvorât din inima lui sursa curată?
the pristine source had to be found in one's own self
sursa curată trebuia găsită în propriul sine
the pristine source had to be possessed!
sursa curată trebuia stăpânită!
doing anything else else was searching
a face orice altceva era căutarea
taking any other pass is a detour
a lua orice altă trecere este un ocol
going any other way leads to getting lost
a merge pe orice altă cale duce la a te pierde
These were Siddhartha's thoughts
Acestea erau gândurile lui Siddhartha
this was his thirst, and this was his suffering
aceasta era setea lui și aceasta era suferința lui
Often he spoke to himself from a Chandogya-Upanishad:
Adesea vorbea pentru sine dintr-un Chandogya-Upanishad:
"Truly, the name of the Brahman is Satyam"
„Cu adevărat, numele Brahmanului este Satyam"
"he who knows such a thing, will enter the heavenly world every day"
„cine știe așa ceva, va intra în lumea cerească în fiecare zi"
Often the heavenly world seemed near
Adesea lumea cerească părea aproape
but he had never reached the heavenly world completely
dar nu ajunsese niciodată complet în lumea cerească
he had never quenched the ultimate thirst
nu potolise niciodată setea supremă
And among all the wise and wisest men, none had reached it
Și dintre toți oamenii înțelepți și cei mai înțelepți, niciunul nu ajunsese la el

he received instructions from them
a primit instrucțiuni de la ei
but they hadn't completely reached the heavenly world
dar nu ajunseseră complet în lumea cerească
they hadn't completely quenched their thirst
nu le potoliseră complet setea
because this thirst is an eternal thirst
pentru că această sete este o sete eternă

"Govinda" Siddhartha spoke to his friend
„Govinda" Siddhartha a vorbit cu prietenul său
"Govinda, my dear, come with me under the Banyan tree"
„Govinda, draga mea, vino cu mine sub Banian"
"let's practise meditation"
„hai să exersăm meditația"
They went to the Banyan tree
S-au dus la Banyan
under the Banyan tree they sat down
sub arborele Banian s-au așezat
Siddhartha was right here
Siddhartha era chiar aici
Govinda was twenty paces away
Govinda era la douăzeci de pași
Siddhartha seated himself and he repeated murmuring the verse
Siddhartha s-a așezat și a repetat murmurând versetul
Om is the bow, the arrow is the soul
Om este arcul, săgeata este sufletul
The Brahman is the arrow's target
Brahmanul este ținta săgeții
the target that one should incessantly hit
ținta pe care ar trebui să-l lovească neîncetat
the usual time of the exercise in meditation had passed
trecuse timpul obișnuit al exercițiului de meditație
Govinda got up, the evening had come
Govinda s-a trezit, venise seara

it was time to perform the evening's ablution
era timpul să facă abluţiunea de seară
He called Siddhartha's name, but Siddhartha did not answer
A strigat numele lui Siddhartha, dar Siddhartha nu a răspuns
Siddhartha sat there, lost in thought
Siddhartha stătea acolo, pierdut în gânduri
his eyes were rigidly focused towards a very distant target
ochii îi erau concentraţi cu rigiditate spre o ţintă foarte îndepărtată
the tip of his tongue was protruding a little between the teeth
vârful limbii îi ieşea puţin printre dinţi
he seemed not to breathe
părea că nu respiră
Thus sat he, wrapped up in contemplation
Aşa stătea el, învăluit în contemplaţie
he was deep in thought of the Om
era adânc în gânduri la Om
his soul sent after the Brahman like an arrow
sufletul lui trimis după Brahman ca o săgeată
Once, Samanas had travelled through Siddhartha's town
Odată, Samanas călătorise prin oraşul Siddharthei
they were ascetics on a pilgrimage
erau asceţi în pelerinaj
three skinny, withered men, neither old nor young
trei bărbaţi slabi şi ofilit, nici bătrâni, nici tineri
dusty and bloody were their shoulders
umerii lor erau prăfuiţi şi însângeraţi
almost naked, scorched by the sun, surrounded by loneliness
aproape goală, pârjolită de soare, înconjurată de singurătate
strangers and enemies to the world
străini şi duşmani ai lumii
strangers and jackals in the realm of humans
străini şi şacali în tărâmul oamenilor
Behind them blew a hot scent of quiet passion

În spatele lor suflă un parfum fierbinte de pasiune liniștită
a scent of destructive service
un parfum de serviciu distructiv
a scent of merciless self-denial
un parfum de lepădare de sine fără milă
the evening had come
venise seara
after the hour of contemplation, Siddhartha spoke to Govinda
după ora de contemplare, Siddhartha a vorbit cu Govinda
"Early tomorrow morning, my friend, Siddhartha will go to the Samanas"
„Mâine dimineață devreme, prietenul meu, Siddhartha va merge la Samana"
"He will become a Samana"
"Va deveni un Samana"
Govinda turned pale when he heard these words
Govinda păli când auzi aceste cuvinte
and he read the decision in the motionless face of his friend
și a citit decizia pe chipul nemișcat al prietenului său
the determination was unstoppable, like the arrow shot from the bow
determinarea era de neoprit, ca săgeata trasă din arc
Govinda realized at first glance; now it is beginning
Govinda își dădu seama la prima vedere; acum începe
now Siddhartha is taking his own way
acum Siddhartha își ia drumul
now his fate is beginning to sprout
acum soarta lui începe să încolțească
and because of Siddhartha, Govinda's fate is sprouting too
și din cauza Siddharthei, soarta Govindei încolțește și ea
he turned pale like a dry banana-skin
a devenit palid ca o piele uscată de banană
"Oh Siddhartha," he exclaimed
„Oh Siddhartha", a exclamat el
"will your father permit you to do that?"

— îți va permite tatăl tău să faci asta?
Siddhartha looked over as if he was just waking up
Siddhartha se uită ca și cum tocmai se trezea
like an Arrow he read Govinda's soul
ca o Săgeată a citit sufletul Govindei
he could read the fear and the submission in him
putea citi frica și supunerea din el
"Oh Govinda," he spoke quietly, "let's not waste words"
„Oh, Govinda", a spus el încet, „să nu irosim cuvintele"
"Tomorrow at daybreak I will begin the life of the Samanas"
„Mâine, la răsăritul zilei, voi începe viața samanilor"
"let us speak no more of it"
„Să nu mai vorbim despre asta"

Siddhartha entered the chamber where his father was sitting
Siddhartha a intrat în camera în care stătea tatăl său
his father was was on a mat of bast
tatăl lui era pe o rogojină
Siddhartha stepped behind his father
Siddhartha păși în spatele tatălui său
and he remained standing behind him
iar el a rămas în picioare în spatele lui
he stood until his father felt that someone was standing behind him
a stat în picioare până când tatăl său a simțit că cineva stă în spatele lui
Spoke the Brahman: "Is that you, Siddhartha?"
Brahmanul a vorbit: „Tu ești, Siddhartha?"
"Then say what you came to say"
„Atunci spune ce ai venit să spui"
Spoke Siddhartha: "With your permission, my father"
A vorbit Siddhartha: „Cu permisiunea ta, tată"
"I came to tell you that it is my longing to leave your house tomorrow"
„Am venit să-ți spun că este dorul meu să părăsesc casa ta mâine"

"I wish to go to the ascetics"
"Vreau să merg la asceți"
"My desire is to become a Samana"
"Dorința mea este să devin Samana"
"May my father not oppose this"
"Fie ca tatăl meu să nu se opună asta"
The Brahman fell silent, and he remained so for long
Brahmanul a tăcut și a rămas așa mult timp
the stars in the small window wandered
stelele din fereastra mică rătăceau
and they changed their relative positions
și și-au schimbat pozițiile relative
Silent and motionless stood the son with his arms folded
Fiul stătea tăcut și nemișcat cu brațele încrucișate
silent and motionless sat the father on the mat
tăcut și nemișcat stătea tatăl pe saltea
and the stars traced their paths in the sky
iar stelele și-au trasat drumurile pe cer
Then spoke the father
Apoi a vorbit tatăl
"it is not proper for a Brahman to speak harsh and angry words"
"Nu este potrivit ca un Brahman să rostească cuvinte aspre și supărate"
"But indignation is in my heart"
"Dar indignarea este în inima mea"
"I wish not to hear this request for a second time"
"Aș dori să nu aud această cerere pentru a doua oară"
Slowly, the Brahman rose
Încet, Brahmanul s-a ridicat
Siddhartha stood silently, his arms folded
Siddhartha rămase tăcut, cu brațele încrucișate
"What are you waiting for?" asked the father
"Ce aștepți?" întrebă tatăl
Spoke Siddhartha, "You know what I'm waiting for"
Siddhartha a spus: „Știi ce aștept"

Indignant, the father left the chamber
Indignat, părintele a părăsit camera
indignant, he went to his bed and lay down
indignat, s-a dus în patul lui și s-a întins
an hour passed, but no sleep had come over his eyes
a trecut o oră, dar nu-i trecuse somnul peste ochi
the Brahman stood up and he paced to and fro
brahmanul s-a ridicat și a pășit încoace și încolo
and he left the house in the night
și a plecat noaptea din casă
Through the small window of the chamber he looked back inside
Prin fereastra mică a camerei se uită înapoi înăuntru
and there he saw Siddhartha standing
și acolo l-a văzut pe Siddhartha în picioare
his arms were folded and he had not moved from his spot
avea brațele încrucișate și nu se mișcase de la locul lui
Pale shimmered his bright robe
Palidă îi strălucea halatul strălucitor
With anxiety in his heart, the father returned to his bed
Cu neliniștea în inimă, tatăl s-a întors în patul lui
another sleepless hour passed
a mai trecut o oră nedorită
since no sleep had come over his eyes, the Brahman stood up again
din moment ce nu-i trecuse somnul peste ochi, Brahmanul s-a ridicat din nou
he paced to and fro, and he walked out of the house
se plimba încoace și încolo și ieși din casă
and he saw that the moon had risen
si a vazut ca rasarise luna
Through the window of the chamber he looked back inside
Prin fereastra camerei se uită înapoi înăuntru
there stood Siddhartha, unmoved from his spot
acolo stătea Siddhartha, neclintit de la locul lui
his arms were folded, as they had been

- 19 -

brațele îi erau încrucișate, așa cum fuseseră
moonlight was reflecting from his bare shins
lumina lunii se reflecta de pe tibia goală
With worry in his heart, the father went back to bed
Cu îngrijorarea în suflet, tatăl s-a întors la culcare
he came back after an hour
s-a întors după o oră
and he came back again after two hours
și s-a întors din nou după două ore
he looked through the small window
se uită prin fereastra mică
he saw Siddhartha standing in the moon light
îl văzu pe Siddhartha stând în lumina lunii
he stood by the light of the stars in the darkness
stătea lângă lumina stelelor în întuneric
And he came back hour after hour
Și s-a întors oră după oră
silently, he looked into the chamber
în tăcere, se uită în cameră
he saw him standing in the same place
l-a văzut stând în același loc
it filled his heart with anger
i-a umplut inima de furie
it filled his heart with unrest
i-a umplut inima de neliniște
it filled his heart with anguish
i-a umplut inima de angoasă
it filled his heart with sadness
i-a umplut inima de tristețe
the night's last hour had come
sosise ultima oră a nopții
his father returned and stepped into the room
tatăl lui s-a întors și a pășit în cameră
he saw the young man standing there
îl văzu pe tânăr stând acolo
he seemed tall and like a stranger to him

părea înalt și ca un străin pentru el
"Siddhartha," he spoke, "what are you waiting for?"
„Siddhartha", a spus el, „ce mai aștepți?"
"You know what I'm waiting for"
„Știi ce aștept"
"Will you always stand that way and wait?
„Vei sta mereu așa și vei aștepta?
"I will always stand and wait"
„Voi sta mereu și voi aștepta"
"will you wait until it becomes morning, noon, and evening?"
"Vrei să aștepți până când va deveni dimineața, prânzul și seara?"
"I will wait until it become morning, noon, and evening"
„Voi aștepta până se va face dimineața, prânzul și seara"
"You will become tired, Siddhartha"
„O să obosești, Siddhartha"
"I will become tired"
„O să devin obosit"
"You will fall asleep, Siddhartha"
„Vei adormi, Siddhartha"
"I will not fall asleep"
„Nu voi adormi"
"You will die, Siddhartha"
„Vei muri, Siddhartha"
"I will die," answered Siddhartha
„Voi muri", a răspuns Siddhartha
"And would you rather die, than obey your father?"
— Și ai prefera să mori decât să asculți tatălui tău?
"Siddhartha has always obeyed his father"
„Siddhartha și-a ascultat întotdeauna tatăl"
"So will you abandon your plan?"
— Deci îți vei abandona planul?
"Siddhartha will do what his father will tell him to do"
„Siddhartha va face ceea ce tatăl său îi va spune să facă"
The first light of day shone into the room

Prima lumină a zilei a strălucit în cameră
The Brahman saw that Siddhartha knees were softly trembling
Brahmanul a văzut că genunchii lui Siddhartha tremurau ușor
In Siddhartha's face he saw no trembling
În chipul lui Siddhartha nu vedea niciun tremur
his eyes were fixed on a distant spot
ochii îi erau ațintiți într-un loc îndepărtat
This was when his father realized
Acesta a fost momentul în care tatăl său și-a dat seama
even now Siddhartha no longer dwelt with him in his home
nici acum Siddhartha nu mai locuia cu el în casa lui
he saw that he had already left him
văzu că deja îl părăsise
The Father touched Siddhartha's shoulder
Tatăl a atins umărul lui Siddhartha
"You will," he spoke, "go into the forest and be a Samana"
„Vei," a spus el, „vei merge în pădure și vei fi un Samana"
"When you find blissfulness in the forest, come back"
„Când găsești fericirea în pădure, întoarce-te"
"come back and teach me to be blissful"
„Întoarce-te și învață-mă să fiu fericit"
"If you find disappointment, then return"
„Dacă găsești dezamăgire, atunci întoarce-te"
"return and let us make offerings to the gods together, again"
„Întoarceți-vă și să aducem din nou daruri zeilor împreună"
"Go now and kiss your mother"
„Du-te acum și sărută-ți mama"
"tell her where you are going"
"Spune-i unde mergi"
"But for me it is time to go to the river"
„Dar pentru mine este timpul să merg la râu"
"it is my time to perform the first ablution"
„Este timpul meu să fac prima abluție"
He took his hand from the shoulder of his son, and went outside

Și-a luat mâna de pe umărul fiului său și a ieșit afară
Siddhartha wavered to the side as he tried to walk
Siddhartha a clătinat într-o parte în timp ce încerca să meargă
He put his limbs back under control and bowed to his father
Și-a pus din nou membrele sub control și s-a închinat în fața tatălui său

he went to his mother to do as his father had said
s-a dus la mama lui să facă ce spusese tatăl său
As he slowly left on stiff legs a shadow rose near the last hut
În timp ce pleca încet cu picioarele înțepenite, o umbră se ridică lângă ultima colibă
who had crouched there, and joined the pilgrim?
cine se ghemuise acolo și se alăturase pelerinului?
"Govinda, you have come" said Siddhartha and smiled
„Govinda, ai venit", a spus Siddhartha și a zâmbit
"I have come," said Govinda
— Am venit, spuse Govinda

With the Samanas
Cu Samana

In the evening of this day they caught up with the ascetics
În seara acestei zile au ajuns din urmă pe ascețíi
the ascetics; the skinny Samanas
ascetii; slabul Samanas
they offered them their companionship and obedience
le-au oferit tovărășia și ascultarea lor
Their companionship and obedience were accepted
Compania și ascultarea lor au fost acceptate
Siddhartha gave his garments to a poor Brahman in the street
Siddhartha și-a dat hainele unui biet Brahman de pe stradă
He wore nothing more than a loincloth and earth-coloured, unsown cloak
Nu purta nimic altceva decât o pânză și o mantie de culoarea pământului, nesemănată
He ate only once a day, and never anything cooked
Mânca doar o dată pe zi și niciodată nimic gătit
He fasted for fifteen days, he fasted for twenty-eight days
A postit cincisprezece zile, a postit douăzeci și opt de zile
The flesh waned from his thighs and cheeks
Carnea îi scădea de pe coapse și obraji
Feverish dreams flickered from his enlarged eyes
Vise febrile i-au pâlpâit din ochii lui măriți
long nails grew slowly on his parched fingers
unghiile lungi i-au crescut încet pe degetele uscate
and a dry, shaggy beard grew on his chin
iar pe bărbie îi creștea o barbă uscată și plină
His glance turned to ice when he encountered women
Privirea i s-a transformat în gheață când a întâlnit femei
he walked through a city of nicely dressed people
a mers printr-un oraș de oameni frumos îmbrăcați
his mouth twitched with contempt for them
gura îi tresări de dispreț pentru ei

He saw merchants trading and princes hunting
A văzut negustori făcând comerț și prinți vânând
he saw mourners wailing for their dead
a văzut pe cei îndoliați plângându-și morții
and he saw whores offering themselves
și a văzut curve care se oferă
physicians trying to help the sick
medicii care încearcă să ajute bolnavii
priests determining the most suitable day for seeding
preoții determinând ziua cea mai potrivită pentru însămânțare
lovers loving and mothers nursing their children
îndrăgostiți care își iubesc și mamele care își alăptează copiii
and all of this was not worthy of one look from his eyes
și toate acestea nu meritau o singură privire din ochii lui
it all lied, it all stank, it all stank of lies
totul a mințit, totul mirosit, totul mirosea a minciuni
it all pretended to be meaningful and joyful and beautiful
totul s-a prefăcut a fi semnificativ, vesel și frumos
and it all was just concealed putrefaction
și totul a fost doar putrefacție ascunsă
the world tasted bitter; life was torture
lumea avea un gust amar; viața era tortură

A single goal stood before Siddhartha
Un singur gol a stat în fața lui Siddhartha
his goal was to become empty
scopul lui era să devină gol
his goal was to be empty of thirst
scopul lui era să fie gol de sete
empty of wishing and empty of dreams
gol de dorințe și gol de vise
empty of joy and sorrow
gol de bucurie și tristețe
his goal was to be dead to himself
scopul lui era să fie mort pentru el însuși
his goal was not to be a self any more

scopul lui nu era să mai fie un sine
his goal was to find tranquillity with an emptied heart
scopul lui era să-și găsească liniștea cu inima goală
his goal was to be open to miracles in unselfish thoughts
scopul lui era să fie deschis la miracole în gânduri altruiste
to achieve this was his goal
a realiza acest lucru era scopul lui
when all of his self was overcome and had died
când tot sinele lui a fost biruit și murise
when every desire and every urge was silent in the heart
când fiecare dorință și orice îndemn tăcea în inimă
then the ultimate part of him had to awake
apoi partea supremă a lui trebuia să se trezească
the innermost of his being, which is no longer his self
cel mai interior al ființei sale, care nu mai este sinele lui
this was the great secret
acesta a fost marele secret

Silently, Siddhartha exposed himself to the burning rays of the sun
În tăcere, Siddhartha s-a expus razelor arzătoare ale soarelui
he was glowing with pain and he was glowing with thirst
strălucea de durere și strălucea de sete
and he stood there until he neither felt pain nor thirst
și a stat acolo până nu a simțit nici durere, nici sete
Silently, he stood there in the rainy season
În tăcere, a stat acolo în sezonul ploios
from his hair the water was dripping over freezing shoulders
din părul lui picura apa peste umerii înghețați
the water was dripping over his freezing hips and legs
apa îi picura peste șoldurile și picioarele înghețate
and the penitent stood there
iar penitentul stătea acolo
he stood there until he could not feel the cold any more
a rămas acolo până când nu a mai simțit frigul

he stood there until his body was silent
a rămas acolo până când trupul lui a tăcut
he stood there until his body was quiet
a stat acolo până când corpul lui a fost liniștit
Silently, he cowered in the thorny bushes
În tăcere, se înghesui în tufișurile spinoase
blood dripped from the burning skin
sângele picura din pielea care ardea
blood dripped from festering wounds
sângele picura din rănile purulente
and Siddhartha stayed rigid and motionless
iar Siddhartha a rămas rigid și nemișcat
he stood until no blood flowed any more
stătea în picioare până când nu mai curge sânge
he stood until nothing stung any more
a stat în picioare până când nimic nu a mai înțepat
he stood until nothing burned any more
a stat în picioare până nu a mai ars nimic
Siddhartha sat upright and learned to breathe sparingly
Siddhartha stătea drept și învăța să respire cumpătat
he learned to get along with few breaths
a învățat să se înțeleagă cu puține respirații
he learned to stop breathing
a învățat să nu mai respire
He learned, beginning with the breath, to calm the beating of his heart
A învățat, începând cu respirația, să-și calmeze bătăile inimii
he learned to reduce the beats of his heart
a învățat să-și reducă bătăile inimii
he meditated until his heartbeats were only a few
a meditat până când bătăile inimii lui au fost doar câteva
and then his heartbeats were almost none
iar apoi bătăile inimii lui erau aproape deloc
Instructed by the oldest of the Samanas, Siddhartha practised self-denial

Instruit de cel mai bătrân dintre Samana, Siddhartha a
practicat negarea de sine
he practised meditation, according to the new Samana rules
a practicat meditația, după noile reguli Samana
A heron flew over the bamboo forest
Un stârc a zburat peste pădurea de bambus
Siddhartha accepted the heron into his soul
Sufletul lui Siddhartha a acceptat stârcul în sufletul său
he flew over forest and mountains
a zburat peste pădure și munți
he was a heron, he ate fish
era stârc, mânca pește
he felt the pangs of a heron's hunger
a simțit chinurile foametei unui stârc
he spoke the heron's croak
rosti cârcânitul stârcului
he died a heron's death
a murit o moarte de stârc
A dead jackal was lying on the sandy bank
Un șacal mort zăcea pe malul nisipos
Siddhartha's soul slipped inside the body of the dead jackal
Sufletul lui Siddhartha s-a strecurat în corpul șacalului mort
he was the dead jackal laying on the banks and bloated
era șacalul mort întins pe maluri și umflat
he stank and decayed and was dismembered by hyenas
putea și putredea și a fost dezmembrat de hiene
he was skinned by vultures and turned into a skeleton
a fost jupuit de vulturi și transformat într-un schelet
he was turned to dust and blown across the fields
a fost transformat în praf și aruncat în aer peste câmpuri
And Siddhartha's soul returned
Și sufletul lui Siddhartha s-a întors
it had died, decayed, and was scattered as dust
murise, se putrezise și era împrăștiată ca praful
it had tasted the gloomy intoxication of the cycle
simțise gustul beției sumbre a ciclului

it awaited with a new thirst, like a hunter in the gap
aștepta cu o nouă sete, ca un vânător în gol
in the gap where he could escape from the cycle
în golul în care putea scăpa din ciclu
in the gap where an eternity without suffering began
în golul unde a început o eternitate fără suferință
he killed his senses and his memory
și-a ucis simțurile și memoria
he slipped out of his self into thousands of other forms
a alunecat din sine în mii de alte forme
he was an animal, a carrion, a stone
el era un animal, o trupă, o piatră
he was wood and water
era lemn și apă
and he awoke every time to find his old self again
și se trezea de fiecare dată pentru a-și regăsi din nou vechiul sine
whether sun or moon, he was his self again
fie soare, fie lună, el era din nou sinele lui
he turned round in the cycle
s-a întors în ciclu
he felt thirst, overcame the thirst, felt new thirst
a simțit sete, a învins setea, a simțit o nouă sete

Siddhartha learned a lot when he was with the Samanas
Siddhartha a învățat multe când a fost cu Samana
he learned many ways leading away from the self
a învățat multe moduri de a se îndepărta de sine
he learned how to let go
a învățat cum să renunțe
He went the way of self-denial by means of pain
El a mers pe calea tăgăduirii de sine prin intermediul durerii
he learned self-denial through voluntarily suffering and overcoming pain
a învățat tăgăduirea de sine prin suferința voluntară și depășirea durerii

he overcame hunger, thirst, and tiredness
a învins foamea, setea și oboseala
He went the way of self-denial by means of meditation
El a mers pe calea tăgăduirii de sine prin intermediul meditației
he went the way of self-denial through imagining the mind to be void of all conceptions
el a mers pe calea tăgăduirii de sine prin imaginarea minții lipsite de orice concepție
with these and other ways he learned to let go
cu aceste și alte moduri a învățat să renunțe
a thousand times he left his self
de o mie de ori s-a părăsit pe sine
for hours and days he remained in the non-self
ore și zile a rămas în non-sine
all these ways led away from the self
toate aceste căi îndepărtate de sine
but their path always led back to the self
dar calea lor ducea mereu înapoi la sine
Siddhartha fled from the self a thousand times
Siddhartha a fugit de sine de o mie de ori
but the return to the self was inevitable
dar întoarcerea la sine era inevitabilă
although he stayed in nothingness, coming back was inevitable
deși a rămas în neant, revenirea era inevitabil
although he stayed in animals and stones, coming back was inevitable
deși stătea în animale și pietre, revenirea era inevitabilă
he found himself in the sunshine or in the moonlight again
se trezi din nou la soare sau la lumina lunii
he found himself in the shade or in the rain again
s-a trezit din nou la umbră sau în ploaie
and he was once again his self; Siddhartha
iar el era din nou sinele lui; Siddhartha

and again he felt the agony of the cycle which had been forced upon him
și din nou a simțit agonia ciclului care îi fusese forțat

by his side lived Govinda, his shadow
alături de el locuia Govinda, umbra lui
Govinda walked the same path and undertook the same efforts
Govinda a mers pe aceeași cale și a întreprins aceleași eforturi
they spoke to one another no more than the exercises required
nu vorbeau unul cu altul mai mult decat exercitiile cerute
occasionally the two of them went through the villages
din când în când cei doi treceau prin sate
they went to beg for food for themselves and their teachers
au mers să cerșească mâncare pentru ei și profesorii lor
"How do you think we have progressed, Govinda" he asked
„Cum crezi că am progresat, Govinda", a întrebat el
"Did we reach any goals?" Govinda answered
„Am atins vreun obiectiv?" răspunse Govinda
"We have learned, and we'll continue learning"
„Am învățat și vom continua să învățăm"
"You'll be a great Samana, Siddhartha"
„Vi fi un mare Samana, Siddhartha"
"Quickly, you've learned every exercise"
„Repede, ai învățat fiecare exercițiu"
"often, the old Samanas have admired you"
„Adesea, bătrânii Samanas te-au admirat"
"One day, you'll be a holy man, oh Siddhartha"
„Într-o zi, vei fi un om sfânt, oh Siddhartha"
Spoke Siddhartha, "I can't help but feel that it is not like this, my friend"
Siddhartha a spus: „Nu pot să nu simt că nu este așa, prietene"
"What I've learned being among the Samanas could have been learned more quickly"

„Ceea ce am învățat fiind printre Samana ar fi putut fi învățat mai repede"
"it could have been learned by simpler means"
„ar fi putut fi învățat prin mijloace mai simple"
"it could have been learned in any tavern"
„s-ar fi putut învăța în orice tavernă"
"it could have been learned where the whorehouses are"
"s-ar fi putut afla unde sunt curveile"
"I could have learned it among carters and gamblers"
„Aș fi putut să-l învăț printre cărucioși și jucători de noroc"
Spoke Govinda, "Siddhartha is joking with me"
A spus Govinda: „Siddhartha glumește cu mine"
"How could you have learned meditation among wretched people?"
„Cum ai fi putut să înveți meditația printre oameni nenorociți?"
"how could whores have taught you about holding your breath?"
„Cum ar fi putut curvele să te învețe cum să-ți ții respirația?"
"how could gamblers have taught you insensitivity against pain?"
„Cum ar fi putut jucătorii să te învețe insensibilitatea împotriva durerii?"
Siddhartha spoke quietly, as if he was talking to himself
Siddhartha vorbea încet, de parcă ar fi vorbit singur
"What is meditation?"
„Ce este meditația?"
"What is leaving one's body?"
„Ce înseamnă părăsirea trupului cuiva?"
"What is fasting?"
"Ce este postul?"
"What is holding one's breath?"
„Ce înseamnă să-ți ții respirația?"
"It is fleeing from the self"
„Este să fugi de sine"
"it is a short escape of the agony of being a self"

„este o scurtă evadare a agoniei de a fi un sine"
"it is a short numbing of the senses against the pain"
„este o scurtă amorțire a simțurilor împotriva durerii"
"it is avoiding the pointlessness of life"
„este evitarea inutilului vieții"
"The same numbing is what the driver of an ox-cart finds in the inn"
„Aceeași amorțeală este ceea ce șoferul unei căruțe cu boi găsește în han"
"drinking a few bowls of rice-wine or fermented coconut-milk"
„bea câteva boluri de vin de orez sau lapte de cocos fermentat"
"Then he won't feel his self anymore"
„Atunci nu se va mai simți"
"then he won't feel the pains of life anymore"
"atunci nu va mai simti durerile vietii"
"then he finds a short numbing of the senses"
„Apoi găsește o scurtă amorțeală a simțurilor"
"When he falls asleep over his bowl of rice-wine, he'll find the same what we find"
„Când adoarme peste bolul lui cu vin de orez, va găsi același lucru și noi."
"he finds what we find when we escape our bodies through long exercises"
„găsește ceea ce găsim atunci când scăpăm de corpurile noastre prin exerciții lungi"
"all of us are staying in the non-self"
„toți rămânem în non-sine"
"This is how it is, oh Govinda"
„Așa este, o, Govinda"
Spoke Govinda, "You say so, oh friend"
A spus Govinda: „Așa spui tu, oh prietene"
"and yet you know that Siddhartha is no driver of an ox-cart"
„și totuși știi că Siddhartha nu este șofer de căruță cu boi"
"and you know a Samana is no drunkard"

„Şi ştii că un Samana nu este un beţiv"
"it's true that a drinker numbs his senses"
„Este adevărat că un băutor îşi amorţeşte simţurile"
"it's true that he briefly escapes and rests"
„e adevărat că evadează pentru scurt timp şi se odihneşte"
"but he'll return from the delusion and finds everything to be unchanged"
„dar se va întoarce din amăgire şi va găsi că totul este neschimbat"
"he has not become wiser"
„nu a devenit mai înţelept"
"he has gathered any enlightenment"
„a adunat orice iluminare"
"he has not risen several steps"
„nu a făcut câţiva trepte"
And Siddhartha spoke with a smile
Şi Siddhartha a vorbit zâmbind
"I do not know, I've never been a drunkard"
„Nu ştiu, nu am fost niciodată un beţiv"
"I know that I find only a short numbing of the senses"
„Ştiu că găsesc doar o scurtă amorţeală a simţurilor"
"I find it in my exercises and meditations"
„O găsesc în exerciţiile şi meditaţiile mele"
"and I find I am just as far removed from wisdom as a child in the mother's womb"
„şi constat că sunt la fel de departe de înţelepciune ca un copil în pântecele mamei"
"this I know, oh Govinda"
"Asta ştiu, oh Govinda"

And once again, another time, Siddhartha began to speak
Şi încă o dată, altă dată, Siddhartha a început să vorbească
Siddhartha had left the forest, together with Govinda
Siddhartha părăsise pădurea, împreună cu Govinda
they left to beg for some food in the village
au plecat să cerşească ceva de mâncare în sat

he said, "What now, oh Govinda?"
a spus: „Ce acum, o Govinda?"
"are we on the right path?"
"Suntem pe drumul cel bun?"
"are we getting closer to enlightenment?"
„ne apropiem de iluminare?"
"are we getting closer to salvation?"
„ne apropiem de mântuire?"
"Or do we perhaps live in a circle?"
— Sau poate trăim într-un cerc?
"we, who have thought we were escaping the cycle"
„noi, care credeam că scăpăm din ciclu"
Spoke Govinda, "We have learned a lot"
A spus Govinda: „Am învățat multe"
"Siddhartha, there is still much to learn"
„Siddhartha, mai sunt multe de învățat"
"We are not going around in circles"
„Nu mergem în cercuri"
"we are moving up; the circle is a spiral"
„Ne mișcăm în sus; cercul este o spirală"
"we have already ascended many levels"
„Am urcat deja pe multe niveluri"
Siddhartha answered, "How old would you think our oldest Samana is?"
Siddhartha a răspuns: „Câți ani crezi că are cea mai bătrână Samana a noastră?"
"how old is our venerable teacher?"
„Câți ani are veneratul nostru profesor?"
Spoke Govinda, "Our oldest one might be about sixty years of age"
A spus Govinda: „Cel mai bătrân al nostru ar putea avea aproximativ șaizeci de ani"
Spoke Siddhartha, "He has lived for sixty years"
Siddhartha a spus: „El a trăit șaizeci de ani"
"and yet he has not reached the nirvana"
„și totuși nu a ajuns în nirvana"

"He'll turn seventy and eighty"
"Va împlini șaptezeci și optzeci"
"you and me, we will grow just as old as him"
"Tu și cu mine, vom îmbătrâni la fel de mult ca el"
"and we will do our exercises"
"și ne vom face exercițiile"
"and we will fast, and we will meditate"
"și vom postim și vom medita"
"But we will not reach the nirvana"
"Dar nu vom ajunge la nirvana"
"he won't reach nirvana and we won't"
"el nu va ajunge la nirvana și noi nu"
"there are uncountable Samanas out there"
"Există nenumărați Samanas acolo"
"perhaps not a single one will reach the nirvana"
"Poate că nici unul nu va ajunge în nirvana"
"We find comfort, we find numbness, we learn feats"
"Găsim confort, găsim amorțeală, învățăm fapte"
"we learn these things to deceive others"
"Învățăm aceste lucruri pentru a-i înșela pe alții"
"But the most important thing, the path of paths, we will not find"
"Dar cel mai important lucru, calea potecilor, nu o vom găsi"
Spoke Govinda "If you only wouldn't speak such terrible words, Siddhartha!"
A vorbit Govinda "Dacă nu ai rosti cuvinte atât de groaznice, Siddhartha!"
"there are so many learned men"
"Sunt atât de mulți oameni învățați"
"how could not one of them not find the path of paths?"
"Cum nu a putut unul dintre ei să nu găsească calea cărărilor?"
"how can so many Brahmans not find it?"
"Cum pot atâția brahmani să nu-l găsească?"
"how can so many austere and venerable Samanas not find it?"

„Cum de atât de mulți Samana austeri și venerabili să nu-l găsească?"
"how can all those who are searching not find it?"
„Cum pot toți cei care caută să nu-l găsească?"
"how can the holy men not find it?"
„Cum pot sfinții să nu-l găsească?"
But Siddhartha spoke with as much sadness as mockery
Dar Siddhartha vorbea cu atâta tristețe cât și batjocură
he spoke with a quiet, a slightly sad, a slightly mocking voice
vorbea cu o voce liniștită, ușor tristă, ușor batjocoritoare
"Soon, Govinda, your friend will leave the path of the Samanas"
„În curând, Govinda, prietenul tău va părăsi calea Samana"
"he has walked along your side for so long"
„a mers alături de tine atât de mult timp"
"I'm suffering of thirst"
„Sufăr de sete"
"on this long path of a Samana, my thirst has remained as strong as ever"
„Pe această cale lungă de Samana, setea mea a rămas la fel de puternică ca întotdeauna"
"I always thirsted for knowledge"
„Întotdeauna am fost însetat de cunoaștere"
"I have always been full of questions"
„Întotdeauna am fost plin de întrebări"
"I have asked the Brahmans, year after year"
„I-am întrebat pe brahmani, an de an"
"and I have asked the holy Vedas, year after year"
„și am cerut sfintele Vede, an de an"
"and I have asked the devoted Samanas, year after year"
„și i-am întrebat pe devotații Samanas, an de an"
"perhaps I could have learned it from the hornbill bird"
„Poate că l-aș fi putut învăța de la pasărea hornbill"
"perhaps I should have asked the chimpanzee"
„Poate că ar fi trebuit să-l întreb pe cimpanzeu"

"It took me a long time"
„Mi-a luat mult timp"
"and I am not finished learning this yet"
„și încă nu am terminat de învățat asta"
"oh Govinda, I have learned that there is nothing to be learned!"
„Oh, Govinda, am învățat că nu e nimic de învățat!"
"There is indeed no such thing as learning"
„Într-adevăr, nu există așa ceva ca să învețe"
"There is just one knowledge"
„Există o singură cunoaștere"
"this knowledge is everywhere, this is Atman"
„Această cunoaștere este peste tot, acesta este Atman"
"this knowledge is within me and within you"
„Această cunoaștere este în mine și în tine"
"and this knowledge is within every creature"
„și această cunoaștere este în fiecare făptură"
"this knowledge has no worse enemy than the desire to know it"
„Această cunoaștere nu are un dușman mai rău decât dorința de a o cunoaște"
"that is what I believe"
"asta cred"
At this, Govinda stopped on the path
La aceasta, Govinda se opri pe potecă
he rose his hands, and spoke
și-a ridicat mâinile și a vorbit
"If only you would not bother your friend with this kind of talk"
„Dacă nu ți-ai deranja prietenul cu astfel de discuții"
"Truly, your words stir up fear in my heart"
„Cu adevărat, cuvintele tale trezesc frică în inima mea"
"consider, what would become of the sanctity of prayer?"
„Gândiți-vă, ce s-ar întâmpla cu sfințenia rugăciunii?"
"what would become of the venerability of the Brahmans' caste?"

„ce s-ar întâmpla cu venerabilitatea castei brahmanilor?"
"what would happen to the holiness of the Samanas?
„Ce s-ar întâmpla cu sfinţenia Samanilor?
"What would then become of all of that is holy"
„Ce s-ar întâmpla atunci cu toate acestea este sfânt"
"what would still be precious?"
"ce ar mai fi preţios?"
And Govinda mumbled a verse from an Upanishad to himself
Şi Govinda a bolborosit un vers dintr-un Upanishad pentru sine
"He who ponderingly, of a purified spirit, loses himself in the meditation of Atman"
„Cel care meditativ, cu un spirit purificat, se pierde în meditaţia lui Atman"
"inexpressible by words is the blissfulness of his heart"
„Inexprimabil prin cuvinte este fericirea inimii lui"
But Siddhartha remained silent
Dar Siddhartha a rămas tăcut
He thought about the words which Govinda had said to him
Se gândi la cuvintele pe care i le spusese Govinda
and he thought the words through to their end
şi a gândit cuvintele până la capăt
he thought about what would remain of all that which seemed holy
se gândi la ce va rămâne din tot ceea ce părea sfânt
What remains? What can stand the test?
Ce rămâne? Ce poate rezista testului?
And he shook his head
Şi clătină din cap

the two young men had lived among the Samanas for about three years
cei doi tineri trăiseră printre Samana de vreo trei ani
some news, a rumour, a myth reached them
le-au ajuns nişte ştiri, un zvon, un mit

the rumour had been retold many times
zvonul fusese repovestit de multe ori
A man had appeared, Gotama by name
Apăruse un bărbat, pe nume Gotama
the exalted one, the Buddha
cel înălțat, Buddha
he had overcome the suffering of the world in himself
biruise în sine suferința lumii
and he had halted the cycle of rebirths
și oprise ciclul renașterilor
He was said to wander through the land, teaching
Se spunea că rătăcește prin pământ, învățând
he was said to be surrounded by disciples
se spunea că este înconjurat de ucenici
he was said to be without possession, home, or wife
se spunea că este fără posesie, casă sau soție
he was said to be in just the yellow cloak of an ascetic
se spunea că era doar în mantia galbenă a unui ascet
but he was with a cheerful brow
dar era cu o sprânceană veselă
and he was said to be a man of bliss
și se spunea că este un om al fericirii
Brahmans and princes bowed down before him
Brahmanii și prinții s-au închinat în fața lui
and they became his students
și au devenit studenții lui
This myth, this rumour, this legend resounded
Acest mit, acest zvon, această legendă a răsunat
its fragrance rose up, here and there, in the towns
parfumul lui se ridica, ici și colo, în orașe
the Brahmans spoke of this legend
brahmanii vorbeau despre această legendă
and in the forest, the Samanas spoke of it
iar în pădure, Samana au vorbit despre asta
again and again, the name of Gotama the Buddha reached the ears of the young men

iar și iar, numele lui Gotama Buddha a ajuns la urechile tinerilor

there was good and bad talk of Gotama
s-a vorbit bine și rău despre Gotama
some praised Gotama, others defamed him
unii l-au lăudat pe Gotama, alții l-au defăimat
It was as if the plague had broken out in a country
Parcă ar fi izbucnit ciuma într-o țară
news had been spreading around that in one or another place there was a man
în jur se răspândise vestea că într-unul sau altul era un bărbat
a wise man, a knowledgeable one
un om înțelept, unul priceput
a man whose word and breath was enough to heal everyone
un om al cărui cuvânt și suflare au fost suficiente pentru a-i vindeca pe toți
his presence could heal anyone who had been infected with the pestilence
prezența lui putea vindeca pe oricine fusese infectat cu ciumă
such news went through the land, and everyone would talk about it
asemenea știri au trecut prin pământ și toată lumea ar vorbi despre asta
many believed the rumours, many doubted them
mulți au crezut zvonurile, mulți s-au îndoit de ele
but many got on their way as soon as possible
dar mulți și-au luat drumul cât mai curând posibil
they went to seek the wise man, the helper
s-au dus să caute înțeleptul, ajutorul
the wise man of the family of Sakya
înțeleptul din familia Sakya
He possessed, so the believers said, the highest enlightenment
El deținea, așa spuneau credincioșii, cea mai înaltă iluminare
he remembered his previous lives; he had reached the nirvana

și-a amintit de viețile sale anterioare; ajunsese în nirvana
and he never returned into the cycle
și nu s-a întors niciodată în ciclu
he was never again submerged in the murky river of physical forms
nu a mai fost niciodată scufundat în râul tulbure al formelor fizice
Many wonderful and unbelievable things were reported of him
S-au raportat multe lucruri minunate și incredibile despre el
he had performed miracles
făcuse minuni
he had overcome the devil
biruise pe diavol
he had spoken to the gods
vorbise cu zeii
But his enemies and disbelievers said Gotama was a vain seducer
Dar dușmanii și necredincioșii săi au spus că Gotama a fost un seducător deșartă
they said he spent his days in luxury
au spus că își petrecea zilele în lux
they said he scorned the offerings
au spus că disprețuiește ofrandele
they said he was without learning
au spus că nu a învățat
they said he knew neither meditative exercises nor self-castigation
au spus că nu știe nici exerciții de meditație, nici autocastigare
The myth of Buddha sounded sweet
Mitul lui Buddha suna dulce
The scent of magic flowed from these reports
Mirosul magiei curgea din aceste rapoarte
After all, the world was sick, and life was hard to bear
La urma urmei, lumea era bolnavă, iar viața era greu de suportat

and behold, here a source of relief seemed to spring forth
și iată, aici părea să iasă o sursă de ușurare
here a messenger seemed to call out
aici un mesager părea să strige
comforting, mild, full of noble promises
reconfortant, blând, plin de promisiuni nobile
Everywhere where the rumour of Buddha was heard, the young men listened up
Peste tot unde se auzea zvonul lui Buddha, tinerii ascultau
everywhere in the lands of India they felt a longing
peste tot în ținuturile Indiei simțeau un dor
everywhere where the people searched, they felt hope
peste tot unde oamenii căutau, simțeau speranță
every pilgrim and stranger was welcome when he brought news of him
fiecare pelerin și străin era binevenit când aducea vești despre el
the exalted one, the Sakyamuni
cel înălțat, Sakyamuni
The myth had also reached the Samanas in the forest
Mitul ajunsese și la Samanas din pădure
and Siddhartha and Govinda heard the myth too
iar Siddhartha și Govinda au auzit și ei mitul
slowly, drop by drop, they heard the myth
încet, picătură cu picătură, au auzit mitul
every drop was laden with hope
fiecare picătură era încărcată de speranță
every drop was laden with doubt
fiecare picătură era încărcată de îndoială
They rarely talked about it
Rareori au vorbit despre asta
because the oldest one of the Samanas did not like this myth
pentru că celui mai bătrân dintre Samana nu-i plăcea acest mit
he had heard that this alleged Buddha used to be an ascetic
auzise că acest presupus Buddha era odinioară un ascet
he heard he had lived in the forest

a auzit că locuise în pădure
but he had turned back to luxury and worldly pleasures
dar se întorsese la lux și la plăcerile lumești
and he had no high opinion of this Gotama
și nu avea o părere înaltă despre acest Gotama

"Oh Siddhartha," Govinda spoke one day to his friend
„Oh Siddhartha", i-a spus Govinda prietenului său într-o zi
"Today, I was in the village"
„Astăzi am fost în sat"
"and a Brahman invited me into his house"
„și un brahman m-a invitat în casa lui"
"and in his house, there was the son of a Brahman from Magadha"
„și în casa lui, era fiul unui brahman din Magadha"
"he has seen the Buddha with his own eyes"
„El l-a văzut pe Buddha cu ochii săi"
"and he has heard him teach"
„și l-a auzit învățând"
"Verily, this made my chest ache when I breathed"
„Cu adevărat, asta mă doare pieptul când respiram"
"and I thought this to myself:"
"și m-am gândit la asta:"
"if only we heard the teachings from the mouth of this perfected man!"
„dacă am auzi învățăturile din gura acestui om desăvârșit!"
"Speak, friend, wouldn't we want to go there too"
„Vorbește, prietene, n-am vrea să mergem și noi acolo"
"wouldn't it be good to listen to the teachings from the Buddha's mouth?"
„Nu ar fi bine să ascultăm învățăturile din gura lui Buddha?"
Spoke Siddhartha, "I had thought you would stay with the Samanas"
Siddhartha a spus: „M-am gândit că vei rămâne cu Samana"
"I always had believed your goal was to live to be seventy"

„Întotdeauna am crezut că scopul tău este să trăiești până la șaptezeci de ani"
"I thought you would keep practising those feats and exercises"
„M-am gândit că vei continua să exersezi acele isprăvi și exerciții"
"and I thought you would become a Samana"
"si am crezut ca vei deveni samana"
"But behold, I had not known Govinda well enough"
„Dar iată, nu o cunoscusem suficient de bine pe Govinda"
"I knew little of his heart"
„Știam puțin despre inima lui"
"So now you want to take a new path"
„Deci acum vrei să mergi pe o nouă cale"
"and you want to go there where the Buddha spreads his teachings"
„și vrei să mergi acolo unde Buddha își răspândește învățăturile"
Spoke Govinda, "You're mocking me"
A spus Govinda: „Mă batjocorești"
"Mock me if you like, Siddhartha!"
— Bat-oieşte-mă dacă vrei, Siddhartha!
"But have you not also developed a desire to hear these teachings?"
„Dar nu ai dezvoltat și tu dorința de a auzi aceste învățături?"
"have you not said you would not walk the path of the Samanas for much longer?"
„Nu ai spus că nu vei mai merge pe calea Samanilor pentru mult timp?"
At this, Siddhartha laughed in his very own manner
La asta, Siddhartha a râs în felul lui
the manner in which his voice assumed a touch of sadness
felul în care vocea lui căpăta un strop de tristețe
but it still had that touch of mockery
dar mai avea acea notă de batjocură
Spoke Siddhartha, "Govinda, you've spoken well"

Siddhartha a spus: „Govinda, ai vorbit bine"
"you've remembered correctly what I said"
"ți-ai amintit corect ce am spus"
"If only you remembered the other thing you've heard from me"
„Dacă ți-ai aminti de celălalt lucru pe care l-ai auzit de la mine"
"I have grown distrustful and tired against teachings and learning"
„Am devenit neîncrezător și obosit față de învățături și învățături"
"my faith in words, which are brought to us by teachers, is small"
„credința mea în cuvinte, care ne sunt aduse de profesori, este mică"
"But let's do it, my dear"
„Dar hai să o facem, draga mea"
"I am willing to listen to these teachings"
„Sunt dispus să ascult aceste învățături"
"though in my heart I do not have hope"
„Deși în inima mea nu am speranță"
"I believe that we've already tasted the best fruit of these teachings"
„Cred că deja am gustat din cele mai bune fructe ale acestor învățături"
Spoke Govinda, "Your willingness delights my heart"
A spus Govinda: „Voința ta îmi încântă inima"
"But tell me, how should this be possible?"
„Dar spune-mi, cum ar trebui să fie posibil asta?"
"How can the Gotama's teachings have already revealed their best fruit to us?"
„Cum pot învățăturile lui Gotama să ne dezvăluie deja cele mai bune roade?"
"we have not heard his words yet"
„Nu i-am auzit încă cuvintele"
Spoke Siddhartha, "Let us eat this fruit"

Siddhartha a spus: „Să mâncăm acest fruct"
"and let us wait for the rest, oh Govinda!"
„și să așteptăm restul, o Govinda!"
"But this fruit consists in him calling us away from the Samanas"
„Dar acest fruct constă în faptul că el ne cheamă departe de Samana"
"and we have already received it thanks to the Gotama!"
„și l-am primit deja datorită lui Gotama!"
"Whether he has more, let us await with calm hearts"
„Fie că are mai mult, să așteptăm cu inimile liniștite"

On this very same day Siddhartha spoke to the oldest Samana
În aceeași zi, Siddhartha a vorbit cu cel mai bătrân Samana
he told him of his decision to leaves the Samanas
i-a spus decizia sa de a părăsi familia Samana
he informed the oldest one with courtesy and modesty
l-a informat pe cel mai în vârstă cu curtoazie și modestie
but the Samana became angry that the two young men wanted to leave him
dar Samana s-a supărat că cei doi tineri voiau să-l părăsească
and he talked loudly and used crude words
și vorbea tare și folosea cuvinte grosolane
Govinda was startled and became embarrassed
Govinda a tresărit și s-a făcut rușine
But Siddhartha put his mouth close to Govinda's ear
Dar Siddhartha și-a apropiat gura de urechea Govindei
"Now, I want to show the old man what I've learned from him"
„Acum, vreau să-i arăt bătrânului ce am învățat de la el"
Siddhartha positioned himself closely in front of the Samana
Siddhartha se poziționa aproape în fața Samanei
with a concentrated soul, he captured the old man's glance
cu sufletul concentrat, a captat privirea bătrânului

he deprived him of his power and made him mute
l-a lipsit de putere și l-a făcut mut
he took away his free will
i-a luat liberul arbitru
he subdued him under his own will, and commanded him
l-a supus sub propria voință și i-a poruncit
his eyes became motionless, and his will was paralysed
ochii lui au rămas nemișcați, iar voința i-a fost paralizată
his arms were hanging down without power
brațele îi atârnau fără putere
he had fallen victim to Siddhartha's spell
căzuse victima vrajii lui Siddhartha
Siddhartha's thoughts brought the Samana under their control
Gândurile lui Siddhartha i-au adus pe Samana sub controlul lor
he had to carry out what they commanded
trebuia să îndeplinească ceea ce i-au poruncit
And thus, the old man made several bows
Și astfel, bătrânul a făcut mai multe plecăciuni
he performed gestures of blessing
a făcut gesturi de binecuvântare
he spoke stammeringly a godly wish for a good journey
rosti bâlbâit o urare evlavioasă pentru o călătorie bună
the young men returned the good wishes with thanks
tinerii au întors urările de bine cu mulțumiri
they went on their way with salutations
au mers pe drumul lor cu salutări
On the way, Govinda spoke again
Pe drum, Govinda a vorbit din nou
"Oh Siddhartha, you have learned more from the Samanas than I knew"
„O, Siddhartha, ai învățat de la Samana mai multe decât știam eu."
"It is very hard to cast a spell on an old Samana"
„Este foarte greu să arunci o vrajă pe un vechi Samana"

"Truly, if you had stayed there, you would soon have learned to walk on water"
„Cu adevărat, dacă ai fi rămas acolo, ai fi învățat curând să mergi pe apă"
"I do not seek to walk on water" said Siddhartha
„Nu caut să merg pe apă", a spus Siddhartha
"Let old Samanas be content with such feats!"
„Lasă-l pe bătrânul Samana să se mulțumească cu astfel de fapte!"

Gotama

In Savathi, every child knew the name of the exalted Buddha
În Savathi, fiecare copil cunoștea numele exaltatului Buddha
every house was prepared for his coming
fiecare casă era pregătită pentru venirea lui
each house filled the alms-dishes of Gotama's disciples
fiecare casă umplea vasele de pomană ale discipolilor lui Gotama
Gotama's disciples were the silently begging ones
Ucenicii lui Gotama erau cei care cerșeau în tăcere
Near the town was Gotama's favourite place to stay
Lângă oraș era locul preferat de cazare al lui Gotama
he stayed in the garden of Jetavana
a rămas în grădina Jetavanei
the rich merchant Anathapindika had given the garden to Gotama
bogatul negustor Anathapindika dăduse grădina lui Gotama
he had given it to him as a gift
i-o făcuse în dar
he was an obedient worshipper of the exalted one
era un închinator ascultător al celui înălțat
the two young ascetics had received tales and answers
cei doi tineri asceți primiseră povești și răspunsuri
all these tales and answers pointed them to Gotama's abode
toate aceste povești și răspunsuri i-au îndreptat către locuința lui Gotama
they arrived in the town of Savathi
au ajuns în orașul Savathi
they went to the very first door of the town
s-au dus chiar la prima ușă a orașului
and they begged for food at the door
iar ei au implorat mâncare la ușă
a woman offered them food
o femeie le-a oferit mâncare

and they accepted the food
și au acceptat mâncarea
Siddhartha asked the woman
a întrebat Siddhartha pe femeie
"oh charitable one, where does the Buddha dwell?"
„O, caritabil, unde locuiește Buddha?"
"we are two Samanas from the forest"
„Suntem doi Samana din pădure"
"we have come to see the perfected one"
„Am venit să-l vedem pe cel perfecționat"
"we have come to hear the teachings from his mouth"
„Am venit să auzim învățăturile din gura Lui"
Spoke the woman, "you Samanas from the forest"
A spus femeia, „voi, Samanas din pădure"
"you have truly come to the right place"
„ai ajuns cu adevărat la locul potrivit"
"you should know, in Jetavana, there is the garden of Anathapindika"
„Ar trebui să știi, în Jetavana, există grădina lui Anathapindika"
"that is where the exalted one dwells"
„acolo locuiește cel înălțat"
"there you pilgrims shall spend the night"
„Acolo pelerinii veți petrece noaptea"
"there is enough space for the innumerable, who flock here"
„Există suficient spațiu pentru nenumărații, care se adună aici"
"they too come to hear the teachings from his mouth"
„și ei vin să audă învățăturile din gura Lui"
This made Govinda happy, and full of joy
Acest lucru a făcut-o pe Govinda fericită și plină de bucurie
he exclaimed, "we have reached our destination"
a exclamat, „am ajuns la destinație"
"our path has come to an end!"
„Drumul nostru s-a încheiat!"
"But tell us, oh mother of the pilgrims"

"Dar spune-ne, o, mamă a pelerinilor"
"do you know him, the Buddha?"
„Îl cunoști, Buddha?"
"have you seen him with your own eyes?"
„L-ai văzut cu ochii tăi?"
Spoke the woman, "Many times I have seen him, the exalted one"
Femeia a spus: „De multe ori L-am văzut pe El, pe cel înălțat"
"On many days I have seen him"
„L-am văzut de multe zile"
"I have seen him walking through the alleys in silence"
„L-am văzut mergând pe alei în tăcere"
"I have seen him wearing his yellow cloak"
„L-am văzut purtând mantia lui galbenă"
"I have seen him presenting his alms-dish in silence"
„L-am văzut prezentând farfuria de pomană în tăcere"
"I have seen him at the doors of the houses"
„L-am văzut la ușile caselor"
"and I have seen him leaving with a filled dish"
„și l-am văzut plecând cu o farfurie umplută"
Delightedly, Govinda listened to the woman
Încântată, Govinda a ascultat-o pe femeie
and he wanted to ask and hear much more
și voia să întrebe și să audă mult mai multe
But Siddhartha urged him to walk on
Dar Siddhartha l-a îndemnat să meargă mai departe
They thanked the woman and left
I-au mulțumit femeii și au plecat
they hardly had to ask for directions
cu greu trebuiau să ceară indicații
many pilgrims and monks were on their way to the Jetavana
mulți pelerini și călugări erau în drum spre Jetavana
they reached it at night, so there were constant arrivals
au ajuns la el noaptea, așa că au fost sosiri constante
and those who sought shelter got it
iar cei care au căutat adăpost l-au primit

The two Samanas were accustomed to life in the forest
Cei doi Samana erau obișnuiți cu viața în pădure
so without making any noise they quickly found a place to stay
așa că fără să facă niciun zgomot și-au găsit repede un loc de cazare
and they rested there until the morning
si s-au odihnit acolo pana dimineata

At sunrise, they saw with astonishment the size of the crowd
La răsăritul soarelui, au văzut cu uimire dimensiunea mulțimii
a great many number of believers had come
venise un mare număr de credincioși
and a great number of curious people had spent the night here
și un mare număr de curioși petrecuseră aici noaptea
On all paths of the marvellous garden, monks walked in yellow robes
Pe toate potecile grădinii minunate, călugării mergeau în haine galbene
under the trees they sat here and there, in deep contemplation
sub copaci stăteau ici și colo, în contemplație profundă
or they were in a conversation about spiritual matters
sau erau într-o conversație despre chestiuni spirituale
the shady gardens looked like a city
grădinile umbrite arătau ca un oraș
a city full of people, bustling like bees
un oraș plin de oameni, plin de viață ca albinele
The majority of the monks went out with their alms-dish
Majoritatea călugărilor au ieșit cu vasul de pomană
they went out to collect food for their lunch
au ieșit să adune alimente pentru prânzul lor
this would be their only meal of the day
aceasta ar fi singura lor masă a zilei

The Buddha himself, the enlightened one, also begged in the mornings
Buddha însuși, cel iluminat, cerșea și el dimineața
Siddhartha saw him, and he instantly recognised him
Siddhartha l-a văzut și l-a recunoscut instantaneu
he recognised him as if a God had pointed him out
l-a recunoscut de parcă l-ar fi arătat un Dumnezeu
He saw him, a simple man in a yellow robe
L-a văzut, un bărbat simplu în halat galben
he was bearing the alms-dish in his hand, walking silently
purta vasul de pomană în mână, mergând tăcut
"Look here!" Siddhartha said quietly to Govinda
"Uite aici!" îi spuse Siddhartha încet către Govinda
"This one is the Buddha"
„Acesta este Buddha"
Attentively, Govinda looked at the monk in the yellow robe
Atentă, Govinda se uită la călugărul în halat galben
this monk seemed to be in no way different from any of the others
acest călugăr părea să nu fie cu nimic diferit de oricare dintre ceilalți
but soon, Govinda also realized that this is the one
dar curând, Govinda și-a dat seama că acesta este
And they followed him and observed him
Și l-au urmat și l-au observat
The Buddha went on his way, modestly and deep in his thoughts
Buddha a mers pe drumul său, modest și adânc în gândurile sale
his calm face was neither happy nor sad
chipul lui calm nu era nici fericit, nici trist
his face seemed to smile quietly and inwardly
chipul lui părea să zâmbească liniștit și interior
his smile was hidden, quiet and calm
zâmbetul lui era ascuns, liniștit și calm

the way the Buddha walked somewhat resembled a healthy child
felul în care a mers Buddha semăna oarecum cu un copil sănătos
he walked just as all of his monks did
a mers la fel ca toți călugării săi
he placed his feet according to a precise rule
își așeză picioarele după o regulă precisă
his face and his walk, his quietly lowered glance
chipul și mersul lui, privirea lui liniștită coborâtă
his quietly dangling hand, every finger of it
mâna lui care atârnă în liniște, fiecare deget
all these things expressed peace
toate aceste lucruri exprimau pacea
all these things expressed perfection
toate aceste lucruri exprimau perfecțiunea
he did not search, nor did he imitate
nu a căutat, nici nu a imitat
he softly breathed inwardly an unwhithering calm
el a respirat încet în interior un calm neobișnuit
he shone outwardly an unwhithering light
el strălucea în exterior o lumină nepăsătoare
he had about him an untouchable peace
avea despre el o pace de neatins
the two Samanas recognised him solely by the perfection of his calm
cei doi Samana l-au recunoscut numai după perfecțiunea calmului său
they recognized him by the quietness of his appearance
l-au recunoscut după liniștea înfățișării sale
the quietness in his appearance in which there was no searching
liniștea din înfățișarea lui în care nu se putea căuta
there was no desire, nor imitation
nu a existat nici dorință, nici imitație
there was no effort to be seen

nu era nici un efort de văzut
only light and peace was to be seen in his appearance
în înfățișarea lui se vedea doar lumină și pace
"Today, we'll hear the teachings from his mouth" said Govinda
„Astăzi, vom auzi învățăturile din gura lui", a spus Govinda
Siddhartha did not answer
Siddhartha nu răspunse
He felt little curiosity for the teachings
A simțit puțină curiozitate pentru învățături
he did not believe that they would teach him anything new
nu credea că îl vor învăța ceva nou
he had heard the contents of this Buddha's teachings again and again
auzise din nou și din nou conținutul învățăturilor acestui Buddha
but these reports only represented second hand information
dar aceste rapoarte reprezentau doar informații la mâna a doua
But attentively he looked at Gotama's head
Dar se uită atent la capul lui Gotama
his shoulders, his feet, his quietly dangling hand
umerii, picioarele, mâna care atârnă în liniște
it was as if every finger of this hand was of these teachings
parcă fiecare deget al acestei mâini ar fi fost din aceste învățături
his fingers spoke of truth
degetele lui vorbeau despre adevăr
his fingers breathed and exhaled the fragrance of truth
degetele lui respirau și expirau parfumul adevărului
his fingers glistened with truth
degetele lui străluceau de adevăr
this Buddha was truthful down to the gesture of his last finger
acest Buddha a fost sincer până la gestul ultimului deget
Siddhartha could see that this man was holy

Siddhartha a putut vedea că acest om era sfânt
Never before, Siddhartha had venerated a person so much
Niciodată înainte, Siddhartha a venerat atât de mult o persoană
he had never before loved a person as much as this one
nu mai iubise niciodată o persoană la fel de mult ca aceasta
They both followed the Buddha until they reached the town
Amândoi l-au urmat pe Buddha până au ajuns în oraș
and then they returned to their silence
iar apoi s-au întors la tăcerea lor
they themselves intended to abstain on this day
ei înșiși intenționau să se abțină în această zi
They saw Gotama returning the food that had been given to him
L-au văzut pe Gotama returnând mâncarea care i-a fost dată
what he ate could not even have satisfied a bird's appetite
ceea ce a mâncat nici nu ar fi putut satisface apetitul unei păsări
and they saw him retiring into the shade of the mango-trees
și l-au văzut retrăgându-se la umbra arborilor de mango

in the evening the heat had cooled down
seara căldura se răcorise
everyone in the camp started to bustle about and gathered around
toți cei din tabără au început să se forfoce și s-au adunat în jur
they heard the Buddha teaching, and his voice
au auzit învățătura lui Buddha și vocea lui
and his voice was also perfected
iar vocea lui era de asemenea desăvârșită
his voice was of perfect calmness
vocea lui era de un calm perfect
his voice was full of peace
vocea lui era plină de pace
Gotama taught the teachings of suffering
Gotama a predat învățăturile suferinței

he taught of the origin of suffering
a învățat despre originea suferinței
he taught of the way to relieve suffering
a învățat despre modalitatea de a ușura suferința
Calmly and clearly his quiet speech flowed on
Calm și clar, discursul lui liniștit a continuat
Suffering was life, and full of suffering was the world
Suferința era viața și plină de suferință era lumea
but salvation from suffering had been found
dar mântuirea din suferință fusese găsită
salvation was obtained by him who would walk the path of the Buddha
mântuirea a fost obținută de cel care avea să meargă pe calea lui Buddha
With a soft, yet firm voice the exalted one spoke
Cu o voce blândă, dar fermă, a vorbit înălțatul
he taught the four main doctrines
el a predat cele patru doctrine principale
he taught the eight-fold path
el a predat calea în opt ori
patiently he went the usual path of the teachings
cu răbdare a mers pe calea obișnuită a învățăturilor
his teachings contained the examples
învățăturile sale conțineau exemplele
his teaching made use of the repetitions
învățătura lui făcea uz de repetări
brightly and quietly his voice hovered over the listeners
strălucitor și liniștit vocea lui plutea deasupra ascultătorilor
his voice was like a light
vocea lui era ca o lumină
his voice was like a starry sky
vocea lui era ca un cer înstelat
When the Buddha ended his speech, many pilgrims stepped forward
Când Buddha și-a încheiat discursul, mulți pelerini au făcut un pas înainte

they asked to be accepted into the community
au cerut să fie acceptați în comunitate
they sought refuge in the teachings
au căutat refugiu în învățături
And Gotama accepted them by speaking
Iar Gotama le-a acceptat vorbind
"You have heard the teachings well"
„Ați auzit bine învățăturile"
"join us and walk in holiness"
„alăturați-vă nouă și umblați în sfințenie"
"put an end to all suffering"
„Pune capăt tuturor suferințelor"
Behold, then Govinda, the shy one, also stepped forward and spoke
Iată, apoi Govinda, cea timidă, a făcut un pas înainte și a vorbit
"I also take my refuge in the exalted one and his teachings"
„Îmi adăpostesc și eu în cel înălțat și în învățăturile lui"
and he asked to be accepted into the community of his disciples
și a cerut să fie primit în comunitatea ucenicilor săi
and he was accepted into the community of Gotama's disciples
și a fost acceptat în comunitatea discipolilor lui Gotama

the Buddha had retired for the night
Buddha se retrăsese pentru noapte
Govinda turned to Siddhartha and spoke eagerly
Govinda se întoarse către Siddhartha și vorbi cu nerăbdare
"Siddhartha, it is not my place to scold you"
„Siddhartha, nu e locul meu să te certam"
"We have both heard the exalted one"
„Am auzit amândoi pe cel înălțat"
"we have both perceived the teachings"
„Amândoi am perceput învățăturile"
"Govinda has heard the teachings"

„Govinda a auzit învățăturile"
"he has taken refuge in the teachings"
„s-a refugiat în învățături"
"But, my honoured friend, I must ask you"
„Dar, onorat prieten, trebuie să te întreb"
"don't you also want to walk the path of salvation?"
„nu vrei să mergi și tu pe calea mântuirii?"
"Would you want to hesitate?"
— Ai vrea să ezităm?
"do you want to wait any longer?"
"Vrei sa mai astepti?"
Siddhartha awakened as if he had been asleep
Siddhartha se trezi de parcă ar fi adormit
For a long time, he looked into Govinda's face
Multă vreme, se uită în fața lui Govinda
Then he spoke quietly, in a voice without mockery
Apoi a vorbit liniștit, cu o voce fără bătaie de joc
"Govinda, my friend, now you have taken this step"
„Govinda, prietene, acum ai făcut acest pas"
"now you have chosen this path"
„Acum ai ales această cale"
"Always, oh Govinda, you've been my friend"
„Întotdeauna, o, Govinda, ai fost prietenul meu"
"you've always walked one step behind me"
„Întotdeauna ai mers cu un pas în spatele meu"
"Often I have thought about you"
„De multe ori m-am gândit la tine"
"'Won't Govinda for once also take a step by himself'"
„„„Nu va face și Govinda o dată un pas singur""""
"'won't Govinda take a step without me?'"
„„„Nu va face Govinda un pas fără mine?""
"'won't he take a step driven by his own soul?'"
„'Nu va face un pas mânat de propriul suflet?'"
"Behold, now you've turned into a man"
„Iată, acum te-ai transformat în bărbat"
"you are choosing your path for yourself"

„Îți alegi singur calea"
"I wish that you would go it up to its end"
„Aș vrea să mergi până la capăt"
"oh my friend, I hope that you shall find salvation!"
„O, prietene, sper că vei găsi mântuirea!"
Govinda, did not completely understand it yet
Govinda, încă nu a înțeles complet
he repeated his question in an impatient tone
își repetă întrebarea pe un ton nerăbdător
"Speak up, I beg you, my dear!"
— Vorbește, te implor, draga mea!
"Tell me, since it could not be any other way"
„Spune-mi, pentru că nu poate fi altfel"
"won't you also take your refuge with the exalted Buddha?"
„Nu îți vei refugia și tu la înălțatul Buddha?"
Siddhartha placed his hand on Govinda's shoulder
Siddhartha și-a pus mâna pe umărul Govindei
"You failed to hear my good wish for you"
„Nu ai reușit să auzi urarea mea bună pentru tine"
"I'm repeating my wish for you"
„Îmi repet dorința pentru tine"
"I wish that you would go this path"
„Aș vrea să mergi pe această cale"
"I wish that you would go up to this path's end"
„Mi-aș dori să mergi până la capătul acestei cărări"
"I wish that you shall find salvation!"
„Îmi doresc să găsești mântuirea!"
In this moment, Govinda realized that his friend had left him
În acest moment, Govinda și-a dat seama că prietenul său l-a părăsit
when he realized this he started to weep
când și-a dat seama de asta a început să plângă
"Siddhartha!" he exclaimed lamentingly
— Siddhartha! exclamă el tânguitor
Siddhartha kindly spoke to him

Siddhartha i-a vorbit cu amabilitate
"don't forget, Govinda, who you are"
"Nu uita, Govinda, cine esti"
"you are now one of the Samanas of the Buddha"
„Acum eşti unul dintre Samanas ai lui Buddha"
"You have renounced your home and your parents"
„Ai renuntat la casa ta si la parintii tai"
"you have renounced your birth and possessions"
„Ai renuntat la nasterea ta si la posesiunile tale"
"you have renounced your free will"
„ai renuntat la liberul arbitru"
"you have renounced all friendship"
"Ai renuntat la orice prietenie"
"This is what the teachings require"
„Asta este ceea ce cer învăţăturile"
"this is what the exalted one wants"
„asta vrea cel înălţat"
"This is what you wanted for yourself"
„Asta este ceea ce ţi-ai dorit pentru tine"
"Tomorrow, oh Govinda, I will leave you"
„Mâine, o Govinda, te voi părăsi"
For a long time, the friends continued walking in the garden
Multă vreme, prietenii au continuat să se plimbe prin grădină
for a long time, they lay there and found no sleep
multă vreme, au stat acolo şi nu au găsit somn
And over and over again, Govinda urged his friend
Și iar şi iar, Govinda şi-a îndemnat prietenul
"why would you not want to seek refuge in Gotama's teachings?"
„De ce nu ai vrea să cauţi refugiu în învăţăturile lui Gotama?"
"what fault could you find in these teachings?"
„Ce vină ai putea găsi în aceste învăţături?"
But Siddhartha turned away from his friend
Dar Siddhartha s-a întors de la prietenul său
every time he said, "Be content, Govinda!"
de fiecare dată când spunea: „Fii mulţumit, Govinda!"

"Very good are the teachings of the exalted one"
„Foarte bune sunt învățăturile celui înălțat"
"how could I find a fault in his teachings?"
„Cum aș putea găsi o greșeală în învățăturile lui?"

it was very early in the morning
era foarte devreme dimineata
one of the oldest monks went through the garden
unul dintre cei mai bătrâni călugări a trecut prin grădină
he called to those who had taken their refuge in the teachings
a chemat pe cei care se refugiaseră în învățături
he called them to dress them up in the yellow robe
i-a chemat să-i îmbrace în halatul galben
and he instruct them in the first teachings and duties of their position
iar el îi instruiește în primele învățături și îndatoriri ale funcției lor
Govinda once again embraced his childhood friend
Govinda și-a îmbrățișat încă o dată prietenul din copilărie
and then he left with the novices
iar apoi a plecat cu novicii
But Siddhartha walked through the garden, lost in thought
Dar Siddhartha a mers prin grădină, pierdut în gânduri
Then he happened to meet Gotama, the exalted one
Apoi s-a întâmplat să-l întâlnească pe Gotama, cel înălțat
he greeted him with respect
l-a salutat cu respect
the Buddha's glance was full of kindness and calm
privirea lui Buddha era plină de bunătate și calm
the young man summoned his courage
tânărul și-a chemat curajul
he asked the venerable one for the permission to talk to him
i-a cerut venerabilului permisiunea de a vorbi cu el
Silently, the exalted one nodded his approval
În tăcere, cel înălțat dădu din cap aprobator

Spoke Siddhartha, "Yesterday, oh exalted one"
Siddhartha a spus: „Ieri, o, înălțat!"
"I had been privileged to hear your wondrous teachings"
„Am avut privilegiul să aud învățăturile tale minunate"
"Together with my friend, I had come from afar, to hear your teachings"
„Împreună cu prietenul meu, venisem de departe, să-ți aud învățăturile"
"And now my friend is going to stay with your people"
„Și acum prietenul meu va rămâne cu oamenii tăi"
"he has taken his refuge with you"
„El și-a luat refugiul la tine"
"But I will again start on my pilgrimage"
„Dar voi începe din nou pelerinajul"
"As you please," the venerable one spoke politely
„Cum îți place", a vorbit politicos venerabilul
"Too bold is my speech," Siddhartha continued
„Prea îndrăzneț este discursul meu", a continuat Siddhartha
"but I do not want to leave the exalted on this note"
„dar nu vreau să-i las pe cei înălțați pe această notă"
"I want to share with the most venerable one my honest thoughts"
„Vreau să împărtășesc celui mai venerabil gândurile mele sincere"
"Does it please the venerable one to listen for one moment longer?"
— Îi face plăcere venerabilului să mai asculte o clipă?
Silently, the Buddha nodded his approval
În tăcere, Buddha dădu din cap aprobator
Spoke Siddhartha, "oh most venerable one"
A spus Siddhartha: „O, cel mai venerabil"
"there is one thing I have admired in your teachings most of all"
„Există un lucru pe care l-am admirat cel mai mult în învățăturile tale"
"Everything in your teachings is perfectly clear"

„Totul în învățăturile tale este perfect clar"
"what you speak of is proven"
"ceea ce vorbesti este dovedit"
"you are presenting the world as a perfect chain"
„Prezenți lumea ca pe un lanț perfect"
"a chain which is never and nowhere broken"
„un lanț care nu este rupt niciodată și nicăieri"
"an eternal chain the links of which are causes and effects"
„un lanț etern ale cărui verigi sunt cauze și efecte"
"Never before, has this been seen so clearly"
„Niciodată până acum, asta nu a fost văzut atât de clar"
"never before, has this been presented so irrefutably"
„niciodată până acum, acest lucru nu a fost prezentat atât de irefutat"
"truly, the heart of every Brahman has to beat stronger with love"
„Cu adevărat, inima fiecărui Brahman trebuie să bată mai puternic de iubire"
"he has seen the world through your perfectly connected teachings"
„el a văzut lumea prin învățăturile tale perfect conectate"
"without gaps, clear as a crystal"
„fără goluri, limpede ca un cristal"
"not depending on chance, not depending on Gods"
„nu depinde de întâmplare, nu depinde de zei"
"he has to accept it whether it may be good or bad"
„trebuie să accepte dacă poate fi bine sau rău"
"he has to live by it whether it would be suffering or joy"
„trebuie să trăiască după asta, fie că ar fi suferință sau bucurie"
"but I do not wish to discuss the uniformity of the world"
„dar nu vreau să discut despre uniformitatea lumii"
"it is possible that this is not essential"
„Este posibil ca acest lucru să nu fie esențial"
"everything which happens is connected"
„tot ce se întâmplă este legat"

"the great and the small things are all encompassed"
„lucrurile mari și cele mici sunt toate cuprinse"
"they are connected by the same forces of time"
„sunt legați de aceleași forțe ale timpului"
"they are connected by the same law of causes"
„sunt legate prin aceeași lege a cauzelor"
"the causes of coming into being and of dying"
„cauzele apariției și morții"
"this is what shines brightly out of your exalted teachings"
„aceasta este ceea ce strălucește puternic din învățăturile tale exaltate"
"But, according to your very own teachings, there is a small gap"
„Dar, conform propriilor tale învățături, există un mic decalaj"
"this unity and necessary sequence of all things is broken in one place"
„această unitate și succesiune necesară a tuturor lucrurilor este ruptă într-un singur loc"
"this world of unity is invaded by something alien"
„această lume a unității este invadată de ceva străin"
"there is something new, which had not been there before"
„Există ceva nou, care nu a mai fost acolo"
"there is something which cannot be demonstrated"
„Există ceva ce nu poate fi demonstrat"
"there is something which cannot be proven"
„Există ceva ce nu poate fi dovedit"
"these are your teachings of overcoming the world"
„acestea sunt învățăturile tale despre biruirea lumii"
"these are your teachings of salvation"
„acestea sunt învățăturile tale despre mântuire"
"But with this small gap, the eternal breaks apart again"
„Dar cu acest mic decalaj, eternul se rupe din nou"
"with this small breach, the law of the world becomes void"
„Cu această mică încălcare, legea lumii devine nulă"
"Please forgive me for expressing this objection"
„Vă rog să mă iertați că am exprimat această obiecție"

Quietly, Gotama had listened to him, unmoved
În liniște, Gotama îl ascultase, neclintit
Now he spoke, the perfected one, with his kind and polite clear voice
Acum vorbea, cel desăvârșit, cu vocea lui bună și politicoasă, clară
"You've heard the teachings, oh son of a Brahman"
„Ai auzit învățăturile, o, fiule de Brahman"
"and good for you that you've thought about it this deeply"
"și bine pentru tine că te-ai gândit atât de profund la asta"
"You've found a gap in my teachings, an error"
„Ai găsit un gol în învățăturile mele, o eroare"
"You should think about this further"
„Ar trebui să te gândești mai departe la asta"
"But be warned, oh seeker of knowledge, of the thicket of opinions"
„Dar fii avertizat, o, căutător de cunoaștere, de desișul de opinii"
"be warned of arguing about words"
„Fii avertizat să te certați despre cuvinte"
"There is nothing to opinions"
„Nu există nimic în păreri"
"they may be beautiful or ugly"
„pot fi frumoși sau urâți"
"opinions may be smart or foolish"
„opiniile pot fi inteligente sau prostie"
"everyone can support opinions, or discard them"
„toată lumea poate susține opiniile sau le poate renunța"
"But the teachings, you've heard from me, are no opinion"
„Dar învățăturile, pe care le-ați auzit de la mine, nu sunt o părere"
"their goal is not to explain the world to those who seek knowledge"
„Scopul lor nu este să explice lumea celor care caută cunoaștere"
"They have a different goal"

„Au un alt scop"
"their goal is salvation from suffering"
„Scopul lor este salvarea de suferință"
"This is what Gotama teaches, nothing else"
„Asta este ceea ce învață Gotama, nimic altceva"
"I wish that you, oh exalted one, would not be angry with me" said the young man
„Mi-aș dori ca tu, o, înălțat, să nu fii supărat pe mine", a spus tânărul
"I have not spoken to you like this to argue with you"
„Nu ți-am vorbit așa ca să mă cert cu tine"
"I do not wish to argue about words"
„Nu vreau să mă cert despre cuvinte"
"You are truly right, there is little to opinions"
„Aveți dreptate, păreri sunt puține"
"But let me say one more thing"
„Dar să mai spun un lucru"
"I have not doubted in you for a single moment"
„Nu m-am îndoit de tine nici o clipă"
"I have not doubted for a single moment that you are Buddha"
„Nu m-am îndoit nici măcar un moment că ești Buddha"
"I have not doubted that you have reached the highest goal"
„Nu m-am îndoit că ai atins cel mai înalt obiectiv"
"the highest goal towards which so many Brahmans are on their way"
„cel mai înalt obiectiv spre care sunt pe drum atât de mulți brahmani"
"You have found salvation from death"
„Ai găsit mântuirea de la moarte"
"It has come to you in the course of your own search"
„A venit la tine în timpul propriei căutări"
"it has come to you on your own path"
„a venit la tine pe drumul tău"
"it has come to you through thoughts and meditation"
„a venit la tine prin gânduri și meditație"

"it has come to you through realizations and enlightenment"
„a venit la tine prin realizări și iluminare"
"but it has not come to you by means of teachings!"
„dar nu a venit la tine prin invataturi!"
"And this is my thought"
„Și acesta este gândul meu"
"nobody will obtain salvation by means of teachings!"
„Nimeni nu va obține mântuirea prin învățături!"
"You will not be able to convey your hour of enlightenment"
„Nu vei putea să-ți transmiți ora de iluminare"
"words of what has happened to you won't convey the moment!"
„Cuvintele despre ceea ce ți s-a întâmplat nu vor transmite momentul!"
"The teachings of the enlightened Buddha contain much"
„Învățăturile lui Buddha iluminat conțin multe"
"it teaches many to live righteously"
„Învață pe mulți să trăiască drept"
"it teaches many to avoid evil"
„Învață pe mulți să evite răul"
"But there is one thing which these teachings do not contain"
„Dar există un lucru pe care aceste învățături nu îl conțin"
"they are clear and venerable, but the teachings miss something"
„sunt clare și venerabile, dar învățăturilor le lipsește ceva"
"the teachings do not contain the mystery"
„învățăturile nu conțin misterul"
"the mystery of what the exalted one has experienced for himself"
„misterul a ceea ce înălțatul a trăit pentru sine"
"among hundreds of thousands, only he experienced it"
„dintre sute de mii, doar el a experimentat-o"
"This is what I have thought and realized, when I heard the teachings"
„Asta am gândit și am realizat, când am auzit învățăturile"
"This is why I am continuing my travels"

"De aceea îmi continui călătoriile"
"this is why I do not to seek other, better teachings"
"De aceea nu caut alte învățături mai bune"
"I know there are no better teachings"
"Știu că nu există învățături mai bune"
"I leave to depart from all teachings and all teachers"
"Plec să mă îndepărtez de toate învățăturile și de toți profesorii"
"I leave to reach my goal by myself, or to die"
"Plec să-mi ating scopul singur sau să mor"
"But often, I'll think of this day, oh exalted one"
"Dar adesea, mă voi gândi la această zi, o, înălțată!"
"and I'll think of this hour, when my eyes beheld a holy man"
"și mă voi gândi la ceasul acesta, când ochii mei au văzut un om sfânt"
The Buddha's eyes quietly looked to the ground
Ochii lui Buddha se uitară în liniște la pământ
quietly, in perfect equanimity, his inscrutable face was smiling
în liniște, într-o perfectă ecuanimitate, chipul lui inscrutabil zâmbea
the venerable one spoke slowly
venerabilul vorbi încet
"I wish that your thoughts shall not be in error"
"Îmi doresc ca gândurile tale să nu fie greșite"
"I wish that you shall reach the goal!"
"Îmi doresc să ajungi la obiectiv!"
"But there is something I ask you to tell me"
"Dar e ceva ce te rog să-mi spui"
"Have you seen the multitude of my Samanas?"
— Ai văzut mulțimea Samanelor mele?
"they have taken refuge in the teachings"
"s-au refugiat în învățături"
"do you believe it would be better for them to abandon the teachings?"

„crezi că ar fi mai bine ca ei să abandoneze învățăturile?"
"should they to return into the world of desires?"
„ar trebui să se întoarcă în lumea dorințelor?"
"Far is such a thought from my mind" exclaimed Siddhartha
„Departe este un astfel de gând din mintea mea", a exclamat Siddhartha
"I wish that they shall all stay with the teachings"
„Îmi doresc ca toți să rămână cu învățăturile"
"I wish that they shall reach their goal!"
„Îmi doresc ca ei să-și atingă scopul!"
"It is not my place to judge another person's life"
„Nu este locul meu să judec viața altuia"
"I can only judge my own life "
„Nu pot decât să-mi judec propria viață"
"I must decide, I must chose, I must refuse"
„Trebuie să decid, trebuie să aleg, trebuie să refuz"
"Salvation from the self is what we Samanas search for"
„Mântuirea de la sine este ceea ce căutăm noi Samana"
"oh exalted one, if only I were one of your disciples"
„O, înălțate, dacă aș fi unul dintre ucenicii tăi"
"I'd fear that it might happen to me"
„Mi-ar fi teamă că mi s-ar putea întâmpla"
"only seemingly, would my self be calm and be redeemed"
„Numai aparent, eu-mi ar fi calm și ar fi răscumpărat"
"but in truth it would live on and grow"
„dar, în adevăr, ar trăi și ar crește"
"because then I would replace my self with the teachings"
„pentru că atunci m-aș înlocui eu cu învățăturile"
"my self would be my duty to follow you"
„Eul meu ar fi de datoria mea să te urmez"
"my self would be my love for you"
„Eul meu ar fi dragostea mea pentru tine"
"and my self would be the community of the monks!"
„iar eu eu ar fi comunitatea monahilor!"
With half of a smile Gotama looked into the stranger's eyes
Cu jumătate de zâmbet, Gotama se uită în ochii străinului

his eyes were unwaveringly open and kind
ochii lui erau neclintit deschiși și amabili
he bid him to leave with a hardly noticeable gesture
i-a poruncit să plece cu un gest greu de observat
"You are wise, oh Samana" the venerable one spoke
„Ești înțelept, o, Samana", a spus venerabilul
"You know how to talk wisely, my friend"
„Știi să vorbești înțelept, prietene"
"Be aware of too much wisdom!"
„Fii conștient de prea multă înțelepciune!"
The Buddha turned away
Buddha s-a întors
Siddhartha would never forget his glance
Siddhartha nu avea să-și uite niciodată privirea
his half smile remained forever etched in Siddhartha's memory
jumătatea lui de zâmbet a rămas pentru totdeauna gravată în memoria lui Siddhartha
Siddhartha thought to himself
își spuse Siddhartha
"I have never before seen a person glance and smile this way"
„Nu am văzut niciodată o persoană care să privească și să zâmbească în acest fel"
"no one else sits and walks like he does"
„Nimeni altcineva nu stă și merge ca el"
"truly, I wish to be able to glance and smile this way"
„Cu adevărat, îmi doresc să pot privi și să zâmbesc în acest fel"
"I wish to be able to sit and walk this way, too"
„Îmi doresc să pot să stau și să merg și eu în acest fel"
"liberated, venerable, concealed, open, childlike and mysterious"
„eliberat, venerabil, ascuns, deschis, copilăresc și misterios"
"he must have succeeded in reaching the innermost part of his self"

„El trebuie să fi reușit să atingă partea cea mai interioară a sinelui său"
"only then can someone glance and walk this way"
„Doar atunci cineva poate arunca o privire și merge pe aici"
"I will also seek to reach the innermost part of my self"
„Voi căuta, de asemenea, să ajung la partea cea mai interioară a sinelui meu"
"I saw a man" Siddhartha thought
„Am văzut un bărbat", gândi Siddhartha
"a single man, before whom I would have to lower my glance"
„un singur om, în fața căruia ar trebui să-mi cobor privirea"
"I do not want to lower my glance before anyone else"
„Nu vreau să-mi cobor privirea înaintea oricui altcuiva"
"No teachings will entice me more anymore"
„Nici o învățătură nu mă va mai ademeni"
"because this man's teachings have not enticed me"
„pentru că învățăturile acestui om nu m-au ademenit"
"I am deprived by the Buddha" thought Siddhartha
„Sunt lipsit de Buddha", se gândea Siddhartha
"I am deprived, although he has given so much"
„Sunt lipsit, deși a dat atât de mult"
"he has deprived me of my friend"
„M-a lipsit de prietenul meu"
"my friend who had believed in me"
„prietenul meu care a crezut în mine"
"my friend who now believes in him"
„prietenul meu care acum crede în el"
"my friend who had been my shadow"
„prietenul meu care a fost umbra mea"
"and now he is Gotama's shadow"
"iar acum el este umbra lui Gotama"
"but he has given me Siddhartha"
„dar mi-a dat Siddhartha"
"he has given me myself"
"El mi-a dat pe mine"

Awakening
Trezire

Siddhartha left the mango grove behind him
Siddhartha a părăsit planta de mango în urma lui
but he felt his past life also stayed behind
dar simțea că și viața lui trecută a rămas în urmă
the Buddha, the perfected one, stayed behind
Buddha, cel desăvârșit, a rămas în urmă
and Govinda stayed behind too
iar Govinda a rămas în urmă
and his past life had parted from him
iar viața lui trecută se despărțise de el
he pondered as he was walking slowly
se gândi el în timp ce mergea încet
he pondered about this sensation, which filled him completely
s-a gândit la această senzație, care l-a umplut complet
He pondered deeply, like diving into a deep water
Se gândea adânc, ca și cum s-ar scufunda într-o apă adâncă
he let himself sink down to the ground of the sensation
s-a lăsat să se afunde până în pământul senzației
he let himself sink down to the place where the causes lie
s-a lăsat să se afunde până în locul unde se află cauzele
to identify the causes is the very essence of thinking
a identifica cauzele este însăși esența gândirii
this was how it seemed to him
așa i se părea
and by this alone, sensations turn into realizations
și numai prin aceasta, senzațiile se transformă în realizări
and these sensations are not lost
iar aceste senzații nu se pierd
but the sensations become entities
dar senzațiile devin entități
and the sensations start to emit what is inside of them
iar senzațiile încep să emită ceea ce se află în interiorul lor

they show their truths like rays of light
își arată adevărurile ca niște raze de lumină
Slowly walking along, Siddhartha pondered
Mergând încet, Siddhartha se gândi
He realized that he was no youth any more
Și-a dat seama că nu mai era tânăr
he realized that he had turned into a man
și-a dat seama că s-a transformat în bărbat
He realized that something had left him
Și-a dat seama că ceva îl părăsise
the same way a snake is left by its old skin
la fel un șarpe este lăsat de pielea sa veche
what he had throughout his youth no longer existed in him
ceea ce a avut de-a lungul tinereții nu a mai existat în el
it used to be a part of him; the wish to have teachers
era o parte din el; dorinta de a avea profesori
the wish to listen to teachings
dorinta de a asculta invataturile
He had also left the last teacher who had appeared on his path
Îl părăsise și pe ultimul profesor care apăruse pe calea lui
he had even left the highest and wisest teacher
îl părăsise chiar pe cel mai înalt și mai înțelept profesor
he had left the most holy one, Buddha
îl lăsase pe cel mai sfânt, Buddha
he had to part with him, unable to accept his teachings
a trebuit să se despartă de el, incapabil să-și accepte învățăturile
Slower, he walked along in his thoughts
Mai încet, a mers în gânduri
and he asked himself, "But what is this?"
iar el s-a întrebat: „Dar ce este aceasta?"
"what have you sought to learn from teachings and from teachers?"
„ce ai căutat să înveți din învățături și de la profesori?"
"and what were they, who have taught you so much?"

„și care au fost ei, care te-au învățat atât de multe?"
"what are they if they have been unable to teach you?"
„Ce sunt ei dacă nu au fost în stare să te învețe?"
And he found, "It was the self"
Și a descoperit: „A fost sinele"
"it was the purpose and essence of which I sought to learn"
„a fost scopul și esența cărora am căutat să învăț"
"It was the self I wanted to free myself from"
„A fost sinele de care voiam să mă eliberez"
"the self which I sought to overcome"
„sinele pe care am căutat să-l biruiesc"
"But I was not able to overcome it"
„Dar nu am reușit să-l depășesc"
"I could only deceive it"
„Aș putea doar să-l înșel"
"I could only flee from it"
„Nu puteam decât să fug de ea"
"I could only hide from it"
„M-am putut ascunde doar de asta"
"Truly, no thing in this world has kept my thoughts so busy"
„Cu adevărat, nimic din lumea asta nu mi-a ținut gândurile atât de ocupate"
"I have been kept busy by the mystery of me being alive"
„Am fost ținut ocupat de misterul că sunt în viață"
"the mystery of me being one"
„misterul că eu sunt unul"
"the mystery if being separated and isolated from all others"
„misterul dacă ești separat și izolat de toți ceilalți"
"the mystery of me being Siddhartha!"
„misterul că eu sunt Siddhartha!"
"And there is no thing in this world I know less about"
„Și nu există nimic pe lumea asta despre care să știu mai puțin"
he had been pondering while slowly walking along
se gândise în timp ce mergea încet
he stopped as these thoughts caught hold of him

se opri când aceste gânduri îl prinseră
and right away another thought sprang forth from these thoughts
iar din aceste gânduri a izvorât imediat un alt gând
"there's one reason why I know nothing about myself"
„Există un motiv pentru care nu știu nimic despre mine"
"there's one reason why Siddhartha has remained alien to me"
„Există un motiv pentru care Siddhartha mi-a rămas străin"
"all of this stems from one cause"
„Toate acestea provin dintr-o singură cauză"
"I was afraid of myself, and I was fleeing"
„Mi-a fost frică de mine și am fugit"
"I have searched for both Atman and Brahman"
„Am căutat atât Atman, cât și Brahman"
"for this I was willing to dissect my self"
„Pentru asta am fost dispus să mă disec"
"and I was willing to peel off all of its layers"
„și am fost dispus să-i dezlipesc toate straturile"
"I wanted to find the core of all peels in its unknown interior"
„Am vrut să găsesc miezul tuturor cojilor în interiorul său necunoscut"
"the Atman, life, the divine part, the ultimate part"
„Atmanul, viața, partea divină, partea supremă"
"But I have lost myself in the process"
„Dar m-am pierdut în acest proces"
Siddhartha opened his eyes and looked around
Siddhartha deschise ochii și privi în jur
looking around, a smile filled his face
privind în jur, un zâmbet i-a umplut fața
a feeling of awakening from long dreams flowed through him
un sentiment de trezire din vise lungi curgea prin el
the feeling flowed from his head down to his toes
sentimentul îi curgea de la cap până la degetele de la picioare

And it was not long before he walked again
Și nu a trecut mult până când a mers din nou
he walked quickly, like a man who knows what he has got to do
a mers repede, ca un om care știe ce are de făcut
"now I will not let Siddhartha escape from me again!"
„Acum nu-l voi lăsa din nou pe Siddhartha să scape de mine!"
"I no longer want to begin my thoughts and my life with Atman"
„Nu mai vreau să-mi încep gândurile și viața cu Atman"
"nor do I want to begin my thoughts with the suffering of the world"
„Nici nu vreau să-mi încep gândurile cu suferința lumii"
"I do not want to kill and dissect myself any longer"
„Nu vreau să mă mai ucid și să mă disec"
"Yoga-Veda shall not teach me anymore"
„Yoga-Veda nu mă va mai învăța"
"nor Atharva-Veda, nor the ascetics"
„nici Atharva-Veda, nici asceții"
"there will not be any kind of teachings"
„nu vor exista nici un fel de învățături"
"I want to learn from myself and be my student"
„Vreau să învăț de la mine și să fiu elevul meu"
"I want to get to know myself; the secret of Siddhartha"
„Vreau să mă cunosc pe mine însumi; secretul lui Siddhartha"

He looked around, as if he was seeing the world for the first time
Se uită în jur, de parcă ar fi văzut lumea pentru prima dată
Beautiful and colourful was the world
Frumoasă și colorată era lumea
strange and mysterious was the world
ciudată și misterioasă era lumea
Here was blue, there was yellow, here was green
Aici era albastru, era galben, aici era verde
the sky and the river flowed

curgea cerul și râul
the forest and the mountains were rigid
pădurea și munții erau rigizi
all of the world was beautiful
toată lumea era frumoasă
all of it was mysterious and magical
totul era misterios și magic
and in its midst was he, Siddhartha, the awakening one
iar în mijlocul ei era el, Siddhartha, cel care se trezea
and he was on the path to himself
și era pe calea către sine
all this yellow and blue and river and forest entered Siddhartha
tot acest galben și albastru și râu și pădure au intrat în Siddhartha
for the first time it entered through the eyes
pentru prima dată a intrat prin ochi
it was no longer a spell of Mara
nu mai era o vrajă a Mara
it was no longer the veil of Maya
nu mai era vălul Mayei
it was no longer a pointless and coincidental
nu mai era un lucru fără rost și întâmplător
things were not just a diversity of mere appearances
lucrurile nu erau doar o diversitate de simple aparențe
appearances despicable to the deeply thinking Brahman
aparențe disprețuitoare pentru Brahmanul profund gânditor
the thinking Brahman scorns diversity, and seeks unity
brahmanul gânditor disprețuiește diversitatea și caută unitatea
Blue was blue and river was river
Albastrul era albastru și râul era râu
the singular and divine lived hidden in Siddhartha
singularul și divinul trăia ascuns în Siddhartha
divinity's way and purpose was to be yellow here, and blue there

modul și scopul divinității era să fie galben aici și albastru acolo
there sky, there forest, and here Siddhartha
acolo cer, acolo pădure și aici Siddhartha
The purpose and essential properties was not somewhere behind the things
Scopul și proprietățile esențiale nu erau undeva în spatele lucrurilor
the purpose and essential properties was inside of everything
scopul și proprietățile esențiale erau în interiorul tuturor
"How deaf and stupid have I been!" he thought
„Cât de surd și de prost am fost!" se gândi el
and he walked swiftly along
iar el a mers repede
"When someone reads a text he will not scorn the symbols and letters"
„Când cineva citește un text, nu va disprețui simbolurile și literele"
"he will not call the symbols deceptions or coincidences"
„nu va numi simbolurile înșelăciuni sau coincidențe"
"but he will read them as they were written"
„dar le va citi așa cum au fost scrise"
"he will study and love them, letter by letter"
„îi va studia și îi va iubi, scrisoare cu scrisoare"
"I wanted to read the book of the world and scorned the letters"
„Am vrut să citesc cartea lumii și am disprețuit literele"
"I wanted to read the book of myself and scorned the symbols"
„Am vrut să citesc cartea mea și am disprețuit simbolurile"
"I called my eyes and my tongue coincidental"
„Mi-am numit ochii și limba coincidențe"
"I said they were worthless forms without substance"
„Am spus că sunt forme fără valoare și fără substanță"
"No, this is over, I have awakened"

"Nu, asta s-a terminat, m-am trezit"
"I have indeed awakened"
„M-am trezit într-adevăr"
"I had not been born before this very day"
„Nu m-am născut chiar înainte de această zi"
In thinking these thoughts, Siddhartha suddenly stopped once again
Gândind aceste gânduri, Siddhartha s-a oprit brusc din nou
he stopped as if there was a snake lying in front of him
se opri de parcă ar fi fost un șarpe întins în fața lui
suddenly, he had also become aware of something else
deodată, devenise și el conștient de altceva
He was indeed like someone who had just woken up
Era într-adevăr ca cineva care tocmai se trezise
he was like a new-born baby starting life anew
era ca un nou-născut care își începe viața din nou
and he had to start again at the very beginning
și trebuia să înceapă din nou chiar de la început
in the morning he had had very different intentions
dimineața avusese intenții foarte diferite
he had thought to return to his home and his father
se gândise să se întoarcă acasă și la tatăl său
But now he stopped as if a snake was lying on his path
Dar acum s-a oprit de parcă un șarpe ar fi întins pe calea lui
he made a realization of where he was
și-a dat seama unde se afla
"I am no longer the one I was"
„Nu mai sunt cel ce am fost"
"I am no ascetic anymore"
„Nu mai sunt ascet"
"I am not a priest anymore"
„Nu mai sunt preot"
"I am no Brahman anymore"
„Nu mai sunt Brahman"
"Whatever should I do at my father's place?"
— Ce ar trebui să fac la tatăl meu?

"Study? Make offerings? Practise meditation?"
"Studiați? Faceți ofrande? Practicați meditația?"
"But all this is over for me"
„Dar toate acestea s-au terminat pentru mine"
"all of this is no longer on my path"
„Toate acestea nu mai sunt pe calea mea"
Motionless, Siddhartha remained standing there
Nemișcat, Siddhartha a rămas acolo în picioare
and for the time of one moment and breath, his heart felt cold
și timp de o clipă și respirație, inima i se simți rece
he felt a coldness in his chest
simțea o răceală în piept
the same feeling a small animal feels when it sees how alone it is
același sentiment pe care îl simte un animal mic când vede cât de singur este
For many years, he had been without home and had felt nothing
De mulți ani, rămăsese fără casă și nu simțise nimic
Now, he felt he had been without a home
Acum, simțea că a rămas fără casă
Still, even in the deepest meditation, he had been his father's son
Totuși, chiar și în cea mai profundă meditație, el fusese fiul tatălui său
he had been a Brahman, of a high caste
fusese un brahman, de o castă înaltă
he had been a cleric
fusese cleric
Now, he was nothing but Siddhartha, the awoken one
Acum, el nu era altceva decât Siddhartha, cel trezit
nothing else was left of him
nu mai rămăsese nimic din el
Deeply, he inhaled and felt cold
Adanc, a inspirat si a simtit frig

a shiver ran through his body
un fior îi străbătu trupul
Nobody was as alone as he was
Nimeni nu era la fel de singur ca el
There was no nobleman who did not belong to the noblemen
Nu a existat un nobil care să nu aparțină nobililor
there was no worker that did not belong to the workers
nu exista muncitor care să nu aparțină muncitorilor
they had all found refuge among themselves
toți își găsiseră refugiu între ei
they shared their lives and spoke their languages
și-au împărtășit viața și își vorbeau limbile
there are no Brahman who would not be regarded as Brahmans
nu există brahman care să nu fie priviți ca brahmani
and there are no Brahmans that didn't live as Brahmans
și nu există brahmani care să nu fi trăit ca brahmani
there are no ascetic who could not find refuge with the Samanas
nu există asceți care să nu-și găsească refugiu la Samana
and even the most forlorn hermit in the forest was not alone
și nici cel mai dezamăgit pustnic din pădure nu era singur
he was also surrounded by a place he belonged to
era înconjurat și de un loc căruia îi aparținea
he also belonged to a caste in which he was at home
aparținea și unei caste în care se afla acasă
Govinda had left him and became a monk
Govinda îl părăsise și se călugărise
and a thousand monks were his brothers
și o mie de călugări erau frații lui
they wore the same robe as him
purtau aceeași haină ca el
they believed in his faith and spoke his language
au crezut în credința lui și au vorbit limba lui
But he, Siddhartha, where did he belong to?

Dar el, Siddhartha, de unde aparținea?
With whom would he share his life?
Cu cine și-ar împărtăși viața?
Whose language would he speak?
A cui limba ar vorbi?
the world melted away all around him
lumea s-a topit în jurul lui
he stood alone like a star in the sky
stătea singur ca o stea pe cer
cold and despair surrounded him
frig și disperare îl înconjurau
but Siddhartha emerged out of this moment
dar Siddhartha a ieșit din acest moment
Siddhartha emerged more his true self than before
Siddhartha a apărut mai mult decât înainte
he was more firmly concentrated than he had ever been
era mai ferm concentrat decât fusese vreodată
He felt; "this had been the last tremor of the awakening"
El a simțit; „Acesta a fost ultimul tremur al trezirii"
"the last struggle of this birth"
„ultima luptă a acestei nașteri"
And it was not long until he walked again in long strides
Și nu a trecut mult până când a mers din nou cu pași mari
he started to proceed swiftly and impatiently
a început să meargă repede și nerăbdător
he was no longer going home
nu se mai ducea acasă
he was no longer going to his father
nu se mai ducea la tatăl său

Part Two
Partea a doua

***

Kamala

Siddhartha learned something new on every step of his path
Siddhartha a învățat ceva nou la fiecare pas al drumului său
because the world was transformed and his heart was enchanted
pentru că lumea s-a transformat și inima lui a fost vrăjită
He saw the sun rising over the mountains
A văzut soarele răsărind peste munți
and he saw the sun setting over the distant beach
și a văzut soarele apune peste plaja îndepărtată
At night, he saw the stars in the sky in their fixed positions
Noaptea, a văzut stelele de pe cer în pozițiile lor fixe
and he saw the crescent of the moon floating like a boat in the blue
și a văzut semiluna de lună plutind ca o barcă în albastru
He saw trees, stars, animals, and clouds
A văzut copaci, stele, animale și nori
rainbows, rocks, herbs, flowers, streams and rivers
curcubee, pietre, ierburi, flori, pâraie și râuri
he saw the glistening dew in the bushes in the morning
a văzut roua sclipitoare în tufișuri dimineața
he saw distant high mountains which were blue
a văzut munți înalți îndepărtați, care erau albaștri
wind blew through the rice-field
vântul bătea prin câmpul de orez
all of this, a thousand-fold and colourful, had always been there
toate acestea, de o mie de ori și pline de culoare, fuseseră mereu acolo
the sun and the moon had always shone

soarele și luna străluciseră mereu
rivers had always roared and bees had always buzzed
râurile răcniseră mereu iar albinele bâzâiaseră mereu
but in former times all of this had been a deceptive veil
dar în vremurile trecute toate acestea fuseseră un văl înșelător
to him it had been nothing more than fleeting
pentru el nu fusese altceva decât trecător
it was supposed to be looked upon in distrust
trebuia privit cu neîncredere
it was destined to be penetrated and destroyed by thought
era sortit să fie pătruns și distrus de gândire
since it was not the essence of existence
întrucât nu era esența existenței
since this essence lay beyond, on the other side of, the visible
întrucât această esență se afla dincolo, de cealaltă parte a vizibilului
But now, his liberated eyes stayed on this side
Dar acum, ochii lui eliberați au rămas pe această parte
he saw and became aware of the visible
a văzut și a devenit conștient de vizibil
he sought to be at home in this world
a căutat să fie acasă în această lume
he did not search for the true essence
nu a căutat adevărata esență
he did not aim at a world beyond
nu ținta o lume de dincolo
this world was beautiful enough for him
această lume era destul de frumoasă pentru el
looking at it like this made everything childlike
Privindu-l așa a făcut totul copilăresc
Beautiful were the moon and the stars
Frumoase erau luna și stelele
beautiful was the stream and the banks
frumoase erau pârâul și malurile
the forest and the rocks, the goat and the gold-beetle

pădurea și stâncile, capra și gândacul de aur
the flower and the butterfly; beautiful and lovely it was
floarea și fluturele; frumos si frumos a fost
to walk through the world was childlike again
a umbla prin lume era din nou copilăresc
this way he was awoken
în felul acesta a fost trezit
this way he was open to what is near
în felul acesta era deschis la ceea ce este aproape
this way he was without distrust
în felul acesta era fără neîncredere
differently the sun burnt the head
altfel soarele a ars capul
differently the shade of the forest cooled him down
altfel umbra pădurii îl răcori
differently the pumpkin and the banana tasted
diferit aveau gust dovleacul și banana
Short were the days, short were the nights
Scurte au fost zilele, scurte au fost nopțile
every hour sped swiftly away like a sail on the sea
fiecare oră se îndepărta cu repeziciune ca o pânză pe mare
and under the sail was a ship full of treasures, full of joy
iar sub pânză era o corabie plină de comori, plină de bucurie
Siddhartha saw a group of apes moving through the high canopy
Siddhartha a văzut un grup de maimuțe mișcându-se prin baldachinul înalt
they were high in the branches of the trees
erau înalte în ramurile copacilor
and he heard their savage, greedy song
și le-a auzit cântecul sălbatic și lacom
Siddhartha saw a male sheep following a female one and mating with her
Siddhartha a văzut un mascul de oaie după o femelă și împerechendu-se cu ea

In a lake of reeds, he saw the pike hungrily hunting for its dinner
Într-un lac de stuf, a văzut știuca vânând înfometată pentru cina
young fish were propelling themselves away from the pike
peștii tineri se propulsau departe de știucă
they were scared, wiggling and sparkling
erau speriați, clătinându-se și scânteind
the young fish jumped in droves out of the water
peștii tineri au sărit în mulțime din apă
the scent of strength and passion came forcefully out of the water
din apă ieșea cu forță parfumul forței și pasiunii
and the pike stirred up the scent
iar știuca a stârnit mirosul
All of this had always existed
Toate acestea au existat dintotdeauna
and he had not seen it, nor had he been with it
și nu o văzuse și nici nu fusese cu ea
Now he was with it and he was part of it
Acum era cu ea și făcea parte din ea
Light and shadow ran through his eyes
Lumină și umbră îi treceau prin ochi
stars and moon ran through his heart
stelele și luna îi treceau prin inimă

Siddhartha remembered everything he had experienced in the Garden Jetavana
Siddhartha și-a amintit tot ce a trăit în Grădina Jetavana
he remembered the teaching he had heard there from the divine Buddha
și-a amintit de învățătura pe care o auzise acolo de la divinul Buddha
he remembered the farewell from Govinda
își aminti de rămas-bun de la Govinda
he remembered the conversation with the exalted one

îşi aminti conversaţia cu cel înălţat
Again he remembered his own words that he had spoken to the exalted one
Şi-a amintit din nou de propriile sale cuvinte pe care le spusese celui înălţat
he remembered every word
îşi amintea fiecare cuvânt
he realized he had said things which he had not really known
îşi dădu seama că spusese lucruri pe care nu le ştia cu adevărat
he astonished himself with what he had said to Gotama
s-a uimit cu ceea ce îi spusese lui Gotama
the Buddha's treasure and secret was not the teachings
comoara şi secretul lui Buddha nu erau învăţăturile
but the secret was the inexpressible and not teachable
dar secretul era inexprimabilul şi nepredabilul
the secret which he had experienced in the hour of his enlightenment
secretul pe care îl trăise în ceasul iluminării sale
the secret was nothing but this very thing which he had now gone to experience
secretul nu era altceva decât acest lucru pe care acum ajunsese să-l experimenteze
the secret was what he now began to experience
secretul era ceea ce acum a început să experimenteze
Now he had to experience his self
Acum trebuia să-şi experimenteze sinele
he had already known for a long time that his self was Atman
ştia deja de mult timp că sinele lui era Atman
he knew Atman bore the same eternal characteristics as Brahman
ştia că Atman avea aceleaşi caracteristici eterne ca şi Brahman
But he had never really found this self
Dar nu şi-a găsit niciodată cu adevărat acest sine

because he had wanted to capture the self in the net of thought
pentru că dorise să surprindă eul în plasa gândirii
but the body was not part of the self
dar corpul nu făcea parte din sine
it was not the spectacle of the senses
nu era spectacolul simțurilor
so it also was not the thought, nor the rational mind
deci nu era nici gândul, nici mintea rațională
it was not the learned wisdom, nor the learned ability
nu a fost înțelepciunea învățată, nici capacitatea învățată
from these things no conclusions could be drawn
din aceste lucruri nu s-au putut trage concluzii
No, the world of thought was also still on this side
Nu, lumea gândirii era tot de această parte
Both, the thoughts as well as the senses, were pretty things
Atât gândurile, cât și simțurile, erau lucruri frumoase
but the ultimate meaning was hidden behind both of them
dar sensul ultim se ascundea în spatele celor doi
both had to be listened to and played with
ambele trebuiau ascultate și jucate cu acestea
neither had to be scorned nor overestimated
nici nu trebuia disprețuit și nici supraestimat
there were secret voices of the innermost truth
se auziră voci secrete ale adevărului cel mai lăuntric
these voices had to be attentively perceived
aceste voci trebuiau percepute cu atenție
He wanted to strive for nothing else
Nu voia să se străduiască pentru nimic altceva
he would do what the voice commanded him to do
ar face ceea ce i-a poruncit vocea
he would dwell where the voices advised him to
avea să locuiască acolo unde l-au sfătuit vocile
Why had Gotama sat down under the Bodhi tree?
De ce se așezase Gotama sub copacul Bodhi?
He had heard a voice in his own heart

Auzise o voce în propria inimă
a voice which had commanded him to seek rest under this tree
un glas care îi poruncise să caute odihnă sub acest copac
he could have gone on to make offerings
ar fi putut continua să facă ofrande
he could have performed his ablutions
ar fi putut să-și facă abluțiile
he could have spent that moment in prayer
ar fi putut petrece acel moment în rugăciune
he had chosen not to eat or drink
alesese să nu mănânce sau să bea
he had chosen not to sleep or dream
alesese să nu doarmă sau să viseze
instead, he had obeyed the voice
în schimb, ascultase vocea
To obey like this was good
Să te supui așa a fost bine
it was good not to obey to an external command
era bine să nu te supui unei comenzi externe
it was good to obey only the voice
era bine să ascultăm doar de voce
to be ready like this was good and necessary
a fi gata așa era bine și necesar
there was nothing else that was necessary
nu era nimic altceva ce era necesar

in the night Siddhartha got to a river
noaptea Siddhartha a ajuns la un râu
he slept in the straw hut of a ferryman
a dormit în coliba de paie a unui feribot
this night Siddhartha had a dream
în noaptea asta Siddhartha a avut un vis
Govinda was standing in front of him
Govinda stătea în fața lui
he was dressed in the yellow robe of an ascetic

era îmbrăcat în halatul galben al unui ascet
Sad was how Govinda looked
Trist era cum arăta Govinda
sadly he asked, "Why have you forsaken me?"
cu tristețe a întrebat: „De ce m-ai părăsit?"
Siddhartha embraced Govinda, and wrapped his arms around him
Siddhartha l-a îmbrățișat pe Govinda și și-a cuprins brațele în jurul lui
he pulled him close to his chest and kissed him
l-a tras aproape de piept și l-a sărutat
but it was not Govinda anymore, but a woman
dar nu mai era Govinda, ci o femeie
a full breast popped out of the woman's dress
un sân plin a ieșit din rochia femeii
Siddhartha lay and drank from the breast
Siddhartha s-a întins și a băut din sân
sweetly and strongly tasted the milk from this breast
gustat dulce și puternic laptele din acest sân
It tasted of woman and man
Avea gust de femeie și de bărbat
it tasted of sun and forest
avea gust de soare și pădure
it tasted of animal and flower
avea gust de animal și floare
it tasted of every fruit and every joyful desire
avea gust din fiecare fruct și din fiecare dorință de bucurie
It intoxicated him and rendered him unconscious
L-a intoxicat și l-a lăsat inconștient
Siddhartha woke up from the dream
Siddhartha s-a trezit din vis
the pale river shimmered through the door of the hut
râul palid strălucea prin ușa colibei
a dark call of an owl resounded deeply through the forest
un strigăt întunecat al unei bufnițe răsuna adânc prin pădure
Siddhartha asked the ferryman to get him across the river

Siddhartha i-a cerut ferrymanului să-l ducă peste râu
The ferryman got him across the river on his bamboo-raft
Ferryman l-a dus peste râu pe pluta lui de bambus
the water shimmered reddish in the light of the morning
apa strălucea roșiatică în lumina dimineții
"This is a beautiful river," he said to his companion
„Acesta este un râu frumos", i-a spus însoțitorului său
"Yes," said the ferryman, "a very beautiful river"
„Da", a spus ferrymanul, „un râu foarte frumos"
"I love it more than anything"
„Îmi place mai mult decât orice"
"Often I have listened to it"
„De multe ori l-am ascultat"
"often I have looked into its eyes"
„De multe ori m-am uitat în ochii lui"
"and I have always learned from it"
„și mereu am învățat din asta"
"Much can be learned from a river"
„Se pot învăța multe de la un râu"
"I thank you, my benefactor" spoke Siddhartha
„Îți mulțumesc, binefăcătorul meu", a spus Siddhartha
he disembarked on the other side of the river
a debarcat de cealaltă parte a râului
"I have no gift I could give you for your hospitality, my dear"
„Nu am niciun cadou pe care ți-l pot oferi pentru ospitalitatea ta, draga mea"
"and I also have no payment for your work"
„și nici eu nu am nicio plată pentru munca ta"
"I am a man without a home"
„Sunt un bărbat fără casă"
"I am the son of a Brahman and a Samana"
„Sunt fiul unui Brahman și al unui Samana"
"I did see it," spoke the ferryman
— Am văzut-o, spuse ferrymanul
"I did not expect any payment from you"

„Nu mă așteptam la nicio plată de la tine"
"it is custom for guests to bear a gift"
„este obiceiul ca oaspeții să poarte un cadou"
"but I did not expect this from you either"
"dar nici eu nu ma asteptam la asta de la tine"
"You will give me the gift another time"
„Îmi vei oferi cadoul altădată"
"Do you think so?" asked Siddhartha, bemusedly
— Așa crezi? întrebă Siddhartha, uluit
"I am sure of it," replied the ferryman
— Sunt sigur de asta, răspunse ferrymanul
"This too, I have learned from the river"
„Și asta am învățat de la râu"
"everything that goes comes back!"
"tot ce merge se intoarce!"
"You too, Samana, will come back"
"Si tu, Samana, te vei intoarce"
"Now farewell! Let your friendship be my reward"
"Acum la revedere! Fie ca prietenia ta să fie răsplata mea"
"Commemorate me, when you make offerings to the gods"
„Comemorați-mă când aduceți ofrande zeilor"
Smiling, they parted from each other
Zâmbind, s-au despărțit unul de celălalt
Smiling, Siddhartha was happy about the friendship
Zâmbind, Siddhartha era fericit de prietenie
and he was happy about the kindness of the ferryman
și se bucura de bunătatea feribotului
"He is like Govinda," he thought with a smile
„Este ca Govinda", gândi el zâmbind
"all I meet on my path are like Govinda"
„Tot ce întâlnesc pe calea mea este ca Govinda"
"All are thankful for what they have"
„Toți sunt recunoscători pentru ceea ce au"
"but they are the ones who would have a right to receive thanks"
„dar ei sunt cei care ar avea dreptul să primească mulțumiri"

"all are submissive and would like to be friends"
„toți sunt supuși și ar dori să fie prieteni"
"all like to obey and think little"
„tuturor le place să asculte și să gândească puțin"
"all people are like children"
„toți oamenii sunt ca niște copii"

At about noon, he came through a village
Pe la prânz, a venit printr-un sat
In front of the mud cottages, children were rolling about in the street
În fața căsuțelor de noroi, copiii se tăvăleau pe stradă
they were playing with pumpkin-seeds and sea-shells
se jucau cu seminte de dovleac si scoici
they screamed and wrestled with each other
țipau și se luptau între ei
but they all timidly fled from the unknown Samana
dar toți au fugit timid de necunoscutul Samana
In the end of the village, the path led through a stream
În capătul satului, poteca ducea printr-un pârau
by the side of the stream, a young woman was kneeling
pe malul pârâului, o tânără stătea în genunchi
she was washing clothes in the stream
ea spăla rufe în pârâu
When Siddhartha greeted her, she lifted her head
Când Siddhartha a salutat-o, ea și-a ridicat capul
and she looked up to him with a smile
iar ea ridică privirea spre el zâmbind
he could see the white in her eyes glistening
putea vedea albul din ochii ei strălucind
He called out a blessing to her
El a strigat o binecuvântare pentru ea
this was the custom among travellers
acesta era obiceiul printre călători
and he asked how far it was to the large city
și a întrebat cât de departe era până la marele oraș

Then she got up and came to him
Apoi s-a ridicat și a venit la el
beautifully her wet mouth was shimmering in her young face
frumos gura ei umedă strălucea în chipul ei tânăr
She exchanged humorous banter with him
Ea a schimbat glume umoristice cu el
she asked whether he had eaten already
a întrebat dacă a mâncat deja
and she asked curious questions
iar ea a pus întrebări curioase
"is it true that the Samanas slept alone in the forest at night?"
„Este adevărat că soții Samana dormeau singuri în pădure noaptea?"
"is it true Samanas are not allowed to have women with them"
„Este adevărat că Samanas nu au voie să aibă femei cu ei"
While talking, she put her left foot on his right one
În timp ce vorbea, ea și-a pus piciorul stâng pe cel drept
the movement of a woman who would want to initiate sexual pleasure
mișcarea unei femei care ar dori să inițieze plăcerea sexuală
the textbooks call this "climbing a tree"
manualele numesc asta „cățăratul într-un copac"
Siddhartha felt his blood heating up
Siddhartha simți că sângele i se încălzește
he had to think of his dream again
trebuia să se gândească din nou la visul său
he bend slightly down to the woman
se aplecă ușor spre femeie
and he kissed with his lips the brown nipple of her breast
iar el sărută cu buzele mamelonul maro al sânului ei
Looking up, he saw her face smiling
Privind în sus, i-a văzut chipul zâmbind
and her eyes were full of lust
iar ochii ei erau plini de poftă

Siddhartha also felt desire for her
Siddhartha a simțit și o dorință pentru ea
he felt the source of his sexuality moving
a simțit mișcându-se sursa sexualității sale
but he had never touched a woman before
dar nu mai atinsese niciodată o femeie
so he hesitated for a moment
așa că a ezitat o clipă
his hands were already prepared to reach out for her
mâinile lui erau deja pregătite să întindă mâna spre ea
but then he heard the voice of his innermost self
dar apoi a auzit vocea sinelui său cel mai lăuntric
he shuddered with awe at his voice
se cutremură de venerație la vocea lui
and this voice told him no
iar această voce i-a spus că nu
all charms disappeared from the young woman's smiling face
toate farmecele au dispărut de pe chipul zâmbitor al tinerei femei
he no longer saw anything else but a damp glance
nu mai vedea altceva decât o privire umedă
all he could see was female animal in heat
tot ce vedea era o femelă în călduri
Politely, he petted her cheek
Politicos, i-a mângâiat obrazul
he turned away from her and disappeared away
s-a întors de la ea și a dispărut
he left from the disappointed woman with light steps
a plecat de la femeia dezamăgită cu pași ușori
and he disappeared into the bamboo-wood
iar el a dispărut în lemnul de bambus

he reached the large city before the evening
a ajuns în marele oraș înainte de seară
and he was happy to have reached the city

și era fericit că a ajuns în oraș
because he felt the need to be among people
pentru că simțea nevoia să fie printre oameni
or a long time, he had lived in the forests
sau de multă vreme, trăise în păduri
for first time in a long time he slept under a roof
pentru prima dată după mult timp a dormit sub un acoperiș
Before the city was a beautifully fenced garden
Înainte de oraș era o grădină frumos împrejmuită
the traveller came across a small group of servants
călătorul a dat peste un mic grup de servitori
the servants were carrying baskets of fruit
servitorii cărau coșuri cu fructe
four servants were carrying an ornamental sedan-chair
patru servitori purtau un sedan-scaun ornamental
on this chair sat a woman, the mistress
pe acest scaun stătea o femeie, amanta
she was on red pillows under a colourful canopy
era pe perne roșii sub un baldachin colorat
Siddhartha stopped at the entrance to the pleasure-garden
Siddhartha se opri la intrarea în grădina plăcerilor
and he watched the parade go by
și a privit parada trecând
he saw saw the servants and the maids
a văzut a văzut servitorii și slujnicele
he saw the baskets and the sedan-chair
văzu coșurile și sedan-scaunul
and he saw the lady on the chair
și a văzut-o pe doamnă pe scaun
Under her black hair he saw a very delicate face
Sub părul ei negru, el văzu o față foarte delicată
a bright red mouth, like a freshly cracked fig
o gură roșie aprinsă, ca o smochine proaspăt crăpate
eyebrows which were well tended and painted in a high arch
sprâncene care erau bine îngrijite și pictate în arc înalt

they were smart and watchful dark eyes
erau niște ochi întunecați deștepți și vigilenți
a clear, tall neck rose from a green and golden garment
un gât limpede și înalt se ridica dintr-o haină verde și aurie
her hands were resting, long and thin
mâinile ei erau odihnite, lungi și subțiri
she had wide golden bracelets over her wrists
avea brățări largi de aur peste încheieturile ei
Siddhartha saw how beautiful she was, and his heart rejoiced
Siddhartha a văzut cât de frumoasă era și inima lui s-a bucurat
He bowed deeply, when the sedan-chair came closer
Se înclină adânc, când sedan-scaunul se apropie
straightening up again, he looked at the fair, charming face
îndreptându-se din nou, se uită la fața drăguță și fermecătoare
he read her smart eyes with the high arcs
îi citi ochii deștepți cu arcurile înalte
he breathed in a fragrance of something he did not know
a respirat un parfum de ceva ce nu știa
With a smile, the beautiful woman nodded for a moment
Cu un zâmbet, frumoasa femeie a dat din cap o clipă
then she disappeared into the garden
apoi a dispărut în grădină
and then the servants disappeared as well
și atunci au dispărut și slujitorii
"I am entering this city with a charming omen" Siddhartha thought
„Intru în acest oraș cu un semn fermecător", gândi Siddhartha
He instantly felt drawn into the garden
S-a simțit instantaneu atras de grădină
but he thought about his situation
dar s-a gândit la situația lui
he became aware of how the servants and maids had looked at him
își dădu seama cum se uitaseră la el servitorii și servitoarele
they thought him despicable, distrustful, and rejected him

l-au considerat disprețuitor, neîncrezător și l-au respins
"I am still a Samana" he thought
„Eu sunt încă un Samana", se gândi el
"I am still an ascetic and beggar"
„Sunt încă ascet și cerșetor"
"I must not remain like this"
„Nu trebuie să rămân așa"
"I will not be able to enter the garden like this," he laughed
„Nu voi putea intra așa în grădină", a râs el
he asked the next person who came along the path about the garden
a întrebat-o pe următoarea persoană care a venit pe potecă despre grădină
and he asked for the name of the woman
iar el a cerut numele femeii
he was told that this was the garden of Kamala, the famous courtesan
i s-a spus că aceasta este grădina lui Kamala, celebra curtezană
and he was told that she also owned a house in the city
și i s-a spus că și ea are o casă în oraș
Then, he entered the city with a goal
Apoi, a intrat în oraș cu un gol
Pursuing his goal, he allowed the city to suck him in
Urmărindu-și scopul, a permis orașului să-l atragă
he drifted through the flow of the streets
a plutit prin curgerea străzilor
he stood still on the squares in the city
stătea nemișcat pe piețele din oraș
he rested on the stairs of stone by the river
se odihnea pe scările de piatră de lângă râu
When the evening came, he made friends with a barber's assistant
Când a venit seara, s-a împrietenit cu o asistentă de frizer
he had seen him working in the shade of an arch
îl văzuse lucrând la umbra unui arc
and he found him again praying in a temple of Vishnu

și l-a găsit din nou rugându-se într-un templu al lui Vishnu
he told about stories of Vishnu and the Lakshmi
a povestit despre povești despre Vishnu și Lakshmi
Among the boats by the river, he slept this night
Printre bărcile de lângă râu, a dormit în noaptea asta
Siddhartha came to him before the first customers came into his shop
Siddhartha a venit la el înainte ca primii clienți să vină în magazinul lui
he had the barber's assistant shave his beard and cut his hair
l-a pus asistentului frizerului să-și tundă barba și să-l tundă
he combed his hair and anointed it with fine oil
și-a pieptănat părul și l-a uns cu ulei fin
Then he went to take his bath in the river
Apoi s-a dus să-și facă baie în râu

late in the afternoon, beautiful Kamala approached her garden
după-amiaza târziu, frumoasa Kamala s-a apropiat de grădina ei
Siddhartha was standing at the entrance again
Siddhartha stătea din nou la intrare
he made a bow and received the courtesan's greeting
făcu o plecăciune și primi salutul curtezanei
he got the attention of one of the servant
a atras atenția unuia dintre servitori
he asked him to inform his mistress
l-a rugat să-și informeze amanta
"a young Brahman wishes to talk to her"
„un tânăr Brahman dorește să vorbească cu ea"
After a while, the servant returned
După un timp, servitorul s-a întors
the servant asked Siddhartha to follow him
servitorul i-a cerut lui Siddhartha să-l urmeze
Siddhartha followed the servant into a pavilion
Siddhartha l-a urmat pe servitor într-un pavilion

here Kamala was lying on a couch
aici Kamala stătea întinsă pe o canapea
and the servant left him alone with her
iar servitorul l-a lăsat singur cu ea
"Weren't you also standing out there yesterday, greeting me?" asked Kamala
— Nu ai stat și tu acolo ieri, să mă salutai? întrebă Kamala
"It's true that I've already seen and greeted you yesterday"
„Este adevărat că deja te-am văzut și te-am salutat ieri"
"But didn't you yesterday wear a beard, and long hair?"
— Dar nu ai purtat ieri barbă și păr lung?
"and was there not dust in your hair?"
"și nu era praf în părul tău?"
"You have observed well, you have seen everything"
„Ai observat bine, ai văzut totul"
"You have seen Siddhartha, the son of a Brahman"
„Ai văzut pe Siddhartha, fiul unui Brahman"
"the Brahman who has left his home to become a Samana"
„Brahmanul care și-a părăsit casa pentru a deveni Samana"
"the Brahman who has been a Samana for three years"
„Brahmanul care a fost Samana de trei ani"
"But now, I have left that path and came into this city"
„Dar acum, am părăsit acea cale și am venit în acest oraș"
"and the first one I met, even before I had entered the city, was you"
„Și primul pe care l-am întâlnit, chiar înainte de a intra în oraș, ai fost tu"
"To say this, I have come to you, oh Kamala!"
„Ca să spun asta, am venit la tine, o, Kamala!"
"before, Siddhartha addressed all woman with his eyes to the ground"
„Înainte, Siddhartha se adresa tuturor femeilor cu ochii în pământ"
"You are the first woman whom I address otherwise"
„Ești prima femeie căreia mă adresez altfel"
"Never again do I want to turn my eyes to the ground"

„Nu mai vreau niciodată să-mi întorc ochii în pământ"
"I won't turn when I'm coming across a beautiful woman"
„Nu mă voi întoarce când dau peste o femeie frumoasă"
Kamala smiled and played with her fan of peacocks' feathers
Kamala a zâmbit și s-a jucat cu evantaiul ei de pene de păun
"And only to tell me this, Siddhartha has come to me?"
— Și numai ca să-mi spună asta, Siddhartha a venit la mine?
"To tell you this and to thank you for being so beautiful"
„Să-ți spun asta și să-ți mulțumesc că ești atât de frumoasă"
"I would like to ask you to be my friend and teacher"
„Aș dori să te rog să-mi fii prieten și profesor"
"for I know nothing yet of that art which you have mastered"
„căci încă nu știu nimic despre acea artă pe care ai stăpânit-o"
At this, Kamala laughed aloud
La asta, Kamala a râs cu voce tare
"Never before this has happened to me, my friend"
„Nu mi s-a întâmplat niciodată asta, prietene"
"a Samana from the forest came to me and wanted to learn from me!"
"a venit la mine o Samana din padure si a vrut sa invete de la mine!"
"Never before this has happened to me"
„Nu mi s-a întâmplat niciodată asta"
"a Samana came to me with long hair and an old, torn loincloth!"
„A venit la mine o Samana cu părul lung și o pânză veche și ruptă!"
"Many young men come to me"
„Mulți tineri vin la mine"
"and there are also sons of Brahmans among them"
„și sunt și fii de brahman printre ei"
"but they come in beautiful clothes"
„dar vin în haine frumoase"
"they come in fine shoes"
„vin în pantofi buni"

"they have perfume in their hair
„au parfum în păr
"and they have money in their pouches"
„și au bani în pungă"
"This is how the young men are like, who come to me"
„Așa sunt tinerii care vin la mine"
Spoke Siddhartha, "Already I am starting to learn from you"
Siddhartha a spus: „Deja încep să învăț de la tine"
"Even yesterday, I was already learning"
„Chiar și ieri, deja învățam"
"I have already taken off my beard"
"Mi-am scos deja barba"
"I have combed the hair"
„Am pieptănat părul"
"and I have oil in my hair"
„și am ulei în păr"
"There is little which is still missing in me"
„Îmi lipsește încă puține"
"oh excellent one, fine clothes, fine shoes, money in my pouch"
„Oh, excelent, haine frumoase, pantofi buni, bani în geantă"
"You shall know Siddhartha has set harder goals for himself"
„Veți ști că Siddhartha și-a stabilit obiective mai grele pentru el însuși"
"and he has reached these goals"
„și a atins aceste obiective"
"How shouldn't I reach that goal?"
„Cum să nu ating acest obiectiv?"
"the goal which I have set for myself yesterday"
„Scopul pe care mi l-am propus ieri"
"to be your friend and to learn the joys of love from you"
„să fii prietenul tău și să înveți de la tine bucuriile iubirii"
"You'll see that I'll learn quickly, Kamala"
„O să vezi că voi învăța repede, Kamala"

"I have already learned harder things than what you're supposed to teach me"
„Am învățat deja lucruri mai grele decât ceea ce ar trebui să mă înveți"
"And now let's get to it"
„Și acum să trecem la asta"
"You aren't satisfied with Siddhartha as he is?"
— Nu ești mulțumit de Siddhartha așa cum este el?
"with oil in his hair, but without clothes"
„cu ulei în păr, dar fără haine"
"Siddhartha without shoes, without money"
„Siddhartha fără pantofi, fără bani"
Laughing, Kamala exclaimed, "No, my dear"
Râzând, Kamala a exclamat: „Nu, draga mea"
"he doesn't satisfy me, yet"
„nu mă mulțumește încă"
"Clothes are what he must have"
„Hainele sunt ceea ce trebuie să aibă"
"pretty clothes, and shoes is what he needs"
„Haine frumoase și pantofi este ceea ce are nevoie"
"pretty shoes, and lots of money in his pouch"
„pantofi frumoși și mulți bani în geantă"
"and he must have gifts for Kamala"
„și trebuie să aibă cadouri pentru Kamala"
"Do you know it now, Samana from the forest?"
— O știi acum, Samana din pădure?
"Did you mark my words?"
— Mi-ai notat cuvintele?
"Yes, I have marked your words," Siddhartha exclaimed
„Da, am marcat cuvintele tale", a exclamat Siddhartha
"How should I not mark words which are coming from such a mouth!"
„Cum să nu notez cuvintele care vin dintr-o astfel de gură!"
"Your mouth is like a freshly cracked fig, Kamala"
„Gura ta este ca o smochine proaspăt crăpate, Kamala"
"My mouth is red and fresh as well"

„Gura mea este roșie și proaspătă"
"it will be a suitable match for yours, you'll see"
„va fi o potrivire potrivită pentru a ta, vei vedea"
"But tell me, beautiful Kamala"
"Dar spune-mi, frumoasa Kamala"
"aren't you at all afraid of the Samana from the forest""
„Nu ți-e frică deloc de Samana din pădure"
"the Samana who has come to learn how to make love"
„Samana care a venit să învețe să facă dragoste"
"Whatever for should I be afraid of a Samana?"
— Pentru ce ar trebui să-mi fie frică de un Samana?
"a stupid Samana from the forest"
"o Samana proastă din pădure"
"a Samana who is coming from the jackals"
„un Samana care vine de la șacali"
"a Samana who doesn't even know yet what women are?"
„o Samana care nici măcar nu știe încă ce sunt femeile?"
"Oh, he's strong, the Samana"
"Oh, e puternic, Samana"
"and he isn't afraid of anything"
„și nu se teme de nimic"
"He could force you, beautiful girl"
„Te-ar putea forța, fată frumoasă"
"He could kidnap you and hurt you"
„El ar putea să te răpească și să te rănească"
"No, Samana, I am not afraid of this"
„Nu, Samana, nu mi-e frică de asta"
"Did any Samana or Brahman ever fear someone might come and grab him?"
„S-a temut vreodată vreun Samana sau Brahman ca cineva să vină să-l apuce?"
"could he fear someone steals his learning?
„Ar putea să se teamă că cineva îi fură învățarea?
"could anyone take his religious devotion"
„ar putea cineva să-și asume devotamentul religios"
"is it possible to take his depth of thought?

„Este posibil să-i iau profunzimea gândirii?

"No, because these things are his very own"

„Nu, pentru că aceste lucruri sunt ale lui"

"he would only give away the knowledge he is willing to give"

„el ar oferi doar cunoștințele pe care este dispus să le dea"

"he would only give to those he is willing to give to"

„ar da doar celor cărora este dispus să le dea"

"precisely like this it is also with Kamala"

„Tocmai așa este și cu Kamala"

"and it is the same way with the pleasures of love"

„și la fel este și cu plăcerile iubirii"

"Beautiful and red is Kamala's mouth," answered Siddhartha

„Frumoasă și roșie este gura lui Kamala", a răspuns Siddhartha

"but don't try to kiss it against Kamala's will"

„dar nu încerca să-l săruți împotriva voinței lui Kamala"

"because you will not obtain a single drop of sweetness from it"

„pentru că nu vei obține nici măcar o picătură de dulceață din ea"

"You are learning easily, Siddhartha"

„Înveți ușor, Siddhartha"

"you should also learn this"

„Ar trebui să înveți și asta"

"love can be obtained by begging, buying"

„dragostea poate fi obținută cerșind, cumpărând"

"you can receive it as a gift"

„poți să-l primești cadou"

"or you can find it in the street"

„sau îl poți găsi pe stradă"

"but love cannot be stolen"

„dar dragostea nu poate fi furată"

"In this, you have come up with the wrong path"

„În asta, ai venit pe calea greșită"

"it would be a pity if you would want to tackle love in such a wrong manner"
„Ar fi păcat dacă ai vrea să abordezi dragostea într-un mod atât de greșit"
Siddhartha bowed with a smile
Siddhartha se înclină cu un zâmbet
"It would be a pity, Kamala, you are so right"
„Ar fi păcat, Kamala, ai atâta dreptate"
"It would be such a great pity"
„Ar fi atât de mare păcat"
"No, I shall not lose a single drop of sweetness from your mouth"
„Nu, nu voi pierde nici măcar o picătură de dulceață din gura ta"
"nor shall you lose sweetness from my mouth"
„Nici nu vei pierde dulceața din gura mea"
"So it is agreed. Siddhartha will return"
"Deci s-a convenit. Siddhartha se va întoarce"
"Siddhartha will return once he has what he still lacks"
„Siddhartha se va întoarce când va avea ceea ce îi mai lipsește"
"he will come back with clothes, shoes, and money"
„se va întoarce cu haine, pantofi și bani"
"But speak, lovely Kamala, couldn't you still give me one small advice?"
„Dar vorbește, dragă Kamala, nu ai putea să-mi dai încă un sfat mic?"
"Give you an advice? Why not?"
"Îți dau un sfat? De ce nu?"
"Who wouldn't like to give advice to a poor, ignorant Samana?"
— Cui nu i-ar plăcea să dea sfaturi unui biet Samana ignorant?
"Dear Kamala, where I should go to find these three things most quickly?"
„Dragă Kamala, unde ar trebui să merg să găsesc cele trei lucruri cel mai repede?"

"Friend, many would like to know this"
„Prietene, mulți ar dori să știe asta"
"You must do what you've learned and ask for money"
„Trebuie să faci ceea ce ai învățat și să ceri bani"
"There is no other way for a poor man to obtain money"
„Nu există altă cale ca un om sărac să obțină bani"
"What might you be able to do?"
— Ce ai putea să faci?
"I can think. I can wait. I can fast" said Siddhartha
"Pot să mă gândesc. Pot să aștept. Pot să postesc", a spus Siddhartha
"Nothing else?" asked Kamala
— Nimic altceva? întrebă Kamala
"yes, I can also write poetry"
„da, pot să scriu și poezie"
"Would you like to give me a kiss for a poem?"
— Ai vrea să-mi dai un sărut pentru o poezie?
"I would like to, if I like your poem"
"Aș vrea, dacă îmi place poezia ta"
"What would be its title?"
— Care ar fi titlul ei?
Siddhartha spoke, after he had thought about it for a moment
Siddhartha vorbi, după ce se gândise o clipă la asta
"Into her shady garden stepped the pretty Kamala"
„În grădina ei umbrită a pășit frumoasa Kamala"
"At the garden's entrance stood the brown Samana"
„La intrarea în grădină stătea Samana maro"
"Deeply, seeing the lotus's blossom, Bowed that man"
„Adânc, văzând floarea lotusului, L-am înclinat pe acel om"
"and smiling, Kamala thanked him"
„Și zâmbind, Kamala i-a mulțumit"
"More lovely, thought the young man, than offerings for gods"
„Mai drăguțe, gândi tânărul, decât ofrande pentru zei"

Kamala clapped her hands so loud that the golden bracelets clanged
Kamala bătu din palme atât de tare, încât brățările aurii au zgomot
"Beautiful are your verses, oh brown Samana"
„Frumoase sunt versurile tale, o, Samana brună"
"and truly, I'm losing nothing when I'm giving you a kiss for them"
„Și cu adevărat, nu pierd nimic când îți dau un sărut pentru ei"
She beckoned him with her eyes
Ea îi făcu semn cu ochii
he tilted his head so that his face touched hers
își înclină capul astfel încât fața lui să-l atingă pe a ei
and he placed his mouth on her mouth
și el și-a pus gura pe gura ei
the mouth which was like a freshly cracked fig
gura care era ca o smochină proaspăt crăpată
For a long time, Kamala kissed him
Multă vreme, Kamala l-a sărutat
and with a deep astonishment Siddhartha felt how she taught him
și cu o profundă uimire Siddhartha simți cum l-a învățat
he felt how wise she was
simțea cât de înțeleaptă era
he felt how she controlled him
a simțit cum îl controla ea
he felt how she rejected him
a simțit cum ea îl respingea
he felt how she lured him
a simțit cum îl ademeni ea
and he felt how there were to be more kisses
și a simțit cum aveau să fie mai multe săruturi
every kiss was different from the others
fiecare sărut era diferit de celelalte
he was still, when he received the kisses

era nemișcat, când a primit sărutările
Breathing deeply, he remained standing where he was
Respirând adânc, a rămas în picioare acolo unde era
he was astonished like a child about the things worth learning
era uimit ca un copil de lucrurile care merită învățate
the knowledge revealed itself before his eyes
cunoașterea s-a dezvăluit în fața ochilor lui
"Very beautiful are your verses" exclaimed Kamala
„Foarte frumoase sunt versurile tale", a exclamat Kamala
"if I were rich, I would give you pieces of gold for them"
„Dacă aș fi bogat, ți-aș da bucăți de aur pentru ele"
"But it will be difficult for you to earn enough money with verses"
„Dar îți va fi greu să câștigi destui bani cu versuri"
"because you need a lot of money, if you want to be Kamala's friend"
„pentru că ai nevoie de mulți bani, dacă vrei să fii prietenul lui Kamala"
"The way you're able to kiss, Kamala!" stammered Siddhartha
— Cum poți săruta, Kamala! se bâlbâi Siddhartha
"Yes, this I am able to do"
"Da, asta sunt in stare sa fac"
"therefore I do not lack clothes, shoes, bracelets"
„deci nu duc lipsă de haine, pantofi, brățări"
"I have all the beautiful things"
„Am toate lucrurile frumoase"
"But what will become of you?"
— Dar ce se va întâmpla cu tine?
"Aren't you able to do anything else?"
— Nu ești în stare să faci altceva?
"can you do more than think, fast, and make poetry?"
„Poți să faci mai mult decât să gândești, să grăbești și să faci poezie?"
"I also know the sacrificial songs" said Siddhartha

„Știu și cântecele de sacrificiu", a spus Siddhartha
"but I do not want to sing those songs anymore"
„dar nu vreau să mai cânt acele melodii"
"I also know how to make magic spells"
„Știu și cum să fac vrăji magice"
"but I do not want to speak them anymore"
"dar nu vreau sa le mai vorbesc"
"I have read the scriptures"
„Am citit scripturile"
"Stop!" Kamala interrupted him
"Stop!" îl întrerupse Kamala
"You're able to read and write?"
— Ești în stare să citești și să scrii?
"Certainly, I can do this, many people can"
„Cu siguranță, pot face asta, mulți oameni pot"
"Most people can't," Kamala replied
„Majoritatea oamenilor nu pot", a răspuns Kamala
"I am also one of those who can't do it"
„Sunt și unul dintre cei care nu pot face asta"
"It is very good that you're able to read and write"
„Este foarte bine că știi să citești și să scrii"
"you will also find use for the magic spells"
„veți găsi și folosire pentru vrăjile magice"
In this moment, a maid came running in
În acest moment, a intrat în fugă o servitoare
she whispered a message into her mistress's ear
a șoptit un mesaj la urechea amantei ei
"There's a visitor for me" exclaimed Kamala
„Există un vizitator pentru mine", a exclamat Kamala
"Hurry and get yourself away, Siddhartha"
„Grăbește-te și pleacă, Siddhartha"
"nobody may see you in here, remember this!"
„S-ar putea să nu te vadă nimeni aici, amintește-ți asta!"
"Tomorrow, I'll see you again"
„Mâine, ne vedem din nou"
Kamala ordered her maid to give Siddhartha white garments

Kamala a ordonat servitoarei ei să-i dea lui Siddhartha haine albe
and then Siddhartha found himself being dragged away by the maid
iar apoi Siddhartha se trezi târât de slujnica
he was brought into a garden-house out of sight of any paths
a fost adus într-o casă-grădină, ferit de orice poteci
then he was led into the bushes of the garden
apoi a fost condus în tufișurile grădinii
he was urged to get himself out of the garden as soon as possible
a fost îndemnat să iasă din grădină cât mai curând posibil
and he was told he must not be seen
și i s-a spus că nu trebuie să fie văzut
he did as he had been told
a făcut cum i se spusese
he was accustomed to the forest
era obișnuit cu pădurea
so he managed to get out without making a sound
așa că reuși să iasă fără să scoată niciun sunet

he returned to the city carrying the rolled up garments under his arm
s-a întors în oraș purtând hainele suflecate sub braț
At the inn, where travellers stay, he positioned himself by the door
La han, unde stau călătorii, s-a poziționat lângă ușă
without words he asked for food
fără cuvinte a cerut mâncare
without a word he accepted a piece of rice-cake
fără un cuvânt a acceptat o bucată de prăjitură de orez
he thought about how he had always begged
se gândi la felul în care cerșise mereu
"Perhaps as soon as tomorrow I will ask no one for food anymore"
„Poate că de mâine nu voi mai cere mâncare nimănui"

Suddenly, pride flared up in him
Deodată, mândria a izbucnit în el
He was no Samana any more
Nu mai era Samana
it was no longer appropriate for him to beg for food
nu mai era potrivit ca el să cerşească mâncare
he gave the rice-cake to a dog
i-a dat prăjitura de orez unui câine
and that night he remained without food
iar în noaptea aceea a rămas fără mâncare
Siddhartha thought to himself about the city
Siddhartha se gândi la oraş
"Simple is the life which people lead in this world"
„Simplu este viaţa pe care o duc oamenii în această lume"
"this life presents no difficulties"
„Viaţa aceasta nu prezintă dificultăţi"
"Everything was difficult and toilsome when I was a Samana"
„Totul era dificil şi chinuitor când eram samana"
"as a Samana everything was hopeless"
„ca Samana totul era fără speranţă"
"but now everything is easy"
„dar acum totul este uşor"
"it is easy like the lesson in kissing from Kamala"
„Este uşor ca lecţia de sărut de la Kamala"
"I need clothes and money, nothing else"
„Am nevoie de haine şi bani, nimic altceva"
"these goals are small and achievable"
„aceste obiective sunt mici şi realizabile"
"such goals won't make a person lose any sleep"
„Astfel de obiective nu vor face o persoană să piardă somnul"

the next day he returned to Kamala's house
a doua zi s-a întors la casa lui Kamala
"Things are working out well" she called out to him
„Lucrurile merg bine", îl strigă ea

"They are expecting you at Kamaswami's"
„Te așteaptă la Kamaswami"
"he is the richest merchant of the city"
„Este cel mai bogat negustor al orașului"
"If he likes you, he'll accept you into his service"
„Dacă te place, te va accepta în serviciul lui"
"but you must be smart, brown Samana"
„dar trebuie să fii deștept, maro Samana"
"I had others tell him about you"
„I-am pus pe alții să-i spună despre tine"
"Be polite towards him, he is very powerful"
„Fii politicos cu el, este foarte puternic"
"But I warn you, don't be too modest!"
— Dar te avertizez, nu fi prea modest!
"I do not want you to become his servant"
„Nu vreau să devii slujitorul lui"
"you shall become his equal"
"vei deveni egalul lui"
"or else I won't be satisfied with you"
„sau altfel nu voi fi mulțumit de tine"
"Kamaswami is starting to get old and lazy"
„Kamaswami începe să devină bătrân și leneș"
"If he likes you, he'll entrust you with a lot"
„Dacă te place, îți va încredința multe"
Siddhartha thanked her and laughed
Siddhartha i-a mulțumit și a râs
she found out that he had not eaten
a aflat că el nu mâncase
so she sent him bread and fruits
așa că i-a trimis pâine și fructe
"You've been lucky" she said when they parted
„Ai avut noroc", a spus ea când s-au despărțit
"I'm opening one door after another for you"
„Îți deschid o ușă după alta"
"How come? Do you have a spell?"
"Cum de? Ai o vraja?"

"I told you I knew how to think, to wait, and to fast"
„Ți-am spus că știu să gândesc, să aștept și să postesc"
"but you thought this was of no use"
„dar ai crezut că asta nu e de folos"
"But it is useful for many things"
„Dar este util pentru multe lucruri"
"Kamala, you'll see that the stupid Samanas are good at learning"
„Kamala, o să vezi că proștii Samana sunt buni la învățare"
"you'll see they are able to do many pretty things in the forest"
„Veți vedea că sunt capabili să facă multe lucruri frumoase în pădure"
"things which the likes of you aren't capable of"
„lucruri de care cei ca tine nu sunt capabili"
"The day before yesterday, I was still a shaggy beggar"
„Alaltăieri, eram încă un cerșetor zdruncinat"
"as recently as yesterday I have kissed Kamala"
„De curând ca ieri am sărutat-o pe Kamala"
"and soon I'll be a merchant and have money"
„și în curând voi fi negustor și voi avea bani"
"and I'll have all those things you insist upon"
„și voi avea toate acele lucruri asupra cărora insiști"
"Well yes," she admitted, "but where would you be without me?"
„Ei bine, da", a recunoscut ea, „dar unde ai fi fără mine?"
"What would you be, if Kamala wasn't helping you?"
— Ce ai fi, dacă Kamala nu te-ar ajuta?
"Dear Kamala" said Siddhartha
„Dragă Kamala", a spus Siddhartha
and he straightened up to his full height
și s-a îndreptat la toată înălțimea lui
"when I came to you into your garden, I did the first step"
„Când am venit la tine în grădina ta, am făcut primul pas"
"It was my resolution to learn love from this most beautiful woman"

„A fost hotărârea mea să învăț dragostea de la această cea mai frumoasă femeie"
"that moment I had made this resolution"
„în acel moment am luat această rezoluție"
"and I knew I would carry it out"
„și știam că o voi duce la îndeplinire"
"I knew that you would help me"
„Știam că mă vei ajuta"
"at your first glance at the entrance of the garden I already knew it"
„La prima vedere la intrarea în grădină o știam deja"
"But what if I hadn't been willing?" asked Kamala
— Dar dacă n-aș fi fost dispus? întrebă Kamala
"You were willing" replied Siddhartha
„Ai fost dispus", a răspuns Siddhartha
"When you throw a rock into water, it takes the fastest course to the bottom"
„Când arunci o piatră în apă, ea urmează cel mai rapid curs spre fund"
"This is how it is when Siddhartha has a goal"
„Așa este când Siddhartha are un obiectiv"
"Siddhartha does nothing; he waits, he thinks, he fasts"
„Siddhartha nu face nimic; așteaptă, gândește, postește"
"but he passes through the things of the world like a rock through water"
„dar trece prin lucrurile lumii ca o stâncă prin apă"
"he passed through the water without doing anything"
„a trecut prin apă fără să facă nimic"
"he is drawn to the bottom of the water"
„este atras de fundul apei"
"he lets himself fall to the bottom of the water"
"se lasa sa cada pe fundul apei"
"His goal attracts him towards it"
„Scopul lui îl atrage spre el"
"he doesn't let anything enter his soul which might oppose the goal"

„nu lasă să intre în sufletul lui nimic care s-ar putea opune obiectivului"
"This is what Siddhartha has learned among the Samanas"
„Asta este ceea ce Siddhartha a învățat printre Samana"
"This is what fools call magic"
„Asta e ceea ce proștii numesc magie"
"they think it is done by daemons"
„Ei cred că este făcut de demoni"
"but nothing is done by daemons"
„dar nimic nu este făcut de demoni"
"there are no daemons in this world"
„Nu există demoni pe lumea asta"
"Everyone can perform magic, should they choose to"
„Toată lumea poate face magie, dacă alege"
"everyone can reach his goals if he is able to think"
„fiecare își poate atinge obiectivele dacă este capabil să gândească"
"everyone can reach his goals if he is able to wait"
„Fiecare își poate atinge obiectivele dacă este capabil să aștepte"
"everyone can reach his goals if he is able to fast"
„fiecare își poate atinge obiectivele dacă este capabil să postească"
Kamala listened to him; she loved his voice
Kamala îl asculta; îi iubea vocea
she loved the look from his eyes
îi plăcea privirea din ochii lui
"Perhaps it is as you say, friend"
„Poate că este așa cum spui, prietene"
"But perhaps there is another explanation"
„Dar poate că există o altă explicație"
"Siddhartha is a handsome man"
„Siddhartha este un bărbat frumos"
"his glance pleases the women"
„Privirea lui le face pe plac femeilor"
"good fortune comes towards him because of this"

„norocul vine spre el din această cauză"
With one kiss, Siddhartha bid his farewell
Cu un sărut, Siddhartha și-a luat rămas bun
"I wish that it should be this way, my teacher"
„Aș vrea să fie așa, profesorul meu"
"I wish that my glance shall please you"
„Aș dori ca privirea mea să vă mulțumească"
"I wish that that you always bring me good fortune"
„Îmi doresc să-mi aduci mereu noroc"

With the Childlike People
Cu oamenii copilăresc

Siddhartha went to Kamaswami the merchant
Siddhartha s-a dus la comerciantul Kamaswami
he was directed into a rich house
a fost îndreptat într-o casă bogată
servants led him between precious carpets into a chamber
servitorii l-au condus printre covoare prețioase într-o cameră
in the chamber was where he awaited the master of the house
in camera era unde il astepta pe stapanul casei
Kamaswami entered swiftly into the room
Kamaswami intră repede în cameră
he was a smoothly moving man
era un om care se mișca lin
he had very gray hair and very intelligent, cautious eyes
avea părul foarte gri și ochi foarte inteligenți și precauți
and he had a greedy mouth
și avea o gură lacomă
Politely, the host and the guest greeted one another
Politicos, gazda și oaspetele s-au salutat
"I have been told that you were a Brahman" the merchant began
„Mi s-a spus că ești un Brahman", a început comerciantul
"I have been told that you are a learned man"
„Mi s-a spus că ești un om învățat"
"and I have also been told something else"
„și mi s-a mai spus și altceva"
"you seek to be in the service of a merchant"
„Cuți să fii în serviciul unui comerciant"
"Might you have become destitute, Brahman, so that you seek to serve?"
„S-ar putea să fi devenit sărac, Brahman, astfel încât să cauți să slujești?"
"No," said Siddhartha, "I have not become destitute"

„Nu", a spus Siddhartha, „nu am devenit sărac"
"nor have I ever been destitute" added Siddhartha
„Nici eu nu am fost vreodată sărac", a adăugat Siddhartha
"You should know that I'm coming from the Samanas"
„Ar trebui să știi că vin din Samana"
"I have lived with them for a long time"
„Locuiesc cu ei de mult timp"
"you are coming from the Samanas"
„Vii din Samana"
"how could you be anything but destitute?"
„Cum ai putut să fii altceva decât săraci?"
"Aren't the Samanas entirely without possessions?"
— Nu sunt Samaanii complet lipsiți de posesiuni?
"I am without possessions, if that is what you mean" said Siddhartha
„Sunt fără posesiuni, dacă asta vrei să spui", a spus Siddhartha
"But I am without possessions voluntarily"
„Dar eu sunt fără bunuri în mod voluntar"
"and therefore I am not destitute"
„și de aceea nu sunt sărac"
"But what are you planning to live from, being without possessions?"
„Dar din ce plănuiești să trăiești, fiind fără bunuri?"
"I haven't thought of this yet, sir"
„Nu m-am gândit încă la asta, domnule"
"For more than three years, I have been without possessions"
„De mai bine de trei ani, am rămas fără bunuri"
"and I have never thought about of what I should live"
„și nu m-am gândit niciodată la ce ar trebui să trăiesc"
"So you've lived of the possessions of others"
„Deci ai trăit din posesiunile altora"
"Presumable, this is how it is?"
„Presumabil, așa stau lucrurile?"
"Well, merchants also live of what other people own"
„Ei bine, comercianții trăiesc și din ceea ce dețin alții"

"Well said," granted the merchant
— Bine spus, a dat negustorul
"But he wouldn't take anything from another person for nothing"
„Dar el nu ar lua nimic de la o altă persoană degeaba"
"he would give his merchandise in return" said Kamaswami
„își dădea marfa în schimb", a spus Kamaswami
"So it seems to be indeed"
„Așa pare să fie într-adevăr"
"Everyone takes, everyone gives, such is life"
„Toată lumea ia, toată lumea dă, așa este viața"
"But if you don't mind me asking, I have a question"
„Dar dacă nu te superi că întreb, am o întrebare"
"being without possessions, what would you like to give?"
„fiind fără posesiuni, ce ai vrea să dai?"
"Everyone gives what he has"
„Fiecare dă ce are"
"The warrior gives strength"
„Războinicul dă putere"
"the merchant gives merchandise"
„comerciantul dă marfă"
"the teacher gives teachings"
„profesorul dă învățături"
"the farmer gives rice"
„fermierul dă orez"
"the fisher gives fish"
"pesesul da peste"
"Yes indeed. And what is it that you've got to give?"
„Da într-adevăr. Și ce trebuie să oferi?"
"What is it that you've learned?"
„Ce ai învățat?"
"what you're able to do?"
"ce esti capabil sa faci?"
"I can think. I can wait. I can fast"
"Pot să mă gândesc. Pot să aștept. Pot să postesc"
"That's everything?" asked Kamaswami

— Asta-i tot? întrebă Kamaswami
"I believe that is everything there is!"
"Cred că asta este tot ce există!"
"And what's the use of that?"
— Și la ce folosește asta?
"For example; fasting. What is it good for?"
"De exemplu; post. La ce este bun?"
"It is very good, sir"
„Este foarte bine, domnule"
"there are times a person has nothing to eat"
„Există momente când o persoană nu are ce mânca"
"then fasting is the smartest thing he can do"
„Atunci postul este cel mai inteligent lucru pe care îl poate face"
"there was a time where Siddhartha hadn't learned to fast"
„A fost o perioadă în care Siddhartha nu învățase să postească"
"in this time he had to accept any kind of service"
„în acest timp a trebuit să accepte orice fel de serviciu"
"because hunger would force him to accept the service"
„pentru că foamea l-ar forța să accepte serviciul"
"But like this, Siddhartha can wait calmly"
„Dar așa, Siddhartha poate aștepta calm."
"he knows no impatience, he knows no emergency"
„nu cunoaște nerăbdarea, nu cunoaște situația de urgență"
"for a long time he can allow hunger to besiege him"
„mult timp poate lăsa foamea să-l asedieze"
"and he can laugh about the hunger"
„și poate râde de foame"
"This, sir, is what fasting is good for"
„Asta, domnule, este bun pentru care este postul"
"You're right, Samana" acknowledged Kamaswami
„Ai dreptate, Samana", a recunoscut Kamaswami
"Wait for a moment" he asked of his guest
„Așteaptă o clipă", a întrebat el oaspetele său
Kamaswami left the room and returned with a scroll

Kamaswami a părăsit camera și s-a întors cu un sul
he handed Siddhartha the scroll and asked him to read it
i-a întins lui Siddhartha sulul și i-a cerut să-l citească
Siddhartha looked at the scroll handed to him
Siddhartha se uită la sulul care i-a fost înmânat
on the scroll a sales-contract had been written
pe pergament fusese scris un contract de vânzare
he began to read out the scroll's contents
a început să citească conținutul sulului
Kamaswami was very pleased with Siddhartha
Kamaswami a fost foarte mulțumit de Siddhartha
"would you write something for me on this piece of paper?"
„Ai scrie ceva pentru mine pe această bucată de hârtie?"
He handed him a piece of paper and a pen
I-a întins o bucată de hârtie și un pix
Siddhartha wrote, and returned the paper
Siddhartha a scris și a returnat hârtia
Kamaswami read, "Writing is good, thinking is better"
Kamaswami a citit: „Scrisul este bine, gândirea este mai bună"
"Being smart is good, being patient is better"
„A fi inteligent este bine, a fi răbdător este mai bine"
"It is excellent how you're able to write" the merchant praised him
„Este excelent cum ești în stare să scrii", l-a lăudat comerciantul
"Many a thing we will still have to discuss with one another"
„Vom mai avea de discutat unii cu alții multe lucruri"
"For today, I'm asking you to be my guest"
„Pentru azi, vă rog să fiți oaspetele meu"
"please come to live in this house"
„Te rog vino să locuiești în această casă"
Siddhartha thanked Kamaswami and accepted his offer
Siddhartha i-a mulțumit lui Kamaswami și i-a acceptat oferta
he lived in the dealer's house from now on
locuia de acum înainte în casa dealerului
Clothes were brought to him, and shoes

I s-au adus haine și pantofi
and every day, a servant prepared a bath for him
și în fiecare zi, un servitor îi pregătea o baie

Twice a day, a plentiful meal was served
De două ori pe zi, se servea o masă bogată
but Siddhartha only ate once a day
dar Siddhartha mânca doar o dată pe zi
and he ate neither meat, nor did he drink wine
și n-a mâncat nici carne și nici nu a băut vin
Kamaswami told him about his trade
Kamaswami i-a povestit despre meseria lui
he showed him the merchandise and storage-rooms
i-a arătat mărfurile și depozitele
he showed him how the calculations were done
i-a arătat cum se făceau calculele
Siddhartha got to know many new things
Siddhartha a cunoscut multe lucruri noi
he heard a lot and spoke little
a auzit multe și a vorbit puțin
but he did not forget Kamala's words
dar nu a uitat cuvintele lui Kamala
so he was never subservient to the merchant
așa că nu a fost niciodată supus negustorului
he forced him to treat him as an equal
l-a obligat să-l trateze ca pe un egal
perhaps he forced him to treat him as even more than an equal
poate că l-a forțat să-l trateze ca chiar mai mult decât un egal
Kamaswami conducted his business with care
Kamaswami și-a condus afacerile cu grijă
and he was very passionate about his business
și era foarte pasionat de afacerile lui
but Siddhartha looked upon all of this as if it was a game
dar Siddhartha a privit toate acestea ca și cum ar fi fost un joc
he tried hard to learn the rules of the game precisely

s-a străduit din greu să învețe regulile jocului cu precizie
but the contents of the game did not touch his heart
dar conținutul jocului nu i-a atins inima
He had not been in Kamaswami's house for long
Nu mai fusese de mult în casa lui Kamaswami
but soon he took part in his landlord's business
dar curând a luat parte la afacerile proprietarului său

every day he visited beautiful Kamala
în fiecare zi a vizitat frumoasa Kamala
Kamala had an hour appointed for their meetings
Kamala avea o oră stabilită pentru întâlnirile lor
she was wearing pretty clothes and fine shoes
purta haine frumoase și pantofi buni
and soon he brought her gifts as well
iar în curând i-a adus și cadouri
Much he learned from her red, smart mouth
A învățat multe de la gura ei roșie și inteligentă
Much he learned from her tender, supple hand
A învățat multe de la mâna ei blândă și flexibilă
regarding love, Siddhartha was still a boy
în ceea ce privește dragostea, Siddhartha era încă un băiat
and he had a tendency to plunge into love blindly
și avea tendința să se cufunde orbește în dragoste
he fell into lust like into a bottomless pit
a căzut în poftă ca într-o groapă fără fund
she taught him thoroughly, starting with the basics
ea l-a învățat temeinic, începând cu elementele de bază
pleasure cannot be taken without giving pleasure
plăcerea nu poate fi luată fără a oferi plăcere
every gesture, every caress, every touch, every look
fiecare gest, fiecare mângâiere, fiecare atingere, fiecare privire
every spot of the body, however small it was, had its secret
fiecare pată a corpului, oricât de mică era, avea secretul ei
the secrets would bring happiness to those who know them
secretele ar aduce fericire celor care le cunosc

lovers must not part from one another after celebrating love
îndrăgostiții nu trebuie să se despartă unul de celălalt după ce au sărbătorit dragostea
they must not part without one admiring the other
nu trebuie să se despartă fără ca unul să-l admire pe celălalt
they must be as defeated as they have been victorious
trebuie să fie la fel de învinși pe cât au fost învingători
neither lover should start feeling fed up or bored
nici iubitul nu ar trebui să înceapă să se simtă sătul sau plictisit
they should not get the evil feeling of having been abusive
nu ar trebui să aibă sentimentul rău de a fi fost abuzivi
and they should not feel like they have been abused
și nu ar trebui să se simtă ca și cum ar fi fost abuzați
Wonderful hours he spent with the beautiful and smart artist
Ore minunate pe care le-a petrecut alături de frumoasa și deșteaptă artistă
he became her student, her lover, her friend
a devenit studentul ei, iubitul ei, prietenul ei
Here with Kamala was the worth and purpose of his present life
Aici cu Kamala a fost valoarea și scopul vieții sale prezente
his purpose was not with the business of Kamaswami
scopul lui nu era cu afacerile lui Kamaswami

Siddhartha received important letters and contracts
Siddhartha a primit scrisori și contracte importante
Kamaswami began discussing all important affairs with him
Kamaswami a început să discute cu el toate treburile importante
He soon saw that Siddhartha knew little about rice and wool
El a văzut curând că Siddhartha știa puțin despre orez și lână
but he saw that he acted in a fortunate manner
dar a văzut că a acționat într-o manieră norocoasă
and Siddhartha surpassed him in calmness and equanimity

iar Siddhartha l-a întrecut în calm și equanimitate
he surpassed him in the art of understanding previously unknown people
l-a depășit în arta de a înțelege oameni necunoscuți anterior
Kamaswami spoke about Siddhartha to a friend
Kamaswami a vorbit despre Siddhartha unui prieten
"This Brahman is no proper merchant"
„Acest Brahman nu este un comerciant adecvat"
"he will never be a merchant"
„el nu va fi niciodată comerciant"
"for business there is never any passion in his soul"
„pentru afaceri nu există niciodată pasiune în sufletul lui"
"But he has a mysterious quality about him"
„Dar el are o calitate misterioasă despre el"
"this quality brings success about all by itself"
„Această calitate aduce succesul de la sine"
"it could be from a good Star of his birth"
„Ar putea fi de la o stea bună a nașterii sale"
"or it could be something he has learned among Samanas"
„sau ar putea fi ceva ce a învățat printre Samanas"
"He always seems to be merely playing with our business-affairs"
„Întotdeauna pare să se joace doar cu afacerile noastre"
"his business never fully becomes a part of him"
„afacerea lui nu devine niciodată pe deplin o parte din el"
"his business never rules over him"
„Afacerea lui nu-l stăpânește niciodată"
"he is never afraid of failure"
„nu se teme niciodată de eșec"
"he is never upset by a loss"
„Nu este niciodată supărat de o pierdere"
The friend advised the merchant
Prietenul l-a sfătuit pe comerciant
"Give him a third of the profits he makes for you"
„Dă-i o treime din profiturile pe care le face pentru tine"
"but let him also be liable when there are losses"

„dar să fie și el răspunzător atunci când sunt pierderi"
"Then, he'll become more zealous"
„Atunci, el va deveni mai zelos"
Kamaswami was curious, and followed the advice
Kamaswami a fost curios și a urmat sfatul
But Siddhartha cared little about loses or profits
Dar lui Siddhartha îi păsa puțin de pierderi sau profituri
When he made a profit, he accepted it with equanimity
Când a făcut un profit, l-a acceptat cu equanimitate
when he made losses, he laughed it off
când a făcut pierderi, a râs
It seemed indeed, as if he did not care about the business
Părea într-adevăr, de parcă nu-i păsa de afacere
At one time, he travelled to a village
La un moment dat, a călătorit într-un sat
he went there to buy a large harvest of rice
s-a dus acolo să cumpere o recoltă mare de orez
But when he got there, the rice had already been sold
Dar când a ajuns acolo, orezul fusese deja vândut
another merchant had gotten to the village before him
un alt negustor ajunsese în sat înaintea lui
Nevertheless, Siddhartha stayed for several days in that village
Cu toate acestea, Siddhartha a stat câteva zile în acel sat
he treated the farmers for a drink
i-a tratat pe fermieri cu o băutură
he gave copper-coins to their children
a dat monede de aramă copiilor lor
he joined in the celebration of a wedding
s-a alăturat sărbătoririi unei nunți
and he returned extremely satisfied from his trip
și s-a întors extrem de mulțumit din călătoria sa
Kamaswami was angry that Siddhartha had wasted time and money
Kamaswami era supărat că Siddhartha pierduse timp și bani
Siddhartha answered "Stop scolding, dear friend!"

Siddhartha a răspuns: „Nu mai certa, dragă prietene!"
"Nothing was ever achieved by scolding"
„Nimic nu s-a realizat vreodată prin certare"
"If a loss has occurred, let me bear that loss"
„Dacă a avut loc o pierdere, permiteți-mă să suport acea pierdere"
"I am very satisfied with this trip"
„Sunt foarte mulțumit de această călătorie"
"I have gotten to know many kinds of people"
„Am ajuns să cunosc multe feluri de oameni"
"a Brahman has become my friend"
„Un Brahman a devenit prietenul meu"
"children have sat on my knees"
„Copiii s-au așezat în genunchii mei"
"farmers have shown me their fields"
„fermierii mi-au arătat câmpurile lor"
"nobody knew that I was a merchant"
„Nimeni nu știa că sunt comerciant"
"That's all very nice," exclaimed Kamaswami indignantly
„Totul e foarte frumos", a exclamat Kamaswami indignat
"but in fact, you are a merchant after all"
„dar, de fapt, ești un comerciant până la urmă"
"Or did you have only travel for your amusement?"
— Sau ai călătorit doar pentru distracția ta?
"of course I have travelled for my amusement" Siddhartha laughed
„Desigur că am călătorit pentru distracția mea", a râs Siddhartha
"For what else would I have travelled?"
— Pentru ce altceva aș fi călătorit?
"I have gotten to know people and places"
„Am ajuns să cunosc oameni și locuri"
"I have received kindness and trust"
„Am primit bunătate și încredere"
"I have found friendships in this village"
„Mi-am găsit prietenii în acest sat"

"if I had been Kamaswami, I would have travelled back annoyed"

„Dacă aş fi fost Kamaswami, aş fi călătorit înapoi supărat"

"I would have been in hurry as soon as my purchase failed"

„M-aş fi grăbit de îndată ce achiziţia mea a eşuat"

"and time and money would indeed have been lost"

„Şi timpul şi banii s-ar fi pierdut într-adevăr"

"But like this, I've had a few good days"

„Dar aşa, am avut câteva zile bune"

"I've learned from my time there"

„Am învăţat din timpul petrecut acolo"

"and I have had joy from the experience"

„şi am avut bucurie din experienţă"

"I've neither harmed myself nor others by annoyance and hastiness"

„Nu mi-am rănit nici mie, nici altora prin supărare şi grabă"

"if I ever return friendly people will welcome me"

„Dacă mă întorc vreodată, oamenii prietenoşi mă vor primi"

"if I return to do business friendly people will welcome me too"

„Dacă mă întorc să fac afaceri, oamenii prietenoşi mă vor primi şi ei"

"I praise myself for not showing any hurry or displeasure"

„Mă laud pentru că nu am arătat nicio grabă sau nemulţumire"

"So, leave it as it is, my friend"

„Deci, lasă-l aşa cum este, prietene"

"and don't harm yourself by scolding"

„şi nu te răni pe tine însuţi mustrându-te"

"If you see Siddhartha harming himself, then speak with me"

„Dacă îl vezi pe Siddhartha făcându-se rău, atunci vorbeşte cu mine"

"and Siddhartha will go on his own path"

„şi Siddhartha va merge pe propriul său drum"

"But until then, let's be satisfied with one another"

„Dar până atunci, să fim mulțumiți unii cu alții"
the merchant's attempts to convince Siddhartha were futile
încercările comerciantului de a-l convinge pe Siddhartha au fost zadarnice
he could not make Siddhartha eat his bread
nu l-a putut face pe Siddhartha să-și mănânce pâinea
Siddhartha ate his own bread
Siddhartha și-a mâncat propria pâine
or rather, they both ate other people's bread
sau mai bine zis, amândoi au mâncat pâinea altora
Siddhartha never listened to Kamaswami's worries
Siddhartha nu a ascultat niciodată grijile lui Kamaswami
and Kamaswami had many worries he wanted to share
iar Kamaswami avea multe griji pe care dorea să le împărtășească
there were business-deals going on in danger of failing
existau afaceri în curs de desfășurare în pericol de a eșua
shipments of merchandise seemed to have been lost
transporturile de mărfuri păreau să se fi pierdut
debtors seemed to be unable to pay
debitorii păreau să nu poată plăti
Kamaswami could never convince Siddhartha to utter words of worry
Kamaswami nu l-a putut convinge niciodată pe Siddhartha să rostească cuvinte de îngrijorare
Kamaswami could not make Siddhartha feel anger towards business
Kamaswami nu l-a putut face pe Siddhartha să simtă furie față de afaceri
he could not get him to to have wrinkles on the forehead
nu a putut să-l facă să aibă riduri pe frunte
he could not make Siddhartha sleep badly
nu putea să-l facă pe Siddhartha să doarmă prost

one day, Kamaswami tried to speak with Siddhartha
într-o zi, Kamaswami a încercat să vorbească cu Siddhartha

"Siddhartha, you have failed to learn anything new"
„Siddhartha, nu ai reușit să înveți nimic nou"
but again, Siddhartha laughed at this
dar din nou, Siddhartha a râs de asta
"Would you please not kid me with such jokes"
„Vrei să nu mă batjocorești cu astfel de glume"
"What I've learned from you is how much a basket of fish costs"
„Ceea ce am învățat de la tine este cât costă un coș cu pește"
"and I learned how much interest may be charged on loaned money"
„și am aflat cât de multă dobândă se poate percepe banii împrumuți"
"These are your areas of expertise"
„Acestea sunt domeniile dumneavoastră de expertiză"
"I haven't learned to think from you, my dear Kamaswami"
"Nu am invatat sa gandesc de la tine, draga mea Kamaswami"
"you ought to be the one seeking to learn from me"
„Tu ar trebui să fii cel care caută să învețe de la mine"
Indeed his soul was not with the trade
Într-adevăr, sufletul lui nu era cu comerțul
The business was good enough to provide him with money for Kamala
Afacerea era suficient de bună pentru a-i oferi bani pentru Kamala
and it earned him much more than he needed
și i-a câștigat mult mai mult decât avea nevoie
Besides Kamala, Siddhartha's curiosity was with the people
Pe lângă Kamala, curiozitatea lui Siddhartha era cu oamenii
their businesses, crafts, worries, and pleasures
afacerile, meșteșugurile, grijile și plăcerile lor
all these things used to be alien to him
toate aceste lucruri îi erau străine înainte
their acts of foolishness used to be as distant as the moon
actele lor de prostie obișnuiau să fie la fel de îndepărtate ca luna

he easily succeeded in talking to all of them
a reușit ușor să vorbească cu toți
he could live with all of them
ar putea trăi cu toți
and he could continue to learn from all of them
și putea continua să învețe de la toți
but there was something which separated him from them
dar era ceva care îl despărțea de ei
he could feel a divide between him and the people
putea simți o dezbinare între el și oameni
this separating factor was him being a Samana
acest factor de separare a fost el fiind un Samana
He saw mankind going through life in a childlike manner
El a văzut omenirea trecând prin viață într-o manieră copilărească
in many ways they were living the way animals live
în multe feluri, ei trăiau așa cum trăiesc animalele
he loved and also despised their way of life
a iubit și a disprețuit și modul lor de viață
He saw them toiling and suffering
I-a văzut trudind și suferind
they were becoming gray for things unworthy of this price
deveneau gri pentru lucruri nedemne de acest preț
they did things for money and little pleasures
făceau lucruri pentru bani și mici plăceri
they did things for being slightly honoured
au făcut lucruri pentru că au fost ușor onorați
he saw them scolding and insulting each other
i-a văzut mustrându-se și insultându-se reciproc
he saw them complaining about pain
i-a văzut plângându-se de durere
pains at which a Samana would only smile
dureri la care un Samana ar zâmbi doar
and he saw them suffering from deprivations
și i-a văzut suferind de privațiuni
deprivations which a Samana would not feel

privațiuni pe care un Samana nu le-ar simți
He was open to everything these people brought his way
Era deschis la tot ce i-au adus acești oameni în cale
welcome was the merchant who offered him linen for sale
binevenit a fost negustorul care i-a oferit lenjerie spre vânzare
welcome was the debtor who sought another loan
binevenit a fost debitorul care a cerut un alt împrumut
welcome was the beggar who told him the story of his poverty
binevenit a fost cerșetorul care i-a spus povestea sărăciei sale
the beggar who was not half as poor as any Samana
cerșetorul care nu era pe jumătate la fel de sărac ca orice samană
He did not treat the rich merchant and his servant different
El nu a tratat diferit pe negustorul bogat și pe slujitorul său
he let street-vendor cheat him when buying bananas
a lăsat vânzătorii ambulanți să-l înșele când cumpără banane
Kamaswami would often complain to him about his worries
Kamaswami i se plângea adesea de grijile lui
or he would reproach him about his business
sau i-ar reproșa treburile lui
he listened curiously and happily
a ascultat curios și fericit
but he was puzzled by his friend
dar era nedumerit de prietenul lui
he tried to understand him
a încercat să-l înțeleagă
and he admitted he was right, up to a certain point
și a recunoscut că a avut dreptate, până la un anumit punct
there were many who asked for Siddhartha
au fost mulți care au cerut Siddhartha
many wanted to do business with him
mulți voiau să facă afaceri cu el
there were many who wanted to cheat him
erau mulți care voiau să-l înșele
many wanted to draw some secret out of him

mulți voiau să scoată ceva secret din el
many wanted to appeal to his sympathy
multi au vrut sa faca apel la simpatia lui
many wanted to get his advice
multi au vrut sa primeasca sfatul lui
He gave advice to those who wanted it
El a dat sfaturi celor care au vrut
he pitied those who needed pity
îi era milă de cei care aveau nevoie de milă
he made gifts to those who liked presents
le făcea cadouri celor cărora le plăceau cadourile
he let some cheat him a bit
a lăsat unii să-l înșele puțin
this game which all people played occupied his thoughts
acest joc pe care îl jucau toți oamenii îi ocupa gândurile
he thought about this game just as much as he had about the Gods
s-a gândit la acest joc la fel de mult ca și la zei
deep in his chest he felt a dying voice
adânc în piept simți o voce pe moarte
this voice admonished him quietly
l-a avertizat această voce în liniște
and he hardly perceived the voice inside of himself
și cu greu a perceput vocea din interiorul său
And then, for an hour, he became aware of something
Și apoi, timp de o oră, a devenit conștient de ceva
he became aware of the strange life he was leading
a devenit conștient de viața ciudată pe care o ducea
he realized this life was only a game
și-a dat seama că această viață era doar un joc
at times he would feel happiness and joy
uneori simțea fericire și bucurie
but real life was still passing him by
dar viața reală încă trecea pe lângă el
and it was passing by without touching him
și trecea fără să-l atingă

Siddhartha played with his business-deals
Siddhartha sa jucat cu afacerile sale
Siddhartha found amusement in the people around him
Siddhartha a găsit amuzament în oamenii din jurul lui
but regarding his heart, he was not with them
dar în ceea ce priveşte inima lui, el nu era cu ei
The source ran somewhere, far away from him
Sursa a fugit undeva, departe de el
it ran and ran invisibly
a alergat şi a alergat invizibil
it had nothing to do with his life any more
nu mai avea nimic de-a face cu viaţa lui
at several times he became scared on account of such thoughts
de câteva ori s-a speriat din cauza unor asemenea gânduri
he wished he could participate in all of these childlike games
şi-ar fi dorit să poată participa la toate aceste jocuri de copil
he wanted to really live
voia să trăiască cu adevărat
he wanted to really act in their theatre
voia să joace cu adevărat în teatrul lor
he wanted to really enjoy their pleasures
voia să se bucure cu adevărat de plăcerile lor
and he wanted to live, instead of just standing by as a spectator
şi a vrut să trăiască, în loc să stea doar ca spectator

But again and again, he came back to beautiful Kamala
Dar din nou şi din nou, s-a întors la frumoasa Kamala
he learned the art of love
a învăţat arta iubirii
and he practised the cult of lust
iar el practica cultul poftei
lust, in which giving and taking becomes one
pofta, în care dăruirea şi primirea devin una

he chatted with her and learned from her
a vorbit cu ea și a învățat de la ea
he gave her advice, and he received her advice
i-a dat sfaturi, iar el a primit sfatul ei
She understood him better than Govinda used to understand him
Îl înțelegea mai bine decât îl înțelegea Govinda
she was more similar to him than Govinda had been
ea semăna mai mult cu el decât fusese Govinda
"You are like me," he said to her
„Ești ca mine", i-a spus el
"you are different from most people"
„Ești diferit de majoritatea oamenilor"
"You are Kamala, nothing else"
„Tu ești Kamala, nimic altceva"
"and inside of you, there is a peace and refuge"
„și în interiorul tău, există pace și refugiu"
"a refuge to which you can go at every hour of the day"
„un refugiu în care poți merge la fiecare oră din zi"
"you can be at home with yourself"
„Poți fi acasă cu tine însuți"
"I can do this too"
"Si eu pot face asta"
"Few people have this place"
„Puțini oameni au acest loc"
"and yet all of them could have it"
"și totuși toți ar putea avea"
"Not all people are smart" said Kamala
„Nu toți oamenii sunt deștepți", a spus Kamala
"No," said Siddhartha, "that's not the reason why"
„Nu", a spus Siddhartha, „nu acesta este motivul"
"Kamaswami is just as smart as I am"
„Kamaswami este la fel de inteligent ca mine"
"but he has no refuge in himself"
„dar nu are adăpost în sine"
"Others have it, although they have the minds of children"

„Alții o au, deși au mintea copiilor"
"Most people, Kamala, are like a falling leaf"
„Majoritatea oamenilor, Kamala, sunt ca o frunză care cade"
"a leaf which is blown and is turning around through the air"
„o frunză care este suflată și se întoarce prin aer"
"a leaf which wavers, and tumbles to the ground"
„o frunză care se clătește și se prăbușește la pământ"
"But others, a few, are like stars"
„Dar alții, câțiva, sunt ca stelele"
"they go on a fixed course"
"Ei merg pe un curs fix"
"no wind reaches them"
„nici un vânt nu ajunge la ei"
"in themselves they have their law and their course"
„în ei înșiși au legea și cursul lor"
"Among all the learned men I have met, there was one of this kind"
„Printre toți oamenii învățați pe care i-am întâlnit, a fost unul de acest fel"
"he was a truly perfected one"
„era unul cu adevărat desăvârșit"
"I'll never be able to forget him"
„Nu voi putea niciodată să-l uit"
"It is that Gotama, the exalted one"
„Este acel Gotama, cel înălțat"
"Thousands of followers are listening to his teachings every day"
„Mii de adepți ascultă învățăturile lui în fiecare zi"
"they follow his instructions every hour"
„Îi urmează instrucțiunile în fiecare oră"
"but they are all falling leaves"
"dar toate sunt frunze care cad"
"not in themselves they have teachings and a law"
„nu în ei înșiși au învățături și o lege"
Kamala looked at him with a smile

Kamala se uită la el zâmbind
"Again, you're talking about him," she said
— Din nou, vorbești despre el, spuse ea
"again, you're having a Samana's thoughts"
„din nou, ai gândurile unui Samana"
Siddhartha said nothing, and they played the game of love
Siddhartha nu a spus nimic și au jucat jocul iubirii
one of the thirty or forty different games Kamala knew
unul dintre cele treizeci sau patruzeci de jocuri diferite pe care le știa Kamala
Her body was flexible like that of a jaguar
Corpul ei era flexibil ca al unui jaguar
flexible like the bow of a hunter
flexibil ca arcul unui vânător
he who had learned from her how to make love
el care învăţase de la ea să facă dragoste
he was knowledgeable of many forms of lust
cunoștea multe forme de poftă
he that learned from her knew many secrets
cel care a învăţat de la ea știa multe secrete
For a long time, she played with Siddhartha
Multă vreme s-a jucat cu Siddhartha
she enticed him and rejected him
ea l-a ademenit și l-a respins
she forced him and embraced him
l-a forţat și l-a îmbrăţișat
she enjoyed his masterful skills
se bucura de aptitudinile lui magistrale
until he was defeated and rested exhausted by her side
până când a fost învins și s-a odihnit epuizat lângă ea
The courtesan bent over him
Curtezana se apleca asupra lui
she took a long look at his face
ea aruncă o privire lungă la chipul lui
she looked at his eyes, which had grown tired
se uită la ochii lui, care obosiseră

"You are the best lover I have ever seen" she said thoughtfully
„Ești cel mai bun iubit pe care l-am văzut vreodată", a spus ea gânditoare
"You're stronger than others, more supple, more willing"
„Ești mai puternic decât alții, mai suplu, mai dispus"
"You've learned my art well, Siddhartha"
„Mi-ai învățat bine arta, Siddhartha"
"At some time, when I'll be older, I'd want to bear your child"
„La un moment dat, când voi fi mai mare, aș vrea să-ți nasc copilul"
"And yet, my dear, you've remained a Samana"
„Și totuși, draga mea, ai rămas o Samana"
"and despite this, you do not love me"
„și în ciuda acestui lucru, nu mă iubești"
"there is nobody that you love"
„nu există pe nimeni pe care să-l iubești"
"Isn't it so?" asked Kamala
— Nu-i așa? întrebă Kamala
"It might very well be so," Siddhartha said tiredly
— S-ar putea foarte bine să fie așa, spuse Siddhartha obosit
"I am like you, because you also do not love"
„Sunt ca tine, pentru că nici tu nu iubești"
"how else could you practise love as a craft?"
„Cum altfel ai putea practica dragostea ca meșteșug?"
"Perhaps, people of our kind can't love"
„Poate că oamenii de genul nostru nu pot iubi"
"The childlike people can love, that's their secret"
„Oamenii copilăresc pot iubi, acesta este secretul lor"

Sansara

For a long time, Siddhartha had lived in the world and lust
Multă vreme, Siddhartha trăise în lume și poftă
he lived this way though, without being a part of it
a trăit totuși așa, fără să facă parte din el
he had killed this off when he had been a Samana
o omorâse când fusese Samana
but now they had awoken again
dar acum se treziseră din nou
he had tasted riches, lust, and power
gustase din bogății, pofte și putere
for a long time he had remained a Samana in his heart
multă vreme rămăsese un Samana în inima lui
Kamala, being smart, had realized this quite right
Kamala, fiind inteligentă, își dăduse seama bine
thinking, waiting, and fasting still guided his life
gândirea, așteptarea și postul îi călăuzeau încă viața
the childlike people remained alien to him
oamenii copilăresc i-au rămas străini
and he remained alien to the childlike people
iar el a rămas străin de oamenii copilăresc
Years passed by; surrounded by the good life
Anii au trecut; înconjurat de viața bună
Siddhartha hardly felt the years fading away
Siddhartha cu greu a simțit că anii se estompează
He had become rich and possessed a house of his own
Devenise bogat și poseda o casă proprie
he even had his own servants
avea chiar proprii slujitori
he had a garden before the city, by the river
avea o grădină înaintea orașului, lângă râu
The people liked him and came to him for money or advice
Oamenii l-au plăcut și au venit la el pentru bani sau sfaturi
but there was nobody close to him, except Kamala
dar nu era nimeni aproape de el, în afară de Kamala

the bright state of being awake
starea strălucitoare de a fi treaz
the feeling which he had experienced at the height of his youth
sentimentul pe care îl trăise în apogeul tinereții
in those days after Gotama's sermon
în acele zile după predica lui Gotama
after the separation from Govinda
dupa despartirea de Govinda
the tense expectation of life
așteptarea tensionată a vieții
the proud state of standing alone
starea mândră de a sta singur
being without teachings or teachers
fiind fără învățături sau profesori
the supple willingness to listen to the divine voice in his own heart
dorința suplă de a asculta vocea divină din propria sa inimă
all these things had slowly become a memory
toate aceste lucruri deveniseră încet o amintire
the memory had been fleeting, distant, and quiet
amintirea fusese trecătoare, îndepărtată și liniștită
the holy source, which used to be near, now only murmured
izvorul sfânt, care odinioară era aproape, acum doar murmura
the holy source, which used to murmur within himself
izvorul sfânt, care obișnuia să murmură în sine
Nevertheless, many things he had learned from the Samanas
Cu toate acestea, multe lucruri învățase de la Samana
he had learned from Gotama
învățase de la Gotama
he had learned from his father the Brahman
învățase de la tatăl său Brahmanul
his father had remained within his being for a long time
tatăl său rămăsese multă vreme în ființa lui
moderate living, the joy of thinking, hours of meditation
trai moderat, bucuria de a gandi, ore de meditatie

the secret knowledge of the self; his eternal entity
cunoașterea secretă a sinelui; entitatea sa eternă
the self which is neither body nor consciousness
sinele care nu este nici corp, nici conștiință
Many a part of this he still had
Multă parte din asta mai avea
but one part after another had been submerged
dar o parte după alta fusese scufundată
and eventually each part gathered dust
și în cele din urmă fiecare parte a adunat praf
a potter's wheel, once in motion, will turn for a long time
o roată de olar, odată în mișcare, se va întoarce mult timp
it loses its vigour only slowly
nu-și pierde vigoarea decât încet
and it comes to a stop only after time
și se oprește abia după timp
Siddhartha's soul had kept on turning the wheel of asceticism
Sufletul lui Siddhartha continuase să învârte roata ascezei
the wheel of thinking had kept turning for a long time
roata gândirii se tot învârtise de mult
the wheel of differentiation had still turned for a long time
roata diferențierii se învârtise încă de mult
but it turned slowly and hesitantly
dar se întoarse încet și ezitant
and it was close to coming to a standstill
și era aproape de a se opri
Slowly, like humidity entering the dying stem of a tree
Încet, ca umiditatea care intră în tulpina muribundă a unui copac
filling the stem slowly and making it rot
umplând încet tulpina și făcând-o să putrezească
the world and sloth had entered Siddhartha's soul
lumea și lenea intraseră în sufletul lui Siddhartha
slowly it filled his soul and made it heavy
încet i-a umplut sufletul și l-a făcut greoi

it made his soul tired and put it to sleep
i-a obosit sufletul și l-a adormit
On the other hand, his senses had become alive
Pe de altă parte, simțurile lui deveniseră vii
there was much his senses had learned
simțurile lui învățaseră multe
there was much his senses had experienced
erau multe pe care simțurile lui le experimentaseră
Siddhartha had learned to trade
Siddhartha învățase să facă comerț
he had learned how to use his power over people
învățase cum să-și folosească puterea asupra oamenilor
he had learned how to enjoy himself with a woman
învățase să se distreze cu o femeie
he had learned how to wear beautiful clothes
învățase să poarte haine frumoase
he had learned how to give orders to servants
învățase să dea ordine servitorilor
he had learned how to bathe in perfumed waters
învățase să se scalde în ape parfumate
He had learned how to eat tenderly and carefully prepared food
Învățase să mănânce cu blândețe și mâncare pregătită cu grijă
he even ate fish, meat, and poultry
a mâncat chiar și pește, carne și păsări de curte
spices and sweets and wine, which causes sloth and forgetfulness
mirodenii și dulciuri și vin, care provoacă lene și uitare
He had learned to play with dice and on a chess-board
Învățase să joace cu zaruri și pe o tablă de șah
he had learned to watch dancing girls
învățase să privească fetele care dansează
he learned to have himself carried about in a sedan-chair
a învățat să se lase transportat într-un scaun
he learned to sleep on a soft bed
a învățat să doarmă pe un pat moale

But still he felt different from others
Dar totuși se simțea diferit de ceilalți
he still felt superior to the others
se simțea în continuare superior celorlalți
he always watched them with some mockery
îi privea mereu cu oarecare batjocură
there was always some mocking disdain to how he felt about them
a existat întotdeauna un oarecare dispreț batjocoritor față de ceea ce simțea el pentru ei
the same disdain a Samana feels for the people of the world
același dispreț pe care un Samana îl simte pentru oamenii lumii

Kamaswami was ailing and felt annoyed
Kamaswami era bolnav și se simțea enervat
he felt insulted by Siddhartha
se simțea insultat de Siddhartha
and he was vexed by his worries as a merchant
și era supărat de grijile sale de negustor
Siddhartha had always watched these things with mockery
Siddhartha privise mereu aceste lucruri cu batjocură
but his mockery had become more tired
dar batjocura lui devenise mai obosită
his superiority had become more quiet
superioritatea lui devenise mai liniștită
as slowly imperceptible as the rainy season passing by
la fel de încet insesizabil ca trecerea sezonului ploios
slowly, Siddhartha had assumed something of the childlike people's ways
încet, Siddhartha asumase ceva din felurile oamenilor de copil
he had gained some of their childishness
câștigase o parte din copilăria lor
and he had gained some of their fearfulness
iar el dobândise o parte din frica lor

And yet, the more be become like them the more he envied them
Și totuși, cu cât devenea mai mult ca ei, cu atât îi invidia mai mult
He envied them for the one thing that was missing from him
Îi invidia pentru singurul lucru care îi lipsea
the importance they were able to attach to their lives
importanța pe care au putut să o acorde vieții lor
the amount of passion in their joys and fears
cantitatea de pasiune din bucuriile și fricile lor
the fearful but sweet happiness of being constantly in love
fericirea înspăimântătoare, dar dulce, de a fi îndrăgostită constant
These people were in love with themselves all of the time
Acești oameni erau îndrăgostiți de ei înșiși tot timpul
women loved their children, with honours or money
femeile își iubeau copiii, cu onoruri sau bani
the men loved themselves with plans or hopes
bărbații se iubeau cu planuri sau speranțe
But he did not learn this from them
Dar nu a învățat asta de la ei
he did not learn the joy of children
nu a învățat bucuria copiilor
and he did not learn their foolishness
și nu a învățat nebunia lor
what he mostly learned were their unpleasant things
ceea ce a învățat cel mai mult erau lucrurile lor neplăcute
and he despised these things
și a disprețuit aceste lucruri
in the morning, after having had company
dimineata, dupa ce a avut companie
more and more he stayed in bed for a long time
din ce în ce mai mult a stat în pat mult timp
he felt unable to think, and was tired
se simțea incapabil să gândească și era obosit

he became angry and impatient when Kamaswami bored him with his worries
a devenit furios și nerăbdător când Kamaswami l-a plictisit de grijile lui
he laughed just too loud when he lost a game of dice
a râs prea tare când a pierdut un joc de zaruri
His face was still smarter and more spiritual than others
Chipul lui era încă mai inteligent și mai spiritual decât alții
but his face rarely laughed anymore
dar fața lui rareori mai râdea
slowly, his face assumed other features
încet, chipul lui a căpătat alte trăsături
the features often found in the faces of rich people
trăsăturile des întâlnite pe chipurile oamenilor bogați
features of discontent, of sickliness, of ill-humour
trăsături de nemulțumire, de boală, de rău-umor
features of sloth, and of a lack of love
trăsături ale lenei și ale lipsei de iubire
the disease of the soul which rich people have
boala sufletului pe care o au oamenii bogați
Slowly, this disease grabbed hold of him
Încet, această boală l-a prins
like a thin mist, tiredness came over Siddhartha
ca o ceață subțire, oboseala a cuprins Siddhartha
slowly, this mist got a bit denser every day
încet, această ceață a devenit puțin mai densă în fiecare zi
it got a bit murkier every month
a devenit un pic mai tulbure în fiecare lună
and every year it got a bit heavier
și în fiecare an a devenit ceva mai greu
dresses become old with time
rochiile devin vechi cu timpul
clothes lose their beautiful colour over time
hainele își pierd culoarea frumoasă în timp
they get stains, wrinkles, worn off at the seams
primesc pete, riduri, uzate la cusături

they start to show threadbare spots here and there
încep să arate pe ici pe colo pete urate
this is how Siddhartha's new life was
aşa a fost noua viaţă a lui Siddhartha
the life which he had started after his separation from Govinda
viaţa pe care o începuse după despărţirea sa de Govinda
his life had grown old and lost colour
viaţa lui îmbătrânise şi îşi pierduse culoarea
there was less splendour to it as the years passed by
era mai puţină splendoare pe măsură ce treceau anii
his life was gathering wrinkles and stains
viaţa lui strângea riduri şi pete
and hidden at bottom, disappointment and disgust were waiting
iar ascunse în fund, dezamăgirea şi dezgustul aşteptau
they were showing their ugliness
îşi arătau urâţenia
Siddhartha did not notice these things
Siddhartha nu a observat aceste lucruri
he remembered the bright and reliable voice inside of him
îşi aminti vocea strălucitoare şi de încredere din interiorul lui
he noticed the voice had become silent
a observat că vocea devenise tăcută
the voice which had awoken in him at that time
vocea care se trezise în el în acel moment
the voice that had guided him in his best times
vocea care îl călăuzise în cele mai bune vremuri
he had been captured by the world
fusese capturat de lume
he had been captured by lust, covetousness, sloth
fusese prins de poftă, lăcomie, lene
and finally he had been captured by his most despised vice
şi în cele din urmă fusese prins de viciul său cel mai dispreţuit
the vice which he mocked the most
viciul de care şi-a batjocorit cel mai mult

the most foolish one of all vices
cel mai prost dintre toate vicii
he had let greed into his heart
lăsase lăcomia în inima lui
Property, possessions, and riches also had finally captured him
Proprietățile, posesiunile și bogățiile îl capturaseră în cele din urmă
having things was no longer a game to him
a avea lucruri nu mai era un joc pentru el
his possessions had become a shackle and a burden
bunurile lui deveniseră o cătușe și o povară
It had happened in a strange and devious way
Se întâmplase într-un mod ciudat și ocolitor
Siddhartha had gotten this vice from the game of dice
Siddhartha obținuse acest viciu din jocul zarurilor
he had stopped being a Samana in his heart
încetase să mai fie un Samana în inima lui
and then he began to play the game for money
și apoi a început să joace jocul pentru bani
first he joined the game with a smile
mai întâi s-a alăturat jocului cu un zâmbet
at this time he only played casually
în acest moment juca doar ocazional
he wanted to join the customs of the childlike people
voia să se alăture obiceiurilor oamenilor de copil
but now he played with an increasing rage and passion
dar acum se juca cu o furie și o pasiune din ce în ce mai mare
He was a feared gambler among the other merchants
Era un jucător de temut printre ceilalți negustori
his stakes were so audacious that few dared to take him on
miza lui era atât de îndrăzneață, încât puțini au îndrăznit să-l ia
He played the game due to a pain of his heart
A jucat jocul din cauza unei dureri de inimă

losing and wasting his wretched money brought him an angry joy
pierderea și irosirea banilor lui nenorociți i-a adus o bucurie furioasă
he could demonstrate his disdain for wealth in no other way
nu putea să-și demonstreze disprețul față de bogăție în niciun alt mod
he could not mock the merchants' false god in a better way
nu putea să-și bată joc de falsul zeu al negustorilor într-un mod mai bun
so he gambled with high stakes
așa că a jucat cu mize mari
he mercilessly hated himself and mocked himself
se ura fără milă și se batjocorește
he won thousands, threw away thousands
a câștigat mii, a aruncat mii
he lost money, jewellery, a house in the country
a pierdut bani, bijuterii, o casă la țară
he won it again, and then he lost again
a câștigat din nou și apoi a pierdut din nou
he loved the fear he felt while he was rolling the dice
îi plăcea teama pe care o simțea în timp ce arunca zarurile
he loved feeling worried about losing what he gambled
îi plăcea să se simtă îngrijorat că pierde ceea ce a jucat
he always wanted to get this fear to a slightly higher level
a vrut mereu să ducă această frică la un nivel ceva mai înalt
he only felt something like happiness when he felt this fear
a simțit ceva asemănător cu fericirea doar când a simțit această frică
it was something like an intoxication
era ceva ca o intoxicație
something like an elevated form of life
ceva de genul unei forme de viață ridicate
something brighter in the midst of his dull life
ceva mai strălucitor în mijlocul vieții lui plictisitoare
And after each big loss, his mind was set on new riches

Și după fiecare mare pierdere, mintea lui era îndreptată către noi bogății
he pursued the trade more zealously
a urmat meseria cu mai multă râvnă
he forced his debtors more strictly to pay
si-a obligat datornicii sa plateasca mai strict
because he wanted to continue gambling
pentru că voia să continue jocurile de noroc
he wanted to continue squandering
voia să continue să risipească
he wanted to continue demonstrating his disdain of wealth
a vrut să continue să-și demonstreze disprețul față de bogăție
Siddhartha lost his calmness when losses occurred
Siddhartha și-a pierdut calmul când au avut loc pierderi
he lost his patience when he was not paid on time
și-a pierdut răbdarea când nu a fost plătit la timp
he lost his kindness towards beggars
și-a pierdut bunătatea față de cerșetori
He gambled away tens of thousands at one roll of the dice
A pariat zeci de mii la o singură aruncare a zarurilor
he became more strict and more petty in his business
a devenit mai strict și mai meschin în afacerile lui
occasionally, he was dreaming at night about money!
ocazional, visa noaptea la bani!
whenever he woke up from this ugly spell, he continued fleeing
ori de câte ori se trezea din această vrajă urâtă, continua să fugă
whenever he found his face in the mirror to have aged, he found a new game
ori de câte ori își găsea fața în oglindă îmbătrânită, găsea un nou joc
whenever embarrassment and disgust came over him, he numbed his mind
ori de câte ori jena și dezgustul îl apăreau, își amorțea mintea
he numbed his mind with sex and wine

și-a amorțit mintea cu sex și vin
and from there he fled back into the urge to pile up and obtain possessions
și de acolo a fugit înapoi în dorința de a se îngrămădi și de a obține bunuri
In this pointless cycle he ran
În acest ciclu fără rost a alergat
from his life he grow tired, old, and ill
din viața sa obosește, îmbătrânește și se îmbolnăvește

Then the time came when a dream warned him
Apoi a venit momentul când un vis l-a avertizat
He had spent the hours of the evening with Kamala
Își petrecuse orele serii cu Kamala
he had been in her beautiful pleasure-garden
fusese în frumoasa ei grădină de plăcere
They had been sitting under the trees, talking
Statusera sub copaci, vorbind
and Kamala had said thoughtful words
iar Kamala spusese cuvinte gânditoare
words behind which a sadness and tiredness lay hidden
cuvinte în spatele cărora se ascunde o tristețe și o oboseală
She had asked him to tell her about Gotama
Ea îl rugase să-i spună despre Gotama
she could not hear enough of him
nu auzea destul de el
she loved how clear his eyes were
îi plăcea cât de clari erau ochii lui
she loved how still and beautiful his mouth was
îi plăcea cât de liniștită și frumoasă era gura lui
she loved the kindness of his smile
îi plăcea bunătatea zâmbetului lui
she loved how peaceful his walk had been
îi plăcea cât de liniștită fusese mersul lui
For a long time, he had to tell her about the exalted Buddha
Multă vreme, a trebuit să-i spună despre Buddha înălțat

and Kamala had sighed, and spoke
iar Kamala oftase și vorbise
"One day, perhaps soon, I'll also follow that Buddha"
„Într-o zi, poate în curând, îl voi urma și eu pe acel Buddha"
"I'll give him my pleasure-garden for a gift"
„Îi voi face cadou grădina mea de plăcere"
"and I will take my refuge in his teachings"
„și îmi voi refugia în învățăturile Lui"
But after this, she had aroused him
Dar după aceasta, ea îl trezise
she had tied him to her in the act of making love
îl legase de ea în actul de a face dragoste
with painful fervour, biting and in tears
cu fervoare dureroasă, mușcător și în lacrimi
it was as if she wanted to squeeze the last sweet drop out of this wine
parcă ar fi vrut să stoarce ultima picătură dulce din acest vin
Never before had it become so strangely clear to Siddhartha
Niciodată înainte nu i-a devenit atât de ciudat de clar pentru Siddhartha
he felt how close lust was akin to death
simțea cât de aproape se aseamănă pofta cu moartea
he laid by her side, and Kamala's face was close to him
se întinse lângă ea, iar fața lui Kamala era aproape de el
under her eyes and next to the corners of her mouth
sub ochi și lângă colțurile gurii
it was as clear as never before
era la fel de clar ca niciodată
there read a fearful inscription
acolo se citi o inscripție înspăimântătoare
an inscription of small lines and slight grooves
o inscripție de linii mici și șanțuri ușoare
an inscription reminiscent of autumn and old age
o inscripție care amintește de toamnă și bătrânețe
here and there, gray hairs among his black ones
ici și colo, păr cărunt printre cei negri

Siddhartha himself, who was only in his forties, noticed the same thing
Siddhartha însuși, care avea doar patruzeci de ani, a observat același lucru
Tiredness was written on Kamala's beautiful face
Oboseala era scrisă pe chipul frumos al lui Kamala
tiredness from walking a long path
oboseala de la mersul pe un drum lung
a path which has no happy destination
o cale care nu are o destinație fericită
tiredness and the beginning of withering
oboseala si inceputul ofilierii
fear of old age, autumn, and having to die
frica de bătrânețe, de toamnă și de a muri
With a sigh, he had bid his farewell to her
Cu un oftat, își luase rămas bun de la ea
the soul full of reluctance, and full of concealed anxiety
sufletul plin de reticență și plin de anxietate ascunsă

Siddhartha had spent the night in his house with dancing girls
Siddhartha petrecuse noaptea în casa lui cu dansatoare
he acted as if he was superior to them
se comporta de parcă le-ar fi fost superior lor
he acted superior towards the fellow-members of his caste
a acționat superior față de colegii din casta lui
but this was no longer true
dar asta nu mai era adevărat
he had drunk much wine that night
băuse mult vin în noaptea aceea
and he went to bed a long time after midnight
si s-a culcat mult dupa miezul noptii
tired and yet excited, close to weeping and despair
obosit și totuși entuziasmat, aproape de plâns și disperare
for a long time he sought to sleep, but it was in vain
mult timp a căutat să doarmă, dar a fost în zadar

his heart was full of misery
inima îi era plină de mizerie
he thought he could not bear any longer
credea că nu mai suportă
he was full of a disgust, which he felt penetrating his entire body
era plin de un dezgust, pe care îl simțea pătrunzând în tot corpul
like the lukewarm repulsive taste of the wine
ca gustul călduț respingător al vinului
the dull music was a little too happy
muzica plictisitoare era puțin prea fericită
the smile of the dancing girls was a little too soft
zâmbetul dansatoarelor era un pic prea blând
the scent of their hair and breasts was a little too sweet
mirosul părului și sânilor lor era puțin prea dulce
But more than by anything else, he was disgusted by himself
Dar mai mult decât de orice altceva, era dezgustat de el însuși
he was disgusted by his perfumed hair
era dezgustat de părul lui parfumat
he was disgusted by the smell of wine from his mouth
era dezgustat de mirosul de vin din gură
he was disgusted by the listlessness of his skin
era dezgustat de apatia pielii lui
Like when someone who has eaten and drunk far too much
Ca atunci când cineva care a mâncat și a băut mult prea mult
they vomit it back up again with agonising pain
o vomită din nou cu o durere agonizantă
but they feel relieved by the vomiting
dar se simt ușurați de vărsături
this sleepless man wished to free himself of these pleasures
acest nedormit dorea să se elibereze de aceste plăceri
he wanted to be rid of these habits
voia să scape de aceste obiceiuri
he wanted to escape all of this pointless life

a vrut să scape de toată această viață fără rost
and he wanted to escape from himself
și voia să scape de el însuși
it wasn't until the light of the morning when he had slightly fallen sleep
abia abia la lumina dimineții, adormise ușor
the first activities in the street were already beginning
primele activități în stradă începeau deja
for a few moments he had found a hint of sleep
pentru câteva clipe găsise o urmă de somn
In those moments, he had a dream
În acele momente, a avut un vis
Kamala owned a small, rare singing bird in a golden cage
Kamala deținea o pasăre cântătoare mică, rară, într-o cușcă de aur
it always sung to him in the morning
i se cânta mereu dimineața
but then he dreamt this bird had become mute
dar apoi a visat că această pasăre devenise mută
since this arose his attention, he stepped in front of the cage
deoarece acest lucru i-a stârnit atenția, a pășit în fața cuștii
he looked at the bird inside the cage
se uită la pasărea din cușcă
the small bird was dead, and lay stiff on the ground
pasărea mică era moartă și zăcea înțepenită pe pământ
He took the dead bird out of its cage
A scos pasărea moartă din cușcă
he took a moment to weigh the dead bird in his hand
își luă o clipă să cântărească în mână pasărea moartă
and then threw it away, out in the street
și apoi l-a aruncat, afară, în stradă
in the same moment he felt terribly shocked
în aceeași clipă se simți teribil de șocat
his heart hurt as if he had thrown away all value
îl durea inima de parcă ar fi aruncat toată valoarea
everything good had been inside of this dead bird

totul bun fusese în interiorul acestei păsări moarte
Starting up from this dream, he felt encompassed by a deep sadness
Pornind din acest vis, s-a simțit cuprins de o adâncă tristețe
everything seemed worthless to him
totul i se părea fără valoare
worthless and pointless was the way he had been going through life
fără valoare și fără rost era felul în care trecuse prin viață
nothing which was alive was left in his hands
nimic din ce era viu nu a mai rămas în mâinile lui
nothing which was in some way delicious could be kept
nimic care era într-un fel delicios nu putea fi păstrat
nothing worth keeping would stay
nimic care merită păstrat nu ar rămâne
alone he stood there, empty like a castaway on the shore
singur stătea acolo, gol ca un naufragiat pe mal

With a gloomy mind, Siddhartha went to his pleasure-garden
Cu mintea mohorâtă, Siddhartha s-a dus în grădina lui de plăcere
he locked the gate and sat down under a mango-tree
a încuiat poarta și s-a așezat sub un mango
he felt death in his heart and horror in his chest
simțea moartea în inimă și groază în piept
he sensed how everything died and withered in him
a simțit cum totul a murit și s-a ofilit în el
By and by, he gathered his thoughts in his mind
Treptat, și-a adunat gândurile în minte
once again, he went through the entire path of his life
încă o dată, a parcurs întregul drum al vieții sale
he started with the first days he could remember
a început cu primele zile de care și-a amintit
When was there ever a time when he had felt a true bliss?

Când a existat vreodată un moment în care a simțit o adevărată fericire?
Oh yes, several times he had experienced such a thing
Da, de mai multe ori a experimentat așa ceva
In his years as a boy he had had a taste of bliss
În anii săi de băiat, avusese un gust de beatitudine
he had felt happiness in his heart when he obtained praise from the Brahmans
simțise fericire în inima lui când a obținut laude de la brahmani
"There is a path in front of the one who has distinguished himself"
„Există o cale în fața celui care s-a remarcat"
he had felt bliss reciting the holy verses
simțise fericirea recitând versurile sfinte
he had felt bliss disputing with the learned ones
simțise fericirea disputându-se cu cei învățați
he had felt bliss when he was an assistant in the offerings
simțise fericirea când era asistent la ofrande
Then, he had felt it in his heart
Apoi, simțise asta în inima lui
"There is a path in front of you"
„Există o cale în fața ta"
"you are destined for this path"
"Esti destinat pentru aceasta cale"
"the gods are awaiting you"
„zeii te așteaptă"
And again, as a young man, he had felt bliss
Și din nou, de tânăr, simțise fericirea
when his thoughts separated him from those thinking on the same things
când gândurile lui îl despărțeau de cei care gândeau la aceleași lucruri
when he wrestled in pain for the purpose of Brahman
când s-a luptat cu durere în scopul lui Brahman

when every obtained knowledge only kindled new thirst in him
când fiecare cunoaștere dobândită nu face decât să aprindă în el o nouă sete
in the midst of the pain he felt this very same thing
în mijlocul durerii a simțit exact același lucru
"Go on! You are called upon!"
"Hai! Ești chemat!"
He had heard this voice when he had left his home
Auzise această voce când plecase de acasă
he heard heard this voice when he had chosen the life of a Samana
a auzit auzit acest glas când alesese viața de Samana
and again he heard this voice when left the Samanas
și din nou a auzit această voce când a plecat de la Samana
he had heard the voice when he went to see the perfected one
auzise vocea când se dusese să-l vadă pe cel desăvârșit
and when he had gone away from the perfected one, he had heard the voice
iar când se îndepărtase de cel desăvârșit, auzise glasul
he had heard the voice when he went into the uncertain
auzise vocea când intra în nesigur
For how long had he not heard this voice anymore?
De cât timp nu mai auzise această voce?
for how long had he reached no height anymore?
de cât timp nu mai ajunsese la înălțime?
how even and dull was the manner in which he went through life?
cât de uniform și plictisitor a fost felul în care a trecut prin viață?
for many long years without a high goal
pentru mulți ani lungi fără un scop înalt
he had been without thirst or elevation
fusese fără sete sau înălțare
he had been content with small lustful pleasures

se mulțumise cu micile plăceri poftioase
and yet he was never satisfied!
și totuși nu a fost niciodată mulțumit!
For all of these years he had tried hard to become like the others
În toți acești ani, se străduise din greu să devină ca ceilalți
he longed to be one of the childlike people
tânjea să fie unul dintre oamenii copilăresc
but he didn't know that that was what he really wanted
dar nu știa că asta își dorea cu adevărat
his life had been much more miserable and poorer than theirs
viața lui fusese mult mai mizerabilă și mai săracă decât a lor
because their goals and worries were not his
pentru că scopurile și grijile lor nu erau ale lui
the entire world of the Kamaswami-people had only been a game to him
întreaga lume a poporului Kamaswami nu fusese decât un joc pentru el
their lives were a dance he would watch
viețile lor erau un dans pe care l-ar urmări
they performed a comedy he could amuse himself with
au interpretat o comedie cu care se putea distra
Only Kamala had been dear and valuable to him
Numai Kamala îi fusese dragă și valoroasă
but was she still valuable to him?
dar mai era ea valoroasă pentru el?
Did he still need her?
Mai avea nevoie de ea?
Or did she still need him?
Sau mai avea nevoie de el?
Did they not play a game without an ending?
Nu au jucat un joc fără sfârșit?
Was it necessary to live for this?
Era necesar să trăim pentru asta?
No, it was not necessary!

Nu, nu a fost necesar!
The name of this game was Sansara
Numele acestui joc era Sansara
a game for children which was perhaps enjoyable to play once
un joc pentru copii pe care poate că era plăcut să îl jucați o dată
maybe it could be played twice
poate s-ar putea juca de două ori
perhaps you could play it ten times
poate l-ai putea juca de zece ori
but should you play it for ever and ever?
dar ar trebui să-l joci pentru totdeauna?
Then, Siddhartha knew that the game was over
Apoi, Siddhartha a știut că jocul s-a terminat
he knew that he could not play it any more
știa că nu mai poate juca
Shivers ran over his body and inside of him
Fiori i-au trecut pe corp și în interiorul lui
he felt that something had died
a simțit că ceva a murit

That entire day, he sat under the mango-tree
Toată ziua a stat sub mango
he was thinking of his father
se gândea la tatăl său
he was thinking of Govinda
se gândea la Govinda
and he was thinking of Gotama
și se gândea la Gotama
Did he have to leave them to become a Kamaswami?
A trebuit să-i părăsească pentru a deveni Kamaswami?
He was still sitting there when the night had fallen
Încă stătea acolo când se lăsase noaptea
he caught sight of the stars, and thought to himself
a văzut stelele și a gândit în sinea lui

"Here I'm sitting under my mango-tree in my pleasure-garden"
„Iată-mă sub arborele meu de mango în grădina mea de plăcere"
He smiled a little to himself
A zâmbit puțin pentru sine
was it really necessary to own a garden?
chiar era necesar să deții o grădină?
was it not a foolish game?
nu a fost un joc prostesc?
did he need to own a mango-tree?
trebuia să dețină un arbore de mango?
He also put an end to this
Și el a pus capăt acestui lucru
this also died in him
a murit și acesta în el
He rose and bid his farewell to the mango-tree
S-a ridicat și și-a luat rămas bun de la mango
he bid his farewell to the pleasure-garden
și-a luat rămas bun de la grădina de plăcere
Since he had been without food this day, he felt strong hunger
De vreme ce în această zi a rămas fără mâncare, a simțit o foame puternică
and he thought of his house in the city
și s-a gândit la casa lui din oraș
he thought of his chamber and bed
se gândi la camera lui și la pat
he thought of the table with the meals on it
se gândi la masa cu mesele pe ea
He smiled tiredly, shook himself, and bid his farewell to these things
A zâmbit obosit, s-a scuturat și și-a luat rămas bun de la aceste lucruri
In the same hour of the night, Siddhartha left his garden
În aceeași oră a nopții, Siddhartha și-a părăsit grădina

he left the city and never came back
a părăsit orașul și nu s-a mai întors

For a long time, Kamaswami had people look for him
Multă vreme, Kamaswami a pus oamenii să-l caute
they thought he had fallen into the hands of robbers
credeau că a căzut în mâinile tâlharilor
Kamala had no one look for him
Kamala nu avea pe nimeni să-l caute
she was not astonished by his disappearance
nu a fost uimita de disparitia lui
Did she not always expect it?
Nu s-a așteptat întotdeauna la asta?
Was he not a Samana?
Nu era samana?
a man who was at home nowhere, a pilgrim
un om care nu era acasă nicăieri, un pelerin
she had felt this the last time they had been together
ea simțise asta ultima dată când fuseseră împreună
she was happy despite all the pain of the loss
era fericită, în ciuda durerii pierderii
she was happy she had been with him one last time
era fericită că fusese cu el pentru ultima oară
she was happy she had pulled him so affectionately to her heart
era fericită că l-a tras atât de afectuos la inimă
she was happy she had felt completely possessed and penetrated by him
era fericită că se simțise complet posedată și pătrunsă de el
When she received the news, she went to the window
Când a primit vestea, s-a dus la fereastră
at the window she held a rare singing bird
la fereastră ținea o pasăre cântătoare rară
the bird was held captive in a golden cage
pasărea a fost ținută captivă într-o cușcă de aur
She opened the door of the cage

Ea deschise ușa cuștii
she took the bird out and let it fly
a scos pasărea și a lăsat-o să zboare
For a long time, she gazed after it
Multă vreme, se uită după el
From this day on, she received no more visitors
Din această zi, ea nu a mai primit vizitatori
and she kept her house locked
și ea își ținea casa încuiată
But after some time, she became aware that she was pregnant
Dar după ceva timp, a devenit conștientă că este însărcinată
she was pregnant from the last time she was with Siddhartha
era însărcinată de ultima dată când a fost cu Siddhartha

By the River
Pe lângă Râu

Siddhartha walked through the forest
Siddhartha a mers prin pădure
he was already far from the city
era deja departe de oraș
and he knew nothing but one thing
și nu știa decât un singur lucru
there was no going back for him
nu mai avea nicio întoarcere pentru el
the life that he had lived for many years was over
viața pe care o trăise de mulți ani se terminase
he had tasted all of this life
gustase toată viața asta
he had sucked everything out of this life
a supt totul din această viață
until he was disgusted with it
până când a fost dezgustat de asta
the singing bird he had dreamt of was dead
pasărea cântătoare la care visase era moartă
and the bird in his heart was dead too
iar pasărea din inima lui era moartă și ea
he had been deeply entangled in Sansara
fusese adânc încurcat în Sansara
he had sucked up disgust and death into his body
își aspirase dezgustul și moartea în trup
like a sponge sucks up water until it is full
ca un burete aspiră apă până se umple
he was full of misery and death
era plin de mizerie și moarte
there was nothing left in this world which could have attracted him
nu mai era nimic pe lumea asta care să-l fi atras
nothing could have given him joy or comfort
nimic nu i-ar fi putut oferi bucurie sau mângâiere

he passionately wished to know nothing about himself anymore
dorea cu pasiune să nu mai știe nimic despre el însuși
he wanted to have rest and be dead
voia să se odihnească și să fie mort
he wished there was a lightning-bolt to strike him dead!
și-ar fi dorit să existe un fulger care să-l lovească!
If there only was a tiger to devour him!
Dacă ar fi fost un tigru care să-l devoreze!
If there only was a poisonous wine which would numb his senses
Dacă ar exista un vin otrăvitor care i-ar amorți simțurile
a wine which brought him forgetfulness and sleep
un vin care i-a adus uitare și somn
a wine from which he wouldn't awake from
un vin din care nu s-ar trezi
Was there still any kind of filth he had not soiled himself with?
Mai exista vreun fel de murdărie cu care să nu se murdărească?
was there a sin or foolish act he had not committed?
a existat vreun păcat sau un act prostesc pe care nu l-a comis?
was there a dreariness of the soul he didn't know?
a existat o tristețe a sufletului pe care nu-l cunoștea?
was there anything he had not brought upon himself?
era ceva ce nu adusese asupra sa?
Was it still at all possible to be alive?
Mai era posibil să fii în viață?
Was it possible to breathe in again and again?
Era posibil să inspir din nou și din nou?
Could he still breathe out?
Mai putea să expire?
was he able to bear hunger?
a putut suporta foamea?
was there any way to eat again?
a existat vreo modalitate de a mânca din nou?

was it possible to sleep again?
a fost posibil să dorm din nou?
could he sleep with a woman again?
ar putea să se culce din nou cu o femeie?
had this cycle not exhausted itself?
nu se epuizase acest ciclu?
were things not brought to their conclusion?
nu s-au ajuns lucrurile la concluzie?

Siddhartha reached the large river in the forest
Siddhartha a ajuns la râul mare din pădure
it was the same river he crossed when he had still been a young man
era același râu pe care l-a traversat când era încă tânăr
it was the same river he crossed from the town of Gotama
era același râu pe care l-a traversat din orașul Gotama
he remembered a ferryman who had taken him over the river
își aminti de un ferryman care îl dusese peste râu
By this river he stopped, and hesitantly he stood at the bank
Lângă acest râu s-a oprit și, șovăitor, a stat la mal
Tiredness and hunger had weakened him
Oboseala și foamea îl slăbiseră
"what should I walk on for?"
„Pentru ce ar trebui să merg?"
"to what goal was there left to go?"
"spre ce scop mai era de mers?"
No, there were no more goals
Nu, nu mai erau goluri
there was nothing left but a painful yearning to shake off this dream
nu mai rămăsese decât o dorință dureroasă de a se scutura de acest vis
he yearned to spit out this stale wine
tânjea să scuipe acest vin învechit
he wanted to put an end to this miserable and shameful life

voia să pună capăt acestei vieți mizerabile și rușinoase
a coconut-tree bent over the bank of the river
un cocos aplecat peste malul râului
Siddhartha leaned against its trunk with his shoulder
Siddhartha se sprijini de trunchi cu umărul
he embraced the trunk with one arm
a îmbrățișat trunchiul cu un braț
and he looked down into the green water
și s-a uitat în jos în apa verde
the water ran under him
apa curgea sub el
he looked down and found himself to be entirely filled with the wish to let go
s-a uitat în jos și s-a trezit în întregime plin de dorința de a da drumul
he wanted to drown in these waters
voia să se înece în aceste ape
the water reflected a frightening emptiness back at him
apa reflecta spre el un gol înspăimântător
the water answered to the terrible emptiness in his soul
apa răspundea golului cumplit din sufletul lui
Yes, he had reached the end
Da, ajunsese la capăt
There was nothing left for him, except to annihilate himself
Nu mai avea nimic pentru el, decât să se anihileze
he wanted to smash the failure into which he had shaped his life
voia să spargă eșecul în care își modelase viața
he wanted to throw his life before the feet of mockingly laughing gods
voia să-și arunce viața în fața picioarelor zeilor care râdeau batjocoritor
This was the great vomiting he had longed for; death
Aceasta era marea vărsătură după care tânjise; moarte
the smashing to bits of the form he hated
zdrobirea în bucăți din forma pe care o ura

Let him be food for fishes and crocodiles
Lasă-l să fie hrană pentru pești și crocodili
Siddhartha the dog, a lunatic
Siddhartha câinele, un nebun
a depraved and rotten body; a weakened and abused soul!
un corp depravat și putred; un suflet slăbit și abuzat!
let him be chopped to bits by the daemons
lasă-l să fie tăiat în bucăți de demoni
With a distorted face, he stared into the water
Cu fața deformată, se uita în apă
he saw the reflection of his face and spat at it
îi văzu reflexia feței și scuipă în ea
In deep tiredness, he took his arm away from the trunk of the tree
În oboseală profundă, și-a îndepărtat brațul de trunchiul copacului
he turned a bit, in order to let himself fall straight down
s-a întors puțin, ca să se lase să cadă drept jos
in order to finally drown in the river
pentru a se îneca în sfârșit în râu
With his eyes closed, he slipped towards death
Cu ochii închiși, a alunecat spre moarte
Then, out of remote areas of his soul, a sound stirred up
Apoi, din zonele îndepărtate ale sufletului său, a stârnit un sunet
a sound stirred up out of past times of his now weary life
un sunet stârnit din vremurile trecute ale vieții sale acum obosite
It was a singular word, a single syllable
Era un cuvânt singular, o singură silabă
without thinking he spoke the voice to himself
fără să se gândească și-a spus vocea pentru sine
he slurred the beginning and the end of all prayers of the Brahmans
a stricat începutul și sfârșitul tuturor rugăciunilor brahmanilor
he spoke the holy Om

a rostit sfântul Om
"that what is perfect" or "the completion"
„ceea ce este perfect" sau „finalizarea"
And in the moment he realized the foolishness of his actions
Și în momentul în care și-a dat seama de nebunia acțiunilor sale
the sound of Om touched Siddhartha's ear
sunetul lui Om atinse urechea lui Siddhartha
his dormant spirit suddenly woke up
spiritul lui adormit s-a trezit brusc
Siddhartha was deeply shocked
Siddhartha a fost profund șocat
he saw this was how things were with him
a văzut că așa stau lucrurile cu el
he was so doomed that he had been able to seek death
era atât de condamnat încât a putut să caute moartea
he had lost his way so much that he wished the end
se rătăcise atât de mult, încât și-a dorit sfârșitul
the wish of a child had been able to grow in him
dorința unui copil putu să crească în el
he had wished to find rest by annihilating his body!
dorise să-și găsească odihna anihilându-și trupul!
all the agony of recent times
toată agonia din ultima vreme
all sobering realizations that his life had created
toate realizările serioase pe care le crease viața lui
all the desperation that he had felt
toată disperarea pe care o simțise
these things did not bring about this moment
aceste lucruri nu au adus acest moment
when the Om entered his consciousness he became aware of himself
când Om a intrat în conștiința lui, a devenit conștient de sine
he realized his misery and his error
și-a dat seama de mizeria și greșeala lui
Om! he spoke to himself

Om! a vorbit singur
Om! and again he knew about Brahman
Om! și din nou știa despre Brahman
Om! he knew about the indestructibility of life
Om! știa despre indestructibilitatea vieții
Om! he knew about all that is divine, which he had forgotten
Om! știa despre tot ce este divin, pe care le uitase
But this was only a moment that flashed before him
Dar acesta a fost doar o clipă care a fulgerat înaintea lui
By the foot of the coconut-tree, Siddhartha collapsed
La poalele copacului de cocos, Siddhartha s-a prăbușit
he was struck down by tiredness
a fost lovit de oboseală
mumbling "Om", he placed his head on the root of the tree
mormăind „Om", și-a pus capul pe rădăcina copacului
and he fell into a deep sleep
și a căzut într-un somn adânc
Deep was his sleep, and without dreams
Adânc era somnul lui și fără vise
for a long time he had not known such a sleep any more
de mult nu mai cunoscuse un astfel de somn

When he woke up after many hours, he felt as if ten years had passed
Când s-a trezit după multe ore, a simțit că au trecut zece ani
he heard the water quietly flowing
a auzit apa curgând în liniște
he did not know where he was
nu știa unde se află
and he did not know who had brought him here
și nu știa cine-l adusese aici
he opened his eyes and looked with astonishment
a deschis ochii și a privit cu uimire
there were trees and the sky above him
deasupra lui erau copaci și cerul

he remembered where he was and how he got here
și-a amintit unde era și cum a ajuns aici
But it took him a long while for this
Dar i-a luat mult timp pentru asta
the past seemed to him as if it had been covered by a veil
trecutul i se părea de parcă ar fi fost acoperit de un văl
infinitely distant, infinitely far away, infinitely meaningless
infinit de departe, infinit de departe, infinit fără sens
He only knew that his previous life had been abandoned
Știa doar că viața lui anterioară fusese abandonată
this past life seemed to him like a very old, previous incarnation
această viață trecută i s-a părut o încarnare anterioară foarte veche
this past life felt like a pre-birth of his present self
această viață trecută se simțea ca o pre-naștere a sinelui său prezent
full of disgust and wretchedness, he had intended to throw his life away
plin de dezgust și mizerie, intenționase să-și arunce viața
he had come to his senses by a river, under a coconut-tree
își venise în fire lângă un râu, sub un cocos
the holy word "Om" was on his lips
cuvântul sfânt „Om" era pe buzele lui
he had fallen asleep and had now woken up
adormise și acum se trezise
he was looking at the world as a new man
privea lumea ca pe un om nou
Quietly, he spoke the word "Om" to himself
În liniște, își rosti cuvântul „Om".
the "Om" he was speaking when he had fallen asleep
„Om" pe care îl vorbea când adormise
his sleep felt like nothing more than a long meditative recitation of "Om"
somnul lui nu se simțea decât ca o lungă recitare meditativă a „Om"

all his sleep had been a thinking of "Om"
tot somnul lui fusese o gândire la „Om"
a submergence and complete entering into "Om"
o scufundare şi intrare completă în „Om"
a going into the perfected and completed
o intrare în perfecţionat şi completat
What a wonderful sleep this had been!
Ce somn minunat fusese acesta!
he had never before been so refreshed by sleep
nu mai fusese niciodată atât de împrospătat de somn
Perhaps, he really had died
Poate că chiar murise
maybe he had drowned and was reborn in a new body?
poate s-a înecat şi a renăscut într-un corp nou?
But no, he knew himself and who he was
Dar nu, se ştia pe sine şi cine era
he knew his hands and his feet
îi cunoştea mâinile şi picioarele
he knew the place where he lay
ştia locul unde zăcea
he knew this self in his chest
el cunoştea acest sine în piept
Siddhartha the eccentric, the weird one
Siddhartha cel excentric, cel ciudat
but this Siddhartha was nevertheless transformed
dar acest Siddhartha a fost totuşi transformat
he was strangely well rested and awake
era ciudat de bine odihnit şi treaz
and he was joyful and curious
şi era vesel şi curios

Siddhartha straightened up and looked around
Siddhartha se îndreptă şi privi în jur
then he saw a person sitting opposite to him
apoi a văzut o persoană care stătea vizavi de el
a monk in a yellow robe with a shaven head

un călugăr în halat galben cu capul ras
he was sitting in the position of pondering
stătea în postura de a medita
He observed the man, who had neither hair on his head nor a beard
Îl observă pe bărbat, care nu avea nici păr pe cap, nici barbă
he had not observed him for long when he recognised this monk
nu-l observase de mult când l-a recunoscut pe acest călugăr
it was Govinda, the friend of his youth
era Govinda, prietenul tinereții sale
Govinda, who had taken his refuge with the exalted Buddha
Govinda, care își luase refugiul la Buddha înălțat
Like Siddhartha, Govinda had also aged
La fel ca Siddhartha, și Govinda îmbătrânise
but his face still bore the same features
dar chipul lui încă purta aceleași trăsături
his face still expressed zeal and faithfulness
chipul îi exprima încă zel și credincioșie
you could see he was still searching, but timidly
se vedea că încă căuta, dar timid
Govinda sensed his gaze, opened his eyes, and looked at him
Govinda îi simți privirea, deschise ochii și se uită la el
Siddhartha saw that Govinda did not recognise him
Siddhartha a văzut că Govinda nu l-a recunoscut
Govinda was happy to find him awake
Govinda era bucuroasă să-l găsească treaz
apparently, he had been sitting here for a long time
se pare că stătea aici de mult timp
he had been waiting for him to wake up
așteptase să se trezească
he waited, although he did not know him
a așteptat, deși nu-l cunoștea
"I have been sleeping" said Siddhartha
„Am dormit", a spus Siddhartha

"How did you get here?"
— Cum ai ajuns aici?
"You have been sleeping" answered Govinda
„Ai dormit", a răspuns Govinda
"It is not good to be sleeping in such places"
„Nu este bine să dormi în astfel de locuri"
"snakes and the animals of the forest have their paths here"
„Şerpii şi animalele pădurii îşi au drumurile aici"
"I, oh sir, am a follower of the exalted Gotama"
„Eu, o, domnule, sunt un adept al exaltatului Gotama"
"I was on a pilgrimage on this path"
„Am fost într-un pelerinaj pe această cale"
"I saw you lying and sleeping in a place where it is dangerous to sleep"
„Te-am văzut întins şi dormind într-un loc în care este periculos să dormi"
"Therefore, I sought to wake you up"
„De aceea, am căutat să te trezesc"
"but I saw that your sleep was very deep"
„dar am văzut că somnul tău era foarte profund"
"so I stayed behind from my group"
„Aşa că am rămas în urmă faţă de grupul meu"
"and I sat with you until you woke up"
"şi am stat cu tine până te-ai trezit"
"And then, so it seems, I have fallen asleep myself"
„Şi apoi, aşa se pare, eu însumi am adormit"
"I, who wanted to guard your sleep, fell asleep"
„Eu, care am vrut să-ţi păzesc somnul, am adormit"
"Badly, I have served you"
„Rău, te-am servit"
"tiredness had overwhelmed me"
„Oboseala mă copleşise"
"But since you're awake, let me go to catch up with my brothers"
„Dar de vreme ce eşti treaz, lasă-mă să merg să-mi ajung din urmă pe fraţii mei"

"I thank you, Samana, for watching out over my sleep" spoke Siddhartha
„Îți mulțumesc, Samana, că ai grijă de somnul meu", a spus Siddhartha
"You're friendly, you followers of the exalted one"
„Sunteți prietenoși, adepții celui înălțat"
"Now you may go to them"
„Acum poți să mergi la ei"
"I'm going, sir. May you always be in good health"
„Ma duc, domnule. Fie ca tu să fii mereu sănătos"
"I thank you, Samana"
"Iti multumesc, Samana"
Govinda made the gesture of a salutation and said "Farewell"
Govinda a făcut un gest de salut și a spus „La revedere"
"Farewell, Govinda" said Siddhartha
— La revedere, Govinda, spuse Siddhartha
The monk stopped as if struck by lightning
Călugărul s-a oprit ca lovit de fulger
"Permit me to ask, sir, from where do you know my name?"
— Permiteți-mi să vă întreb, domnule, de unde îmi știți numele?
Siddhartha smiled, "I know you, oh Govinda, from your father's hut"
Siddhartha a zâmbit: „Te cunosc, o Govinda, din coliba tatălui tău"
"and I know you from the school of the Brahmans"
„și te cunosc de la școala brahmanilor"
"and I know you from the offerings"
"și te cunosc din ofrande"
"and I know you from our walk to the Samanas"
"și te cunosc din mersul nostru până la Samanas"
"and I know you from when you took refuge with the exalted one"
„și te cunosc de când te-ai refugiat la cel înălțat"

"You're Siddhartha," Govinda exclaimed loudly, "Now, I recognise you"
„Eşti Siddhartha", a exclamat Govinda cu voce tare, „Acum, te recunosc"

"I don't comprehend how I couldn't recognise you right away"
„Nu înţeleg cum nu te-am putut recunoaşte imediat"

"Siddhartha, my joy is great to see you again"
„Siddhartha, bucuria mea este grozavă să te revăd"

"It also gives me joy, to see you again" spoke Siddhartha
„Îmi face şi bucurie să te revăd", a spus Siddhartha

"You've been the guard of my sleep"
"Ai fost paznicul somnului meu"

"again, I thank you for this"
"din nou, iti multumesc pentru asta"

"but I wouldn't have required any guard"
„dar nu aş fi cerut niciun gardian"

"Where are you going to, oh friend?"
— Unde te duci, o, prietene?

"I'm going nowhere," answered Govinda
— Nu plec nicăieri, răspunse Govinda

"We monks are always travelling"
„Noi, călugării, călătorim mereu"

"whenever it is not the rainy season, we move from one place to another"
„Ori de câte ori nu este sezonul ploios, ne mutăm dintr-un loc în altul"

"we live according to the rules of the teachings passed on to us"
„Trăim după regulile învăţăturilor transmise nouă"

"we accept alms, and then we move on"
„Acceptăm pomana şi apoi mergem mai departe"

"It is always like this"
„Întotdeauna este aşa"

"But you, Siddhartha, where are you going to?"
— Dar tu, Siddhartha, unde te duci?

"for me it is as it is with you"
"Pentru mine este așa cum este cu tine"
"I'm going nowhere; I'm just travelling"
"Nu plec nicăieri; doar călătoresc"
"I'm also on a pilgrimage"
"Si eu sunt intr-un pelerinaj"
Govinda spoke "You say you're on a pilgrimage, and I believe you"
Govinda a spus: „Tu spui că ești într-un pelerinaj și eu te cred"
"But, forgive me, oh Siddhartha, you do not look like a pilgrim"
„Dar, iartă-mă, o, Siddhartha, nu arăți ca un pelerin"
"You're wearing a rich man's garments"
„Porți hainele unui om bogat"
"you're wearing the shoes of a distinguished gentleman"
„porți pantofii unui domn distins"
"and your hair, with the fragrance of perfume, is not a pilgrim's hair"
„și părul tău, cu parfum de parfum, nu este păr de pelerin"
"you do not have the hair of a Samana"
"nu ai parul unui samana"
"you are right, my dear"
"ai dreptate, draga mea"
"you have observed things well"
"ai observat bine lucrurile"
"your keen eyes see everything"
„Ochii tăi ageri văd totul"
"But I haven't said to you that I was a Samana"
"Dar nu ti-am spus ca am fost samana"
"I said I'm on a pilgrimage"
„Am spus că sunt într-un pelerinaj"
"And so it is, I'm on a pilgrimage"
„Și așa este, sunt într-un pelerinaj"
"You're on a pilgrimage" said Govinda
„Ești într-un pelerinaj", a spus Govinda
"But few would go on a pilgrimage in such clothes"

„Dar puțini ar merge în pelerinaj în astfel de haine"
"few would pilger in such shoes"
„Puțini ar călătoresc în astfel de pantofi"
"and few pilgrims have such hair"
„și puțini pelerini au așa păr"
"I have never met such a pilgrim"
„Nu am întâlnit niciodată un astfel de pelerin"
"and I have been a pilgrim for many years"
„și sunt pelerin de mulți ani"
"I believe you, my dear Govinda"
"Te cred, draga mea Govinda"
"But now, today, you've met a pilgrim just like this"
„Dar acum, astăzi, ai întâlnit un pelerin la fel"
"a pilgrim wearing these kinds of shoes and garment"
„un pelerin care poartă astfel de pantofi și haine"
"Remember, my dear, the world of appearances is not eternal"
„Ține minte, draga mea, lumea aparențelor nu este eternă"
"our shoes and garments are anything but eternal"
„Încălțămintea și încălțămintea noastră nu sunt eterne"
"our hair and bodies are not eternal either"
„Nici părul și trupurile noastre nu sunt eterne"
I'm wearing a rich man's clothes"
Eu port haine de om bogat"
"you've seen this quite right"
"ai vazut asta foarte bine"
"I'm wearing them, because I have been a rich man"
„Le port, pentru că am fost un om bogat"
"and I'm wearing my hair like the worldly and lustful people"
„și îmi port părul ca oamenii lumești și pofticioși"
"because I have been one of them"
"pentru ca am fost unul dintre ei"
"And what are you now, Siddhartha?" Govinda asked
— Și ce ești acum, Siddhartha? întrebă Govinda
"I don't know it, just like you"

„Nu știu, la fel ca tine"
"I was a rich man, and now I am not a rich man anymore"
"Am fost un om bogat, iar acum nu mai sunt un om bogat"
"and what I'll be tomorrow, I don't know"
"și ce voi fi mâine, nu știu"
"You've lost your riches?" asked Govinda
— Ți-ai pierdut bogățiile? întrebă Govinda
"I've lost my riches, or they have lost me"
„Mi-am pierdut bogățiile sau ei m-au pierdut"
"My riches somehow happened to slip away from me"
„Bogățiile mele s-au întâmplat cumva să scape de la mine"
"The wheel of physical manifestations is turning quickly, Govinda"
„Roata manifestărilor fizice se învârte repede, Govinda"
"Where is Siddhartha the Brahman?"
„Unde este Siddhartha Brahmanul?"
"Where is Siddhartha the Samana?"
— Unde este Siddhartha Samana?
"Where is Siddhartha the rich man?"
— Unde este Siddhartha bogatul?
"Non-eternal things change quickly, Govinda, you know it"
„Lucrurile neeterne se schimbă repede, Govinda, știi asta"
Govinda looked at the friend of his youth for a long time
Govinda s-a uitat îndelung la prietenul tinereții sale
he looked at him with doubt in his eyes
se uită la el cu îndoială în ochi
After that, he gave him the salutation which one would use on a gentleman
După aceea, i-a dat salutul pe care l-ar folosi unui domn
and he went on his way, and continued his pilgrimage
și a mers pe drumul său și și-a continuat pelerinajul
With a smiling face, Siddhartha watched him leave
Cu o față zâmbitoare, Siddhartha l-a privit plecând
he loved him still, this faithful, fearful man
l-a iubit încă, pe acest om credincios și înfricoșat

how could he not have loved everybody and everything in this moment?
cum ar fi putut să nu fi iubit pe toată lumea și totul în acest moment?
in the glorious hour after his wonderful sleep, filled with Om!
în ceasul glorios după somnul său minunat, plin de Om!
The enchantment, which had happened inside of him in his sleep
Descântecul, care se întâmplase în interiorul lui în somn
this enchantment was everything that he loved
această feerie era tot ceea ce iubea
he was full of joyful love for everything he saw
era plin de iubire veselă pentru tot ce vedea
exactly this had been his sickness before
exact aceasta fusese boala lui înainte
he had not been able to love anybody or anything
nu fusese în stare să iubească pe nimeni sau nimic
With a smiling face, Siddhartha watched the leaving monk
Cu o față zâmbitoare, Siddhartha îl privea pe călugărul care pleacă

The sleep had strengthened him a lot
Somnul îl întărise mult
but hunger gave him great pain
dar foamea îi dădea mare durere
by now he had not eaten for two days
până acum nu mai mâncase de două zile
the times were long past when he could resist such hunger
vremurile erau trecute de mult când putea rezista unei asemenea foame
With sadness, and yet also with a smile, he thought of that time
Cu tristețe, dar și cu un zâmbet, s-a gândit la acel moment
In those days, so he remembered, he had boasted of three things to Kamala

În acele vremuri, așa cum își amintea, se lăudase cu trei lucruri față de Kamala
he had been able to do three noble and undefeatable feats
reușise să facă trei isprăvi nobile și de neînvins
he was able to fast, wait, and think
a fost capabil să postească, să aștepte și să gândească
These had been his possessions; his power and strength
Acestea fuseseră bunurile lui; puterea și puterea lui
in the busy, laborious years of his youth, he had learned these three feats
în anii ocupați și laboriosi ai tinereții sale, învățase aceste trei isprăvi
And now, his feats had abandoned him
Și acum, faptele lui îl abandonaseră
none of his feats were his any more
nici una dintre isprăvile lui nu mai era a lui
neither fasting, nor waiting, nor thinking
nici postul, nici așteptarea, nici gândirea
he had given them up for the most wretched things
renunțase la ele pentru cele mai nenorocite lucruri
what is it that fades most quickly?
ce se estompează cel mai repede?
sensual lust, the good life, and riches!
pofta senzuală, viața bună și bogățiile!
His life had indeed been strange
Viața lui fusese într-adevăr ciudată
And now, so it seemed, he had really become a childlike person
Și acum, așa se părea, devenise cu adevărat o persoană copilărească
Siddhartha thought about his situation
Siddhartha se gândi la situația lui
Thinking was hard for him now
Acum îi era greu să gândească
he did not really feel like thinking
nu prea avea chef să gândească

but he forced himself to think
dar se forța să se gândească
"all these most easily perishing things have slipped from me"
„Toate aceste lucruri care pier cel mai ușor mi-au scăpat"
"again, now I'm standing here under the sun"
"din nou, acum stau aici sub soare"
"I am standing here just like a little child"
„Stău aici ca un copil mic"
"nothing is mine, I have no abilities"
„Nimic nu este al meu, nu am abilități"
"there is nothing I could bring about"
„Nu aș putea face nimic"
"I have learned nothing from my life"
„Nu am învățat nimic din viața mea"
"How wondrous all of this is!"
„Ce minunat sunt toate acestea!"
"it's wondrous that I'm no longer young"
„Este minunat că nu mai sunt tânăr"
"my hair is already half gray and my strength is fading"
„Părul meu este deja pe jumătate gri și puterea mea se estompează"
"and now I'm starting again at the beginning, as a child!"
„iar acum o iau de la început, de copil!"
Again, he had to smile to himself
Din nou, a trebuit să zâmbească în sinea lui
Yes, his fate had been strange!
Da, soarta lui fusese ciudată!
Things were going downhill with him
Lucrurile mergeau la vale cu el
and now he was again facing the world naked and stupid
iar acum se înfrunta din nou cu lumea gol și prost
But he could not feel sad about this
Dar nu putea să se simtă trist din cauza asta
no, he even felt a great urge to laugh
nu, chiar a simțit un mare impuls să râdă

he felt an urge to laugh about himself
simți nevoia să râdă despre sine
he felt an urge to laugh about this strange, foolish world
simțea nevoia să râdă despre această lume ciudată și prostească
"Things are going downhill with you!" he said to himself
"Lucrurile merg la vale cu tine!" își spuse el
and he laughed about his situation
și a râs de situația lui
as he was saying it he happened to glance at the river
în timp ce o spunea, s-a întâmplat să arunce o privire spre râu
and he also saw the river going downhill
și a văzut și râul coborând
it was singing and being happy about everything
era să cântam și să fiu fericit de toate
He liked this, and kindly he smiled at the river
I-a plăcut asta și i-a zâmbit cu amabilitate râului
Was this not the river in which he had intended to drown himself?
Nu era acesta râul în care intenționase să se înece?
in past times, a hundred years ago
în vremuri trecute, acum o sută de ani
or had he dreamed this?
sau a visat asta?
"Wondrous indeed was my life" he thought
„Într-adevăr, minunată a fost viața mea", se gândi el
"my life has taken wondrous detours"
„Viața mea a luat ocoliri minunate"
"As a boy, I only dealt with gods and offerings"
„Când eram băiat, m-am ocupat doar de zei și ofrande"
"As a youth, I only dealt with asceticism"
„În tinerețe m-am ocupat doar de asceză"
"I spent my time in thinking and meditation"
„Mi-am petrecut timpul în gândire și meditație"
"I was searching for Brahman
„Îl căutam pe Brahman

"and I worshipped the eternal in the Atman"
„şi m-am închinat eternului în Atman"
"But as a young man, I followed the penitents"
„Dar de tânăr am urmat penitenţii"
"I lived in the forest and suffered heat and frost"
„Am trăit în pădure şi am suferit căldură şi îngheţ"
"there I learned how to overcome hunger"
„Acolo am învăţat cum să înving foamea"
"and I taught my body to become dead"
„şi mi-am învăţat corpul să devină mort"
"Wonderfully, soon afterwards, insight came towards me"
„Minunat, la scurt timp după aceea, mi-a venit o perspectivă"
"insight in the form of the great Buddha's teachings"
„Introspecţie sub forma învăţăturilor marelui Buddha"
"I felt the knowledge of the oneness of the world"
„Am simţit cunoaşterea unităţii lumii"
"I felt it circling in me like my own blood"
„Am simţit că se învârte în mine ca propriul meu sânge"
"But I also had to leave Buddha and the great knowledge"
„Dar a trebuit să părăsesc Buddha şi marea cunoaştere"
"I went and learned the art of love with Kamala"
„M-am dus şi am învăţat arta iubirii cu Kamala"
"I learned trading and business with Kamaswami"
„Am învăţat comerţ şi afaceri cu Kamaswami"
"I piled up money, and wasted it again"
„Am adunat bani şi i-am irosit din nou"
"I learned to love my stomach and please my senses"
„Am învăţat să-mi iubesc stomacul şi să îmi plac simţurile"
"I had to spend many years losing my spirit"
„A trebuit să petrec mulţi ani pierzându-mi spiritul"
"and I had to unlearn thinking again"
„şi a trebuit să dezînvăţ din nou să gândesc"
"there I had forgotten the oneness"
„acolo uitasem unitatea"
"Isn't it just as if I had turned slowly from a man into a child"?

„Nu este ca și cum m-aș fi transformat încet dintr-un bărbat într-un copil"?
"from a thinker into a childlike person"
„de la un gânditor la o persoană copilărească"
"And yet, this path has been very good"
„Și totuși, această cale a fost foarte bună"
"and yet, the bird in my chest has not died"
„și totuși, pasărea din pieptul meu nu a murit"
"what a path has this been!"
"ce cale a fost asta!"
"I had to pass through so much stupidity"
„A trebuit să trec prin atâta prostie"
"I had to pass through so much vice"
„A trebuit să trec prin atâtea vicii"
"I had to make so many errors"
„A trebuit să fac atâtea greșeli"
"I had to feel so much disgust and disappointment"
„A trebuit să simt atât de mult dezgust și dezamăgire"
"I had to do all this to become a child again"
„A trebuit să fac toate astea ca să redevin copil"
"and then I could start over again"
„și atunci aș putea să o iau de la capăt"
"But it was the right way to do it"
„Dar a fost modul corect de a face asta"
"my heart says yes to it and my eyes smile to it"
„Inima mea îi spune da și ochii îmi zâmbesc"
"I've had to experience despair"
„A trebuit să experimentez disperarea"
"I've had to sink down to the most foolish of all thoughts"
„A trebuit să mă las la cel mai prost dintre toate gândurile"
"I've had to think to the thoughts of suicide"
„A trebuit să mă gândesc la gândurile de sinucidere"
"only then would I be able to experience divine grace"
„Doar atunci aș putea experimenta harul divin"
"only then could I hear Om again"
"Abia atunci l-am putut auzi din nou pe Om"

"only then would I be able to sleep properly and awake again"
„Doar atunci aș putea să dorm corect și să mă trezesc din nou"
"I had to become a fool, to find Atman in me again"
„A trebuit să devin un prost, să-l găsesc din nou pe Atman în mine"
"I had to sin, to be able to live again"
„A trebuit să păcătuiesc, să pot trăi din nou"
"Where else might my path lead me to?"
„Unde altcineva m-ar putea duce calea mea?"
"It is foolish, this path, it moves in loops"
„Este o prostie, această cale, se mișcă în bucle"
"perhaps it is going around in a circle"
„Poate că se învârte în cerc"
"Let this path go where it likes"
„Lăsați această cale să meargă unde vrea"
"where ever this path goes, I want to follow it"
„Oriunde merge această cale, vreau să o urmez"
he felt joy rolling like waves in his chest
simțea bucuria rostogolindu-se ca valurile în piept
he asked his heart, "from where did you get this happiness?"
si-a intrebat inima, "de unde ai aceasta fericire?"
"does it perhaps come from that long, good sleep?"
„Poate vine din somnul acela lung și bun?"
"the sleep which has done me so much good"
„somnul care mi-a făcut atât de bine"
"or does it come from the word Om, which I said?"
„sau vine de la cuvântul Om, pe care l-am spus eu?"
"Or does it come from the fact that I have escaped?"
— Sau vine din faptul că am scăpat?
"does this happiness come from standing like a child under the sky?"
„aceasta fericire vine din a sta ca un copil sub cer?"
"Oh how good is it to have fled"
„Oh, ce bine este să fi fugit"
"it is great to have become free!"

"Este grozav să fi devenit liber!"
"How clean and beautiful the air here is"
„Ce curat și frumos este aerul de aici"
"the air is good to breath"
„Aerul este bine de respirat"
"where I ran away from everything smelled of ointments"
„unde am fugit de tot ce mirosea a unguente"
"spices, wine, excess, sloth"
„condimente, vin, exces, leneș"
"How I hated this world of the rich"
„Cât am urât această lume a bogaților"
"I hated those who revel in fine food and the gamblers!"
"I-am urât pe cei care se delectează cu mâncarea rafinată și pe jucătorii!"
"I hated myself for staying in this terrible world for so long!
„M-am urât pentru că am stat atât de mult în această lume groaznică!
"I have deprived, poisoned, and tortured myself"
„M-am deposedat, otrăvit și torturat"
"I have made myself old and evil!"
„M-am făcut bătrân și rău!"
"No, I will never again do the things I liked doing so much"
„Nu, nu voi mai face niciodată lucrurile care mi-au plăcut atât de mult să le fac"
"I won't delude myself into thinking that Siddhartha was wise!"
— Nu mă voi amăgi să cred că Siddhartha a fost înțelept!
"But this one thing I have done well"
„Dar acest lucru l-am făcut bine"
"this I like, this I must praise"
„Asta îmi place, trebuie să-l laud"
"I like that there is now an end to that hatred against myself"
„Îmi place că acum s-a încheiat această ură împotriva mea"
"there is an end to that foolish and dreary life!"
„Există un sfârșit la viața aceea prostească și tristă!"
"I praise you, Siddhartha, after so many years of foolishness"

„Te laud, Siddhartha, după atâția ani de prostie"
"you have once again had an idea"
"ai avut inca o data o idee"
"you have heard the bird in your chest singing"
„ai auzit pasărea din pieptul tău cântând"
"and you followed the song of the bird!"
"și ai urmat cântecul păsării!"
with these thoughts he praised himself
cu aceste gânduri se lăuda pe sine
he had found joy in himself again
își găsise din nou bucuria în sine
he listened curiously to his stomach rumbling with hunger
ascultă curios cum stomacul îi bubuia de foame
he had tasted and spat out a piece of suffering and misery
gustase și scuipase o bucată de suferință și mizerie
in these recent times and days, this is how he felt
în aceste vremuri și zile recente, așa s-a simțit
he had devoured it up to the point of desperation and death
o devorase până la disperare și moarte
how everything had happened was good
cum s-a întâmplat totul a fost bine
he could have stayed with Kamaswami for much longer
ar fi putut să rămână cu Kamaswami mult mai mult timp
he could have made more money, and then wasted it
ar fi putut să facă mai mulți bani și apoi să-i irosească
he could have filled his stomach and let his soul die of thirst
ar fi putut să-și umple stomacul și să-și lase sufletul să moară de sete
he could have lived in this soft upholstered hell much longer
ar fi putut trăi mult mai mult în acest iad moale tapițat
if this had not happened, he would have continued this life
dacă acest lucru nu s-ar fi întâmplat, ar fi continuat această viață
the moment of complete hopelessness and despair
momentul de deznădejde completă și deznădejde

the most extreme moment when he hung over the rushing waters
momentul cel mai extrem în care atârna peste apele năvalnice
the moment he was ready to destroy himself
în momentul în care era gata să se autodistrugă
the moment he had felt this despair and deep disgust
în momentul în care simţise această disperare şi dezgust profund
he had not succumbed to it
nu cedase
the bird was still alive after all
la urma urmei, pasărea era încă în viaţă
this was why he felt joy and laughed
de aceea simţea bucurie şi râdea
this was why his face was smiling brightly under his hair
de aceea faţa lui zâmbea strălucitor sub păr
his hair which had now turned gray
părul lui care acum devenise gri
"It is good," he thought, "to get a taste of everything for oneself"
„Este bine", s-a gândit el, „să guşti totul pentru sine"
"everything which one needs to know"
„tot ce trebuie să ştii"
"lust for the world and riches do not belong to the good things"
„Pofta lumii şi bogăţiile nu aparţin lucrurilor bune"
"I have already learned this as a child"
„Deja am învăţat asta când eram copil"
"I have known it for a long time"
„O ştiu de mult timp"
"but I hadn't experienced it until now"
"dar nu am experimentat-o pana acum"
"And now that I I've experienced it I know it"
„Şi acum că am experimentat-o, ştiu asta"
"I don't just know it in my memory, but in my eyes, heart, and stomach"

„Nu o știu doar în memorie, ci în ochii, inima și stomacul"
"it is good for me to know this!"
„Este bine pentru mine să știu asta!"

For a long time, he pondered his transformation
Multă vreme, s-a gândit la transformarea sa
he listened to the bird, as it sang for joy
a ascultat pasărea, în timp ce cânta de bucurie
Had this bird not died in him?
Nu murise această pasăre în el?
had he not felt this bird's death?
nu simțise oare moartea acestei păsări?
No, something else from within him had died
Nu, altceva din interiorul lui murise
something which yearned to die had died
ceva care tânjea să moară murise
Was it not this that he used to intend to kill?
Nu acesta intenționa să omoare?
Was it not his his small, frightened, and proud self that had died?
Oare nu murise sinele lui mic, înspăimântat și mândru?
he had wrestled with his self for so many years
se luptase cu sinele lui atâția ani
the self which had defeated him again and again
sinele care îl învinsese din nou și din nou
the self which was back again after every killing
sinele care s-a întors din nou după fiecare ucidere
the self which prohibited joy and felt fear?
sinele care a interzis bucuria și a simțit frică?
Was it not this self which today had finally come to its death?
Nu era acest eu care astăzi ajunsese în sfârșit la moarte?
here in the forest, by this lovely river
aici în pădure, lângă acest râu minunat
Was it not due to this death, that he was now like a child?
Nu din cauza acestei morți era acum ca un copil?

so full of trust and joy, without fear
atât de plin de încredere și bucurie, fără teamă
Now Siddhartha also got some idea of why he had fought this self in vain
Acum Siddhartha și-a dat o idee despre motivul pentru care se luptase cu acest sine în zadar
he knew why he couldn't fight his self as a Brahman
știa de ce nu se putea lupta cu sine ca Brahman
Too much knowledge had held him back
Prea multe cunoștințe îl reținuseră
too many holy verses, sacrificial rules, and self-castigation
prea multe versete sfinte, reguli de sacrificiu și auto-castigare
all these things held him back
toate aceste lucruri l-au reținut
so much doing and striving for that goal!
atât de mult făcând și străduindu-te pentru acest scop!
he had been full of arrogance
fusese plin de aroganță
he was always the smartest
a fost întotdeauna cel mai deștept
he was always working the most
el a lucrat întotdeauna cel mai mult
he had always been one step ahead of all others
el fusese întotdeauna cu un pas înaintea tuturor celorlalți
he was always the knowing and spiritual one
el a fost întotdeauna cel cunoscător și spiritual
he was always considered the priest or wise one
a fost întotdeauna considerat preotul sau înțelept
his self had retreated into being a priest, arrogance, and spirituality
sinele lui se retrăsese devenind preot, aroganță și spiritualitate
there it sat firmly and grew all this time
acolo a stat ferm și a crescut în tot acest timp
and he had thought he could kill it by fasting
și crezuse că o poate ucide postind
Now he saw his life as it had become

Acum își vedea viața așa cum devenise
he saw that the secret voice had been right
văzu că vocea secretă fusese corectă
no teacher would ever have been able to bring about his salvation
nici un profesor nu ar fi fost vreodată în stare să-i aducă mântuirea
Therefore, he had to go out into the world
Prin urmare, a trebuit să iasă în lume
he had to lose himself to lust and power
trebuia să se piardă în poftă și putere
he had to lose himself to women and money
a trebuit să se piardă în fața femeilor și a banilor
he had to become a merchant, a dice-gambler, a drinker
trebuia să devină un negustor, un jucător de zaruri, un băutor
and he had to become a greedy person
și trebuia să devină o persoană lacomă
he had to do this until the priest and Samana in him was dead
a trebuit să facă asta până când preotul și Samana din el au murit
Therefore, he had to continue bearing these ugly years
Prin urmare, a trebuit să suporte în continuare acești ani urâți
he had to bear the disgust and the teachings
trebuia să suporte dezgustul și învățăturile
he had to bear the pointlessness of a dreary and wasted life
trebuia să suporte inutilitatea unei vieți triste și irosite
he had to conclude it up to its bitter end
trebuia să o încheie până la capătul amar
he had to do this until Siddhartha the lustful could also die
a trebuit să facă asta până când Siddhartha cel pofticios ar putea muri și el
He had died and a new Siddhartha had woken up from the sleep
Murise și un nou Siddhartha se trezise din somn
this new Siddhartha would also grow old

și acest nou Siddhartha avea să îmbătrânească
he would also have to die eventually
ar trebui să moară și el în cele din urmă
Siddhartha was still mortal, as is every physical form
Siddhartha era încă muritor, la fel ca orice formă fizică
But today he was young and a child and full of joy
Dar astăzi era tânăr și copil și plin de bucurie
He thought these thoughts to himself
Și-a gândit aceste gânduri pentru sine
he listened with a smile to his stomach
a ascultat cu un zâmbet în stomac
he listened gratefully to a buzzing bee
a ascultat recunoscător o albină bâzâit
Cheerfully, he looked into the rushing river
Cu bucurie, se uită în râul care se repezi
he had never before liked a water as much as this one
nu-i plăcuse niciodată o apă atât de mult ca aceasta
he had never before perceived the voice so stronger
nu mai percepuse niciodată vocea atât de puternică
he had never understood the parable of the moving water so strongly
nu înțelesese niciodată atât de puternic pilda apei în mișcare
he had never before noticed how beautifully the river moved
nu observase niciodată cât de frumos se mișca râul
It seemed to him, as if the river had something special to tell him
I se părea, de parcă râul avea ceva deosebit să-i spună
something he did not know yet, which was still awaiting him
ceva ce nu știa încă, care încă îl aștepta
In this river, Siddhartha had intended to drown himself
În acest râu, Siddhartha intenționase să se înece
in this river the old, tired, desperate Siddhartha had drowned today

în acest râu, bătrânul, obosit şi disperat Siddhartha se înecase astăzi

But the new Siddhartha felt a deep love for this rushing water

Dar noul Siddhartha a simţit o dragoste profundă pentru această apă năvalnică

and he decided for himself, not to leave it very soon

şi a hotărât pentru el însuşi, să nu o părăsească prea curând

The Ferryman
Ferrymanul

"By this river I want to stay," thought Siddhartha
„Lângă acest râu vreau să rămân", gândi Siddhartha
"it is the same river which I have crossed a long time ago"
„Este același râu pe care l-am traversat cu mult timp în urmă"
"I was on my way to the childlike people"
„Eram în drum spre oamenii copilăresc"
"a friendly ferryman had guided me across the river"
„Un ferryman prietenos mă ghidase peste râu"
"he is the one I want to go to"
„el este cel la care vreau să merg"
"starting out from his hut, my path led me to a new life"
„Pornind din coliba lui, drumul meu m-a condus la o nouă viață"
"a path which had grown old and is now dead"
„o cale care îmbătrânise și acum este moartă"
"my present path shall also take its start there!"
„Drumul meu actual își va începe și acolo!"
Tenderly, he looked into the rushing water
Tandru, se uită în apa care se repezi
he looked into the transparent green lines the water drew
se uită în liniile verzi transparente pe care le trasa apa
the crystal lines of water were rich in secrets
liniile cristaline ale apei erau bogate în secrete
he saw bright pearls rising from the deep
a văzut perle strălucitoare răsărind din adânc
quiet bubbles of air floating on the reflecting surface
bule liniștite de aer plutind pe suprafața reflectorizante
the blue of the sky depicted in the bubbles
albastrul cerului înfățișat în bule
the river looked at him with a thousand eyes
râul îl privea cu o mie de ochi
the river had green eyes and white eyes
râul avea ochi verzi și ochi albi

the river had crystal eyes and sky-blue eyes
râul avea ochi de cristal și ochi albaștri ca cerul
he loved this water very much, it delighted him
iubea foarte mult această apă, îl încânta
he was grateful to the water
îi era recunoscător apei
In his heart he heard the voice talking
În inima lui a auzit vocea vorbind
"Love this water! Stay near it!"
"Iubește această apă! Stai lângă ea!"
"Learn from the water!" his voice commanded him
„Învățați din apă!" îi porunci vocea
Oh yes, he wanted to learn from it
Da, a vrut să învețe din asta
he wanted to listen to the water
voia să asculte apa
He who would understand this water's secrets
Cel care ar înțelege secretele acestei ape
he would also understand many other things
ar înțelege și multe alte lucruri
this is how it seemed to him
asa i s-a parut
But out of all secrets of the river, today he only saw one
Dar din toate secretele râului, azi a văzut doar unul
this secret touched his soul
acest secret i-a atins sufletul
this water ran and ran, incessantly
apa asta curgea si curgea, necontenit
the water ran, but nevertheless it was always there
apa curgea, dar cu toate acestea era mereu acolo
the water always, at all times, was the same
apa era mereu, în orice moment, aceeași
and at the same time it was new in every moment
și în același timp era nou în fiecare clipă
he who could grasp this would be great
cel care ar putea înțelege asta ar fi grozav

but he didn't understand or grasp it
dar nu a înțeles sau a înțeles
he only felt some idea of it stirring
simțea doar o idee cum se mișca
it was like a distant memory, a divine voices
era ca o amintire îndepărtată, o voci divine

Siddhartha rose as the workings of hunger in his body became unbearable
Siddhartha s-a ridicat pe măsură ce funcționarea foametei în corpul său a devenit insuportabilă
In a daze he walked further away from the city
Amețit, s-a îndepărtat mai mult de oraș
he walked up the river along the path by the bank
a urcat pe râu pe poteca de lângă mal
he listened to the current of the water
a ascultat curentul apei
he listened to the rumbling hunger in his body
a ascultat foamea bubuitoare din trupul lui
When he reached the ferry, the boat was just arriving
Când a ajuns la feribot, barca tocmai sosea
the same ferryman who had once transported the young Samana across the river
același ferryman care îl transportase cândva pe tânărul Samana peste râu
he stood in the boat and Siddhartha recognised him
stătea în barcă și Siddhartha l-a recunoscut
he had also aged very much
îmbătrânise și el foarte mult
the ferryman was astonished to see such an elegant man walking on foot
ferrymanul a fost uimit să vadă un bărbat atât de elegant mergând pe jos
"Would you like to ferry me over?" he asked
— Ai vrea să mă duci cu feribotul? întrebă el
he took him into his boat and pushed it off the bank

l-a luat în barca lui și a împins-o de pe mal
"It's a beautiful life you have chosen for yourself" the passenger spoke
„Este o viață frumoasă pe care ai ales-o pentru tine", a spus pasagerul
"It must be beautiful to live by this water every day"
„Trebuie să fie frumos să trăiești lângă această apă în fiecare zi"
"and it must be beautiful to cruise on it on the river"
„și trebuie să fie frumos să navighezi pe el pe râu"
With a smile, the man at the oar moved from side to side
Cu un zâmbet, bărbatul de la vâslă se mișcă dintr-o parte în alta
"It is as beautiful as you say, sir"
"Este la fel de frumos cum spui, domnule"
"But isn't every life and all work beautiful?"
„Dar nu este orice viață și toată munca frumoasă?"
"This may be true" replied Siddhartha
„Acest lucru poate fi adevărat", a răspuns Siddhartha
"But I envy you for your life"
„Dar te invidiez pentru viața ta"
"Ah, you would soon stop enjoying it"
„Ah, în curând ai înceta să te bucuri"
"This is no work for people wearing fine clothes"
„Nu este o treabă pentru cei care poartă haine fine"
Siddhartha laughed at the observation
Siddhartha a râs la observație
"Once before, I have been looked upon today because of my clothes"
„Odată, am fost privit astăzi din cauza hainelor mele"
"I have been looked upon with distrust"
„Am fost privit cu neîncredere"
"they are a nuisance to me"
"sunt o pacoste pentru mine"
"Wouldn't you, ferryman, like to accept these clothes"
„Nu ai vrea, ferryman, să accepți aceste haine?"

"because you must know, I have no money to pay your fare"
„Pentru că trebuie să știi, nu am bani să-ți plătesc biletul"
"You're joking, sir," the ferryman laughed
— Glumești, domnule, râse ferrymanul
"I'm not joking, friend"
„Nu glumesc, prietene"
"once before you have ferried me across this water in your boat"
„O dată înainte m-ai transportat peste această apă cu barca ta"
"you did it for the immaterial reward of a good deed"
„ai făcut-o pentru răsplata imaterială a unei fapte bune"
"ferry me across the river and accept my clothes for it"
„Transferă-mă peste râu și acceptă-mi hainele pentru asta"
"And do you, sir, intent to continue travelling without clothes?"
— Și dumneavoastră, domnule, intenționați să continuați să călătoriți fără haine?
"Ah, most of all I wouldn't want to continue travelling at all"
„Ah, mai ales nu mi-aș dori deloc să continui să călătoresc"
"I would rather you gave me an old loincloth"
„Aș prefera să-mi dai o cârpă veche"
"I would like it if you kept me with you as your assistant"
„Mi-ar plăcea dacă m-ai ține cu tine ca asistent"
"or rather, I would like if you accepted me as your trainee"
„sau mai bine zis, mi-ar plăcea dacă m-ai accepta ca stagiar"
"because first I'll have to learn how to handle the boat"
„Pentru că mai întâi va trebui să învăț cum să mă descurc cu barca"
For a long time, the ferryman looked at the stranger
Multă vreme, feribotul se uită la străin
he was searching in his memory for this strange man
căuta în memoria lui acest om ciudat
"Now I recognise you," he finally said
— Acum te recunosc, spuse el în cele din urmă
"At one time, you've slept in my hut"
„La un moment dat, ai dormit în coliba mea"

"this was a long time ago, possibly more than twenty years"
„Asta a fost cu mult timp în urmă, probabil mai mult de douăzeci de ani"
"and you've been ferried across the river by me"
„și ai fost transportat peste râu de mine"
"that day we parted like good friends"
„În ziua aceea ne-am despărțit ca niște prieteni buni"
"Haven't you been a Samana?"
— Nu ai fost samana?
"I can't think of your name anymore"
„Nu mă mai pot gândi la numele tău"
"My name is Siddhartha, and I was a Samana"
„Numele meu este Siddhartha și am fost Samana"
"I had still been a Samana when you last saw me"
„Încă eram un Samana când m-ai văzut ultima oară"
"So be welcome, Siddhartha. My name is Vasudeva"
"Deci fii bine-venit, Siddhartha. Numele meu este Vasudeva"
"You will, so I hope, be my guest today as well"
„Așa că sper, vei fi oaspetele meu și astăzi"
"and you may sleep in my hut"
„și poți dormi în coliba mea"
"and you may tell me, where you're coming from"
„Și poți să-mi spui de unde vii"
"and you may tell me why these beautiful clothes are such a nuisance to you"
„Și poți să-mi spui de ce aceste haine frumoase sunt atât de deranjante pentru tine"
They had reached the middle of the river
Ajunseseră la mijlocul râului
Vasudeva pushed the oar with more strength
Vasudeva a împins vâsla cu mai multă putere
in order to overcome the current
pentru a depăși curentul
He worked calmly, with brawny arms
Lucra calm, cu brațele musculoase
his eyes were fixed in on the front of the boat

ochii îi erau aţintiţi în faţa bărcii
Siddhartha sat and watched him
Siddhartha stătea şi îl privea
he remembered his time as a Samana
şi-a amintit de vremea lui ca Samana
he remembered how love for this man had stirred in his heart
şi-a amintit cât de dragostea pentru acest bărbat tremurase în inima lui
Gratefully, he accepted Vasudeva's invitation
Cu recunoştinţă, a acceptat invitaţia lui Vasudeva
When they had reached the bank, he helped him to tie the boat to the stakes
Când ajunseră la mal, l-a ajutat să lege barca de ţăruşi
after this, the ferryman asked him to enter the hut
după aceasta, feribotul i-a cerut să intre în colibă
he offered him bread and water, and Siddhartha ate with eager pleasure
i-a oferit pâine şi apă, iar Siddhartha a mâncat cu plăcere nerăbdătoare
and he also ate with eager pleasure of the mango fruits Vasudeva offered him
şi a mâncat şi cu plăcere nerăbdătoare din fructele de mango pe care i le oferea Vasudeva

Afterwards, it was almost the time of the sunset
După aceea, era aproape ora apusului
they sat on a log by the bank
s-au aşezat pe un buştean lângă bancă
Siddhartha told the ferryman about where he originally came from
Siddhartha i-a spus ferrymanului de unde a venit iniţial
he told him about his life as he had seen it today
i-a povestit despre viaţa lui aşa cum o văzuse astăzi
the way he had seen it in that hour of despair
felul în care o văzuse în acea oră de disperare

the tale of his life lasted late into the night
povestea vieții lui a durat până târziu în noapte
Vasudeva listened with great attention
Vasudeva a ascultat cu mare atenție
Listening carefully, he let everything enter his mind
Ascultând cu atenție, a lăsat totul să-i intre în minte
birthplace and childhood, all that learning
locul de naștere și copilărie, toată această învățare
all that searching, all joy, all distress
toată această căutare, toată bucuria, toată suferința
This was one of the greatest virtues of the ferryman
Aceasta a fost una dintre cele mai mari virtuți ale ferrymanului
like only a few, he knew how to listen
ca doar câțiva, știa să asculte
he did not have to speak a word
nu trebuia să rostească niciun cuvânt
but the speaker sensed how Vasudeva let his words enter his mind
dar vorbitorul a simțit cum Vasudeva și-a lăsat cuvintele să-i intre în minte
his mind was quiet, open, and waiting
mintea lui era liniștită, deschisă și așteptând
he did not lose a single word
nu a pierdut niciun cuvânt
he did not await a single word with impatience
nu aștepta nici un cuvânt cu nerăbdare
he did not add his praise or rebuke
nu și-a adăugat lauda sau mustrarea
he was just listening, and nothing else
el doar asculta, și nimic altceva
Siddhartha felt what a happy fortune it is to confess to such a listener
Siddhartha a simțit ce noroc fericit este să mărturisești unui astfel de ascultător
he felt fortunate to bury in his heart his own life

s-a simțit norocos să-și îngroape în inimă propria viață
he buried his own search and suffering
și-a îngropat propria căutare și suferință
he told the tale of Siddhartha's life
a povestit povestea vieții lui Siddhartha
when he spoke of the tree by the river
când vorbea despre copacul de lângă râu
when he spoke of his deep fall
când vorbea despre căderea lui adâncă
when he spoke of the holy Om
când vorbea despre sfântul Om
when he spoke of how he had felt such a love for the river
când vorbea despre felul în care simțise o asemenea dragoste pentru râu
the ferryman listened to these things with twice as much attention
ferrymanul asculta aceste lucruri cu de două ori mai multă atenție
he was entirely and completely absorbed by it
era în întregime și complet absorbit de ea
he was listening with his eyes closed
asculta cu ochii închiși
when Siddhartha fell silent a long silence occurred
când Siddhartha a tăcut, a avut loc o lungă tăcere
then Vasudeva spoke "It is as I thought"
apoi Vasudeva a vorbit „Este cum credeam"
"The river has spoken to you"
„Râul ți-a vorbit"
"the river is your friend as well"
„râul este și prietenul tău"
"the river speaks to you as well"
„râul îți vorbește și ție"
"That is good, that is very good"
„Asta este bine, este foarte bine"
"Stay with me, Siddhartha, my friend"
„Stai cu mine, Siddhartha, prietenul meu"

"I used to have a wife"
„Odinioară am avut o soție"
"her bed was next to mine"
"patul ei era lângă al meu"
"but she has died a long time ago"
"dar a murit de mult"
"for a long time, I have lived alone"
"de mult timp, am trait singur"
"Now, you shall live with me"
„Acum, vei trăi cu mine"
"there is enough space and food for both of us"
„Există suficient spațiu și mâncare pentru amândoi"
"I thank you," said Siddhartha
— Îți mulțumesc, spuse Siddhartha
"I thank you and accept"
"Iti multumesc si accept"
"And I also thank you for this, Vasudeva"
„Și îți mulțumesc și pentru asta, Vasudeva"
"I thank you for listening to me so well"
„Îți mulțumesc că m-ai ascultat atât de bine"
"people who know how to listen are rare"
„oamenii care știu să asculte sunt rari"
"I have not met a single person who knew it as well as you do"
„Nu am întâlnit nicio persoană care să știe asta la fel de bine ca tine"
"I will also learn in this respect from you"
„Voi învăța și în acest sens de la tine"
"You will learn it," spoke Vasudeva
„O vei învăța", a spus Vasudeva
"but you will not learn it from me"
"dar nu vei invata de la mine"
"The river has taught me to listen"
„Râul m-a învățat să ascult"
"you will learn to listen from the river as well"
„Vei învăța să asculți și de la râu"

"It knows everything, the river"
„Știe totul, râul"
"everything can be learned from the river"
„totul se poate învăța din râu"
"See, you've already learned this from the water too"
„Vezi, ai învățat deja asta și din apă"
"you have learned that it is good to strive downwards"
"ai invatat ca este bine sa te straduiesti in jos"
"you have learned to sink and to seek depth"
„ai învățat să te scufunzi și să cauți adâncime"
"The rich and elegant Siddhartha is becoming an oarsman's servant"
„Bogatul și elegantul Siddhartha devine slujitorul unui vâslaș"
"the learned Brahman Siddhartha becomes a ferryman"
„Învățatul Brahman Siddhartha devine ferryman"
"this has also been told to you by the river"
„Asta vi s-a spus și pe lângă râu"
"You'll learn the other thing from it as well"
„Veți învăța și celelalte lucruri din asta"
Siddhartha spoke after a long pause
Siddhartha vorbi după o pauză lungă
"What other things will I learn, Vasudeva?"
— Ce alte lucruri voi mai învăța, Vasudeva?
Vasudeva rose. "It is late," he said
Vasudeva s-a ridicat. — E târziu, spuse el
and Vasudeva proposed going to sleep
iar Vasudeva a propus să meargă la culcare
"I can't tell you that other thing, oh friend"
„Nu pot să-ți spun asta, prietene"
"You'll learn the other thing, or perhaps you know it already"
„Veți învăța celălalt lucru, sau poate îl știți deja"
"See, I'm no learned man"
„Vezi, nu sunt un om învățat"
"I have no special skill in speaking"
„Nu am nicio abilitate specială în a vorbi"

"I also have no special skill in thinking"
„De asemenea, nu am nicio abilitate specială în gândire"
"All I'm able to do is to listen and to be godly"
„Tot ce pot face este să ascult și să fiu evlavios"
"I have learned nothing else"
"Nu am invatat altceva"
"If I was able to say and teach it, I might be a wise man"
„Dacă aș fi în stare să spun și să predau asta, aș putea fi un om înțelept"
"but like this I am only a ferryman"
"dar asa sunt doar un ferryman"
"and it is my task to ferry people across the river"
„Și sarcina mea este să transport oamenii peste râu"
"I have transported many thousands of people"
„Am transportat multe mii de oameni"
"and to all of them, my river has been nothing but an obstacle"
„și pentru toți, râul meu nu a fost decât un obstacol"
"it was something that got in the way of their travels"
„a fost ceva care le-a împiedicat călătoriile"
"they travelled to seek money and business"
„au călătorit să caute bani și afaceri"
"they travelled for weddings and pilgrimages"
„au călătorit pentru nunți și pelerinaje"
"and the river was obstructing their path"
„și râul le împiedica drumul"
"the ferryman's job was to get them quickly across that obstacle"
„treaba feribotului era să-i treacă repede peste acel obstacol"
"But for some among thousands, a few, the river has stopped being an obstacle"
„Dar pentru unii dintre mii, câțiva, râul a încetat să mai fie un obstacol"
"they have heard its voice and they have listened to it"
„au auzit glasul ei și au ascultat-o"
"and the river has become sacred to them"

„și râul a devenit sacru pentru ei"
"it become sacred to them as it has become sacred to me"
„a devenit sacru pentru ei așa cum a devenit sacru pentru mine"
"for now, let us rest, Siddhartha"
„Deocamdată, hai să ne odihnim, Siddhartha"

Siddhartha stayed with the ferryman and learned to operate the boat
Siddhartha a rămas cu ferryman și a învățat să conducă barca
when there was nothing to do at the ferry, he worked with Vasudeva in the rice-field
când nu era nimic de făcut la bac, lucra cu Vasudeva la orez
he gathered wood and plucked the fruit off the banana-trees
a strâns lemne și a smuls fructele de pe banani
He learned to build an oar and how to mend the boat
A învățat să construiască o vâslă și să repare barca
he learned how to weave baskets and repaid the hut
a învățat să țese coșuri și a plătit coliba
and he was joyful because of everything he learned
și era bucuros din cauza a tot ceea ce a învățat
the days and months passed quickly
zilele și lunile treceau repede
But more than Vasudeva could teach him, he was taught by the river
Dar mai mult decât putea să-l învețe Vasudeva, a fost învățat de râu
Incessantly, he learned from the river
Necontenit, a învățat de la râu
Most of all, he learned to listen
Mai presus de toate, a învățat să asculte
he learned to pay close attention with a quiet heart
a învățat să acorde o atenție deosebită cu inima liniștită
he learned to keep a waiting, open soul
a învățat să păstreze un suflet deschis și așteptat
he learned to listen without passion

a învăţat să asculte fără pasiune
he learned to listen without a wish
a învăţat să asculte fără dorinţă
he learned to listen without judgement
a învăţat să asculte fără a judeca
he learned to listen without an opinion
a învăţat să asculte fără o părere

In a friendly manner, he lived side by side with Vasudeva
Într-o manieră prietenoasă, a trăit cot la cot cu Vasudeva
occasionally they exchanged some words
din când în când schimbau câteva cuvinte
then, at length, they thought about the words
apoi, în cele din urmă, s-au gândit la cuvinte
Vasudeva was no friend of words
Vasudeva nu era prietenă cu cuvintele
Siddhartha rarely succeeded in persuading him to speak
Siddhartha a reuşit rareori să-l convingă să vorbească
"did you too learn that secret from the river?"
— ai aflat şi tu acel secret de la râu?
"the secret that there is no time?"
"secretul că nu există timp?"
Vasudeva's face was filled with a bright smile
Chipul lui Vasudeva era plin de un zâmbet strălucitor
"Yes, Siddhartha," he spoke
— Da, Siddhartha, spuse el
"I learned that the river is everywhere at once"
„Am învăţat că râul este peste tot deodată"
"it is at the source and at the mouth of the river"
„este la izvor şi la gura râului"
"it is at the waterfall and at the ferry"
"este la cascada si la feribot"
"it is at the rapids and in the sea"
"este la repezi si in mare"
"it is in the mountains and everywhere at once"
„este în munţi şi peste tot deodată"

"and I learned that there is only the present time for the river"

„și am învățat că există doar timpul prezent pentru râu"

"it does not have the shadow of the past"

„nu are umbra trecutului"

"and it does not have the shadow of the future"

„și nu are umbra viitorului"

"is this what you mean?" he asked

„la asta vrei să spui?" întrebă el

"This is what I meant," said Siddhartha

— La asta am vrut să spun, spuse Siddhartha

"And when I had learned it, I looked at my life"

„Și când am învățat-o, m-am uitat la viața mea"

"and my life was also a river"

„și viața mea a fost și un râu"

"the boy Siddhartha was only separated from the man Siddhartha by a shadow"

„băiatul Siddhartha a fost separat de bărbatul Siddhartha doar printr-o umbră"

"and a shadow separated the man Siddhartha from the old man Siddhartha"

„și o umbră l-a separat pe bărbatul Siddhartha de bătrânul Siddhartha"

"things are separated by a shadow, not by something real"

„Lucrurile sunt separate de o umbră, nu de ceva real"

"Also, Siddhartha's previous births were not in the past"

„De asemenea, nașterile anterioare ale lui Siddhartha nu au fost în trecut"

"and his death and his return to Brahma is not in the future"

„și moartea lui și întoarcerea lui la Brahma nu sunt în viitor"

"nothing was, nothing will be, but everything is"

„Nimic nu a fost, nimic nu va fi, dar totul este"

"everything has existence and is present"

„totul are existență și este prezent"

Siddhartha spoke with ecstasy

Siddhartha a vorbit cu extaz

this enlightenment had delighted him deeply
această iluminare îl încântase profund
"was not all suffering time?"
„Nu a fost tot timpul de suferință?"
"were not all forms of tormenting oneself a form of time?"
„Nu au fost toate formele de a se chinui o formă de timp?"
"was not everything hard and hostile because of time?"
„Nu a fost totul greu și ostil din cauza timpului?"
"is not everything evil overcome when one overcomes time?"
„Nu este totul biruit răul când cineva învinge timpul?"
"as soon as time leaves the mind, does suffering leave too?"
„de îndată ce timpul părăsește mintea, pleacă și suferința?"
Siddhartha had spoken in ecstatic delight
Siddhartha vorbise încântat de extaz
but Vasudeva smiled at him brightly and nodded in confirmation
dar Vasudeva i-a zâmbit strălucitor și a dat din cap în semn de confirmare
silently he nodded and brushed his hand over Siddhartha's shoulder
în tăcere dădu din cap și își trecu mâna peste umărul Siddharthei
and then he turned back to his work
apoi s-a întors la munca lui

And Siddhartha asked Vasudeva again another time
Și Siddhartha a întrebat-o din nou pe Vasudeva altă dată
the river had just increased its flow in the rainy season
râul tocmai își mărise debitul în sezonul ploios
and it made a powerful noise
și a făcut un zgomot puternic
"Isn't it so, oh friend, the river has many voices?"
— Nu-i așa, o, prietene, râul are multe voci?
"Hasn't it the voice of a king and of a warrior?"
— Nu este vocea unui rege și a unui războinic?
"Hasn't it the voice of of a bull and of a bird of the night?"

— Nu este vocea unui taur și a unei păsări a nopții?
"Hasn't it the voice of a woman giving birth and of a sighing man?"
— Nu este vocea unei femei care dă naștere și a unui bărbat care oftă?
"and does it not also have a thousand other voices?"
„și nu are și alte o mie de voci?"
"it is as you say it is," Vasudeva nodded
„Este așa cum spui tu," dădu Vasudeva din cap
"all voices of the creatures are in its voice"
„toate vocile creaturilor sunt în vocea ei"
"And do you know..." Siddhartha continued
— Și știi... a continuat Siddhartha
"what word does it speak when you succeed in hearing all of voices at once?"
„Ce cuvânt rostește atunci când reușești să auzi toate vocile deodată?"
Happily, Vasudeva's face was smiling
Din fericire, chipul lui Vasudeva zâmbea
he bent over to Siddhartha and spoke the holy Om into his ear
s-a aplecat spre Siddhartha și i-a spus sfântul Om la ureche
And this had been the very thing which Siddhartha had also been hearing
Și acesta fusese exact lucrul pe care Siddhartha îl auzise

time after time, his smile became more similar to the ferryman's
din când în când, zâmbetul lui devenea mai asemănător cu cel al ferrymanului
his smile became almost just as bright as the ferryman's
zâmbetul lui deveni aproape la fel de strălucitor ca al ferrymanului
it was almost just as thoroughly glowing with bliss
era aproape la fel de bine strălucitor de beatitudine
shining out of thousand small wrinkles

strălucind din mii de riduri mici
just like the smile of a child
exact ca zâmbetul unui copil
just like the smile of an old man
exact ca zâmbetul unui bătrân
Many travellers, seeing the two ferrymen, thought they were brothers
Mulți călători, văzându-i pe cei doi feriboturi, au crezut că sunt frați
Often, they sat in the evening together by the bank
Adesea, stăteau seara împreună lângă bancă
they said nothing and both listened to the water
n-au spus nimic și amândoi au ascultat apa
the water, which was not water to them
apa, care nu era apă pentru ei
it wasn't water, but the voice of life
nu era apă, ci glasul vieții
the voice of what exists and what is eternally taking shape
vocea a ceea ce există și a ceea ce ia formă veșnic
it happened from time to time that both thought of the same thing
se întâmpla din când în când să se gândească amândoi la același lucru
they thought of a conversation from the day before
s-au gândit la o conversație de cu o zi înainte
they thought of one of their travellers
s-au gândit la unul dintre călătorii lor
they thought of death and their childhood
s-au gândit la moarte și la copilăria lor
they heard the river tell them the same thing
au auzit râul spunându-le același lucru
both delighted about the same answer to the same question
amândoi încântați de același răspuns la aceeași întrebare
There was something about the two ferrymen which was transmitted to others
A fost ceva despre cei doi ferrymani care a fost transmis altora

it was something which many of the travellers felt
a fost ceva ce au simțit mulți dintre călători
travellers would occasionally look at the faces of the ferrymen
călătorii se uitau ocazional la fețele ferboșilor
and then they told the story of their life
și apoi au spus povestea vieții lor
they confessed all sorts of evil things
au mărturisit tot felul de lucruri rele
and they asked for comfort and advice
și au cerut mângâiere și sfaturi
occasionally someone asked for permission to stay for a night
uneori cineva cerea permisiunea de a sta o noapte
they also wanted to listen to the river
au vrut să asculte și râul
It also happened that curious people came
S-a mai întâmplat să vină curioși
they had been told that there were two wise men
li se spusese că sunt doi înțelepți
or they had been told there were two sorcerers
sau li se spusese că sunt doi vrăjitori
The curious people asked many questions
Curioșii au pus multe întrebări
but they got no answers to their questions
dar nu au primit răspuns la întrebările lor
they found neither sorcerers nor wise men
nu au găsit nici vrăjitori, nici înțelepți
they only found two friendly little old men, who seemed to be mute
au găsit doar doi bătrâni prietenoși, care păreau muți
they seemed to have become a bit strange in the forest by themselves
păreau să fi devenit un pic ciudat în pădure singuri
And the curious people laughed about what they had heard
Iar curioșii au râs de ceea ce au auzit

they said common people were foolishly spreading empty rumours
au spus că oamenii de rând răspândeau în mod prostesc zvonuri goale

The years passed by, and nobody counted them
Anii au trecut și nimeni nu i-a numărat
Then, at one time, monks came by on a pilgrimage
Apoi, la un moment dat, călugării au trecut în pelerinaj
they were followers of Gotama, the Buddha
erau urmașii lui Gotama, Buddha
they asked to be ferried across the river
au cerut să fie transportați peste râu
they told them they were in a hurry to get back to their wise teacher
le-au spus că se grăbesc să se întoarcă la învățătorul lor înțelept
news had spread the exalted one was deadly sick
se răspândise vestea că cel înălțat era bolnav de moarte
he would soon die his last human death
în curând avea să moară ultima sa moarte umană
in order to become one with the salvation
pentru a deveni una cu mântuirea
It was not long until a new flock of monks came
Nu a trecut mult până când a venit o nouă turmă de călugări
they were also on their pilgrimage
erau și ei în pelerinaj
most of the travellers spoke of nothing other than Gotama
majoritatea călătorilor nu vorbeau despre nimic altceva decât despre Gotama
his impending death was all they thought about
moartea lui iminentă era tot ce s-au gândit
if there had been war, just as many would travel
dacă ar fi fost război, la fel de mulți ar călători
just as many would come to the coronation of a king
la fel de mulți ar veni la încoronarea unui rege

they gathered like ants in droves
s-au adunat ca furnicile în cete
they flocked, like being drawn onwards by a magic spell
se înghesuiau, ca şi cum ar fi fost atraşi de o vrajă magică
they went to where the great Buddha was awaiting his death
s-au dus acolo unde marele Buddha îşi aştepta moartea
the perfected one of an era was to become one with the glory
cel desăvârşit al unei epoci trebuia să devină una cu gloria
Often, Siddhartha thought in those days of the dying wise man
Adesea, Siddhartha se gândea în acele zile la înţeleptul muribund
the great teacher whose voice had admonished nations
marele învăţător al cărui glas avertizase naţiunile
the one who had awoken hundreds of thousands
cel care trezise sute de mii
a man whose voice he had also once heard
un om a cărui voce o auzise şi el odată
a teacher whose holy face he had also once seen with respect
un profesor al cărui chip sfânt îl văzuse şi el cândva cu respect
Kindly, he thought of him
Cu amabilitate, s-a gândit la el
he saw his path to perfection before his eyes
şi-a văzut calea spre perfecţiune în faţa ochilor
and he remembered with a smile those words he had said to him
şi îşi aminti zâmbind acele cuvinte pe care i le spusese
when he was a young man and spoke to the exalted one
când era tânăr şi vorbea cu cel înălţat
They had been, so it seemed to him, proud and precious words
Fuseseră, aşa i se păru lui, cuvinte mândre şi preţioase
with a smile, he remembered the the words
cu un zâmbet, şi-a amintit cuvintele
he knew that there was nothing standing between Gotama and him any more

știa că nu mai era nimic între Gotama și el
he had known this for a long time already
știa asta deja de multă vreme
though he was still unable to accept his teachings
deși încă nu putea să-și accepte învățăturile
there was no teaching a truly searching person
nu exista nicio predare a unei persoane cu adevarat cautatoare
someone who truly wanted to find, could accept
cineva care dorea cu adevărat să găsească, putea accepta
But he who had found the answer could approve of any teaching
Dar cel care găsise răspunsul putea să aprobe orice învățătură
every path, every goal, they were all the same
fiecare cale, fiecare scop, toate erau la fel
there was nothing standing between him and all the other thousands any more
nu mai stătea nimic între el și toate celelalte mii
the thousands who lived in that what is eternal
miile care au trăit în acel ce este etern
the thousands who breathed what is divine
miile care au respirat ceea ce este divin

On one of these days, Kamala also went to him
Într-una din aceste zile, Kamala a mers și el la el
she used to be the most beautiful of the courtesans
ea era cea mai frumoasă dintre curtezane
A long time ago, she had retired from her previous life
Cu mult timp în urmă, se retrăsese din viața anterioară
she had given her garden to the monks of Gotama as a gift
făcuse în dar grădina ei călugărilor din Gotama
she had taken her refuge in the teachings
ea își refugiase în învățături
she was among the friends and benefactors of the pilgrims
a fost printre prietenii și binefăcătorii pelerini
she was together with Siddhartha, the boy
era împreună cu Siddhartha, băiatul

Siddhartha the boy was her son
Siddhartha băiatul era fiul ei
she had gone on her way due to the news of the near death of Gotama
ea plecase pe drum din cauza veștii despre moartea aproape a lui Gotama
she was in simple clothes and on foot
era în haine simple și pe jos
and she was With her little son
iar ea era Cu fiul ei cel mic
she was travelling by the river
ea călătorea pe lângă râu
but the boy had soon grown tired
dar băiatul obosise curând
he desired to go back home
dorea să se întoarcă acasă
he desired to rest and eat
dorea să se odihnească și să mănânce
he became disobedient and started whining
a devenit neascultător și a început să se văităscă
Kamala often had to take a rest with him
Kamala trebuia adesea să se odihnească cu el
he was accustomed to getting what he wanted
era obișnuit să obțină ceea ce își dorea
she had to feed him and comfort him
trebuia să-l hrănească și să-l consoleze
she had to scold him for his behaviour
a trebuit să-l certe pentru comportamentul lui
He did not comprehend why he had to go on this exhausting pilgrimage
Nu înțelegea de ce trebuia să meargă în acest pelerinaj obositor
he did not know why he had to go to an unknown place
nu știa de ce trebuia să meargă într-un loc necunoscut
he did know why he had to see a holy dying stranger
știa de ce trebuia să vadă un străin sfânt pe moarte

"So what if he died?" he complained
— Și dacă ar muri? s-a plâns el
why should this concern him?
de ce ar trebui să-l preocupe asta?
The pilgrims were getting close to Vasudeva's ferry
Pelerinii se apropiau de bacul lui Vasudeva
little Siddhartha once again forced his mother to rest
micuțul Siddhartha și-a forțat încă o dată mama să se odihnească
Kamala had also become tired
Kamala devenise și ea obosită
while the boy was chewing a banana, she crouched down on the ground
în timp ce băiatul mesteca o banană, ea s-a ghemuit pe pământ
she closed her eyes a bit and rested
a închis puțin ochii și s-a odihnit
But suddenly, she uttered a wailing scream
Dar deodată, ea scoase un țipăt tânguitor
the boy looked at her in fear
băiatul o privi cu frică
he saw her face had grown pale from horror
văzu că chipul ei pălise de groază
and from under her dress, a small, black snake fled
iar de sub rochie a fugit un șarpe mic și negru
a snake by which Kamala had been bitten
un șarpe de care Kamala fusese mușcat
Hurriedly, they both ran along the path, to reach people
Grabiți, amândoi alergau pe potecă, ca să ajungă la oameni
they got near to the ferry and Kamala collapsed
s-au apropiat de feribot și Kamala s-a prăbușit
she was not able to go any further
ea nu era în stare să meargă mai departe
the boy started crying miserably
băiatul a început să plângă jalnic
his cries were only interrupted when he kissed his mother
strigătele lui au fost întrerupte doar când și-a sărutat mama

she also joined his loud screams for help
s-a alăturat și ea țipetelor lui puternice de ajutor
she screamed until the sound reached Vasudeva's ears
țipă ea până când sunetul a ajuns la urechile Vasudevei
Vasudeva quickly came and took the woman on his arms
Vasudeva a venit repede și a luat-o pe femeie în brațe
he carried her into the boat and the boy ran along
a cărat-o în barcă și băiatul a alergat
soon they reached the hut, where Siddhartha stood by the stove
în curând ajunseră la colibă, unde Siddhartha stătea lângă sobă
he was just lighting the fire
tocmai aprindea focul
He looked up and first saw the boy's face
Și-a ridicat privirea și a văzut prima dată fața băiatului
it wondrously reminded him of something
îi amintea în mod minunat de ceva
like a warning to remember something he had forgotten
ca un avertisment pentru a-și aminti ceva ce uitase
Then he saw Kamala, whom he instantly recognised
Apoi a văzut-o pe Kamala, pe care a recunoscut-o instantaneu
she lay unconscious in the ferryman's arms
zăcea inconștientă în brațele ferrymanului
now he knew that it was his own son
acum știa că era propriul său fiu
his son whose face had been such a warning reminder to him
fiul său al cărui chip îi fusese un asemenea reamintire
and the heart stirred in his chest
iar inima i se agita în piept
Kamala's wound was washed, but had already turned black
Rana lui Kamala a fost spălată, dar deja se înnegrise
and her body was swollen
iar corpul ei era umflat
she was made to drink a healing potion

a fost pusă să bea o poțiune vindecătoare
Her consciousness returned and she lay on Siddhartha's bed
Și-a revenit conștiința și s-a întins pe patul lui Siddhartha
Siddhartha stood over Kamala, who he used to love so much
Siddhartha stătea deasupra lui Kamala, pe care obișnuia să-l iubească atât de mult
It seemed like a dream to her
I s-a părut un vis
with a smile, she looked at her friend's face
zâmbind, se uită la chipul prietenei ei
slowly she realized her situation
încet și-a dat seama de situația ei
she remembered she had been bitten
își aminti că fusese mușcată
and she timidly called for her son
iar ea a chemat timid după fiul ei
"He's with you, don't worry," said Siddhartha
— E cu tine, nu-ți face griji, spuse Siddhartha
Kamala looked into his eyes
Kamala se uită în ochii lui
She spoke with a heavy tongue, paralysed by the poison
Vorbea cu o limbă grea, paralizată de otravă
"You've become old, my dear," she said
— Ai îmbătrânit, draga mea, spuse ea
"you've become gray," she added
„Ai devenit gri", a adăugat ea
"But you are like the young Samana, who came without clothes"
„Dar tu ești ca tânăra Samana, care a venit fără haine"
"you're like the Samana who came into my garden with dusty feet"
„Ești ca Samana care a intrat în grădina mea cu picioarele prăfuite"
"You are much more like him than you were when you left me"
„Ești mult mai asemănător cu el decât erai când m-ai părăsit"

"In the eyes, you're like him, Siddhartha"
„În ochi, ești ca el, Siddhartha"
"Alas, I have also grown old"
„Vai, și eu am îmbătrânit"
"could you still recognise me?"
„M-ai mai putea recunoaște?"
Siddhartha smiled, "Instantly, I recognised you, Kamala, my dear"
Siddhartha a zâmbit: „Instantaneu, te-am recunoscut, Kamala, draga mea"
Kamala pointed to her boy
Kamala arătă spre băiatul ei
"Did you recognise him as well?"
— L-ai recunoscut și pe el?
"He is your son," she confirmed
„Este fiul tău", a confirmat ea
Her eyes became confused and fell shut
Ochii ei au devenit confuzi și s-au închis
The boy wept and Siddhartha took him on his knees
Băiatul a plâns și Siddhartha l-a luat în genunchi
he let him weep and petted his hair
l-a lasat sa planga si i-a mangaiat parul
at the sight of the child's face, a Brahman prayer came to his mind
la vederea feței copilului, i-a venit în minte o rugăciune brahmană
a prayer which he had learned a long time ago
o rugăciune pe care o învățase cu mult timp în urmă
a time when he had been a little boy himself
o vreme când el însuși fusese un băiețel
Slowly, with a singing voice, he started to speak
Încet, cu o voce cântătoare, a început să vorbească
from his past and childhood, the words came flowing to him
din trecutul și copilăria lui, cuvintele îi veneau curgând
And with that song, the boy became calm
Și cu acel cântec, băiatul a devenit calm

- 223 -

he was only now and then uttering a sob
abia din când în când scotea un suspine
and finally he fell asleep
și în cele din urmă a adormit
Siddhartha placed him on Vasudeva's bed
Siddhartha l-a așezat pe patul lui Vasudeva
Vasudeva stood by the stove and cooked rice
Vasudeva a stat lângă aragaz și a gătit orez
Siddhartha gave him a look, which he returned with a smile
Siddhartha i-a aruncat o privire, pe care i-a revenit cu un zâmbet
"She'll die," Siddhartha said quietly
— O să moară, spuse Siddhartha încet
Vasudeva knew it was true, and nodded
Vasudeva știa că era adevărat și dădu din cap
over his friendly face ran the light of the stove's fire
peste chipul lui prietenos curgea lumina focului sobei
once again, Kamala returned to consciousness
încă o dată, Kamala a revenit la conștiință
the pain of the poison distorted her face
durerea otravii i-a distorsionat chipul
Siddhartha's eyes read the suffering on her mouth
Ochii Siddharthei i-au citit suferința pe gură
from her pale cheeks he could see that she was suffering
din obrajii ei palizi vedea că suferea
Quietly, he read the pain in her eyes
În liniște, el citi durerea din ochii ei
attentively, waiting, his mind become one with her suffering
atent, așteptând, mintea lui deveni una cu suferința ei
Kamala felt it and her gaze sought his eyes
Kamala a simțit asta și privirea ei i-a căutat ochii
Looking at him, she spoke
Privindu-l, ea a vorbit
"Now I see that your eyes have changed as well"
„Acum văd că și ochii tăi s-au schimbat"
"They've become completely different"

„Au devenit complet diferiți"
"what do I still recognise in you that is Siddhartha?
„Ce mai recunosc în tine că este Siddhartha?
"It's you, and it's not you"
„Tu ești și nu tu"
Siddhartha said nothing, quietly his eyes looked at hers
Siddhartha nu spuse nimic, în liniște ochii lui se uitară la ai ei
"You have achieved it?" she asked
— Ai reușit? întrebă ea
"You have found peace?"
— Ai găsit pacea?
He smiled and placed his hand on hers
El a zâmbit și și-a pus mâna pe a ei
"I'm seeing it" she said
„Văd", a spus ea
"I too will find peace"
"Si eu voi gasi pacea"
"You have found it," Siddhartha spoke in a whisper
— Ai găsit-o, spuse Siddhartha în șoaptă
Kamala never stopped looking into his eyes
Kamala nu înceta să se uite în ochii lui
She thought about her pilgrimage to Gotama
S-a gândit la pelerinajul ei la Gotama
the pilgrimage which she wanted to take
pelerinajul pe care voia să-l facă
in order to see the face of the perfected one
pentru a vedea chipul celui desăvârșit
in order to breathe his peace
pentru a-i respira pacea
but she had now found it in another place
dar acum o găsise în alt loc
and this she thought that was good too
și asta a crezut că e bine
it was just as good as if she had seen the other one
era la fel de bine de parcă l-ar fi văzut pe celălalt
She wanted to tell this to him

A vrut să-i spună asta
but her tongue no longer obeyed her will
dar limba ei nu mai asculta de voia ei
Without speaking, she looked at him
Fără să vorbească, se uită la el
he saw the life fading from her eyes
a văzut viața stingând din ochii ei
the final pain filled her eyes and made them grow dim
durerea finală îi umplea ochii și îi făcu să se estompeze
the final shiver ran through her limbs
fiorul final îi străbătu membrele
his finger closed her eyelids
degetul îi închise pleoapele

For a long time, he sat and looked at her peacefully dead face
Multă vreme, el a stat și i-a privit fața moartă liniștită
For a long time, he observed her mouth
Multă vreme îi observă gura
her old, tired mouth, with those lips, which had become thin
gura ei veche, obosită, cu buzele acelea, care deveniseră subțiri
he remembered he used to compare this mouth with a freshly cracked fig
își aminti că obișnuia să compare această gură cu o smochine proaspăt crăpate
this was in the spring of his years
asta era în primăvara anilor săi
For a long time, he sat and read the pale face
Multă vreme a stat și a citit fața palidă
he read the tired wrinkles
a citit ridurile obosite
he filled himself with this sight
s-a umplut de această priveliște
he saw his own face in the same manner
și-a văzut propriul chip în același mod
he saw his face was just as white

și-a văzut fața la fel de albă
he saw his face was just as quenched out
văzu că fața lui era la fel de stinsă
at the same time he saw his face and hers being young
în același timp văzu chipul lui și al ei fiind tineri
their faces with red lips and fiery eyes
fețele lor cu buze roșii și ochi de foc
the feeling of both being real at the same time
sentimentul că ambii sunt reale în același timp
the feeling of eternity completely filled every aspect of his being
sentimentul eternității a umplut complet fiecare aspect al ființei sale
in this hour he felt more deeply than than he had ever felt before
în această oră a simțit mai profund decât simțise vreodată
he felt the indestructibility of every life
a simțit indestructibilitatea fiecărei vieți
he felt the eternity of every moment
a simțit eternitatea fiecărei clipe
When he rose, Vasudeva had prepared rice for him
Când s-a ridicat, Vasudeva îi pregătise orez
But Siddhartha did not eat that night
Dar Siddhartha nu a mâncat în noaptea aceea
In the stable their goat stood
În grajd stătea capra lor
the two old men prepared beds of straw for themselves
cei doi bătrâni își pregătiră singuri paturi de paie
Vasudeva laid himself down to sleep
Vasudeva s-a culcat să doarmă
But Siddhartha went outside and sat before the hut
Dar Siddhartha a ieșit afară și s-a așezat în fața colibei
he listened to the river, surrounded by the past
a ascultat râul, înconjurat de trecut
he was touched and encircled by all times of his life at the same time

a fost atins și înconjurat de toate momentele vieții sale în același timp
occasionally he rose and he stepped to the door of the hut
din când în când se ridica și păși la ușa colibei
he listened whether the boy was sleeping
a ascultat dacă băiatul doarme

before the sun could be seen, Vasudeva came out of the stable
înainte ca soarele să poată fi văzut, Vasudeva a ieșit din grajd
he walked over to his friend
s-a dus la prietenul lui
"You haven't slept," he said
— N-ai dormit, spuse el
"No, Vasudeva. I sat here"
"Nu, Vasudeva. Am stat aici"
"I was listening to the river"
„Am ascultat râul"
"the river has told me a lot"
„râul mi-a spus multe"
"it has deeply filled me with the healing thought of oneness"
„M-a umplut profund cu gândul vindecător al unității"
"You've experienced suffering, Siddhartha"
„Ai experimentat suferință, Siddhartha"
"but I see no sadness has entered your heart"
„dar văd că nicio tristețe nu a intrat în inima ta"
"No, my dear, how should I be sad?"
— Nu, draga mea, cum să fiu trist?
"I, who have been rich and happy"
„Eu, care am fost bogat și fericit"
"I have become even richer and happier now"
„Am devenit și mai bogat și mai fericit acum"
"My son has been given to me"
„Fiul meu mi-a fost dat"
"Your son shall be welcome to me as well"
„Fiul tău va fi binevenit și la mine"

"But now, Siddhartha, let's get to work"
„Dar acum, Siddhartha, să trecem la treabă"
"there is much to be done"
„sunt multe de făcut"
"Kamala has died on the same bed on which my wife had died"
„Kamala a murit pe același pat pe care a murit soția mea"
"Let us build Kamala's funeral pile on the hill"
„Hai să construim grămada funerară a lui Kamala pe deal"
"the hill on which I my wife's funeral pile is"
„dealul pe care se află grămada funerară a soției mele"
While the boy was still asleep, they built the funeral pile
În timp ce băiatul încă dormea, au construit grămada de înmormântare

The Son
Fiul

Timid and weeping, the boy had attended his mother's funeral
Timid și plângător, băiatul asistase la înmormântarea mamei sale
gloomy and shy, he had listened to Siddhartha
posomorât și timid, îl ascultase pe Siddhartha
Siddhartha greeted him as his son
Siddhartha l-a salutat ca fiind fiul lui
he welcomed him at his place in Vasudeva's hut
l-a primit la el în coliba lui Vasudeva
Pale, he sat for many days by the hill of the dead
Palid, a stat multe zile lângă dealul morților
he did not want to eat
nu voia să mănânce
he did not look at anyone
nu se uita la nimeni
he did not open his heart
nu și-a deschis inima
he met his fate with resistance and denial
și-a întâlnit soarta cu rezistență și negare
Siddhartha spared giving him lessons
Siddhartha a scutit să-i dea lecții
and he let him do as he pleased
și l-a lăsat să facă cum voia
Siddhartha honoured his son's mourning
Siddhartha a onorat doliu fiului său
he understood that his son did not know him
a înțeles că fiul său nu-l cunoștea
he understood that he could not love him like a father
a înțeles că nu-l poate iubi ca pe un tată
Slowly, he also understood that the eleven-year-old was a pampered boy

Încet-încet, a înțeles și că copilul de unsprezece ani era un băiat răsfățat
he saw that he was a mother's boy
a văzut că era băiatul unei mame
he saw that he had grown up in the habits of rich people
a văzut că a crescut în obiceiurile oamenilor bogați
he was accustomed to finer food and a soft bed
era obișnuit cu mâncare mai fină și cu un pat moale
he was accustomed to giving orders to servants
era obișnuit să dea ordine servitorilor
the mourning child could not suddenly be content with a life among strangers
copilul în doliu nu se putea mulțumi brusc cu o viață printre străini
Siddhartha understood the pampered child would not willingly be in poverty
Siddhartha a înțeles că copilul răsfățat nu va fi de bunăvoie în sărăcie
He did not force him to do these these things
El nu l-a forțat să facă aceste lucruri
Siddhartha did many chores for the boy
Siddhartha a făcut multe treburi pentru băiat
he always saved the best piece of the meal for him
a păstrat întotdeauna cea mai bună bucată din masă pentru el
Slowly, he hoped to win him over, by friendly patience
Încet, spera să-l cucerească, printr-o răbdare prietenoasă
Rich and happy, he had called himself, when the boy had come to him
Bogat și fericit, își zisese el, când băiatul venise la el
Since then some time had passed
De atunci trecuse ceva timp
but the boy remained a stranger and in a gloomy disposition
dar băiatul a rămas străin și într-o dispoziție mohorâtă
he displayed a proud and stubbornly disobedient heart
a arătat o inimă mândră și neascultătoare
he did not want to do any work

nu voia să facă nicio treabă
he did not pay his respect to the old men
nu le-a adus respectul bătrânilor
he stole from Vasudeva's fruit-trees
a furat din pomii fructiferi ai Vasudevei
his son had not brought him happiness and peace
fiul său nu-i adusese fericire și pace
the boy had brought him suffering and worry
băiatul îi adusese suferință și îngrijorare
slowly Siddhartha began to understand this
încet Siddhartha a început să înțeleagă asta
But he loved him regardless of the suffering he brought him
Dar l-a iubit indiferent de suferința pe care i-a adus-o
he preferred the suffering and worries of love over happiness and joy without the boy
a preferat suferința și grijile dragostei decât fericirea și bucuria fără băiat
from when young Siddhartha was in the hut the old men had split the work
de când tânărul Siddhartha era în colibă, bătrânii împărțiseră munca
Vasudeva had again taken on the job of the ferryman
Vasudeva preluase din nou slujba de ferryman
and Siddhartha, in order to be with his son, did the work in the hut and the field
iar Siddhartha, pentru a fi cu fiul său, a făcut treaba la colibă și la câmp

for long months Siddhartha waited for his son to understand him
luni lungi Siddhartha a așteptat ca fiul său să-l înțeleagă
he waited for him to accept his love
a așteptat să-și accepte dragostea
and he waited for his son to perhaps reciprocate his love
și a așteptat ca fiul său să-și răspundă poate dragostea
For long months Vasudeva waited, watching

Luni lungi, Vasudeva a așteptat, privind
he waited and said nothing
a așteptat și nu a spus nimic
One day, young Siddhartha tormented his father very much
Într-o zi, tânărul Siddhartha și-a chinuit foarte mult tatăl
he had broken both of his rice-bowls
îi rupsese ambele boluri de orez
Vasudeva took his friend aside and talked to him
Vasudeva și-a luat prietenul deoparte și a vorbit cu el
"Pardon me," he said to Siddhartha
— Scuză-mă, i-a spus el lui Siddhartha
"from a friendly heart, I'm talking to you"
„din inimă prietenoasă, vorbesc cu tine"
"I'm seeing that you are tormenting yourself"
„Văd că te chinuiești"
"I'm seeing that you're in grief"
„Văd că ești în durere"
"Your son, my dear, is worrying you"
„Fiul tău, draga mea, te îngrijorează"
"and he is also worrying me"
„și mă îngrijorează și el"
"That young bird is accustomed to a different life"
„Acea tânără pasăre este obișnuită cu o viață diferită"
"he is used to living in a different nest"
„este obișnuit să trăiască într-un alt cuib"
"he has not, like you, run away from riches and the city"
„El nu a fugit, ca tine, de bogății și de oraș"
"he was not disgusted and fed up with the life in Sansara"
„nu era dezgustat și sătul de viața din Sansara"
"he had to do all these things against his will"
„a trebuit să facă toate aceste lucruri împotriva voinței lui"
"he had to leave all this behind"
„a trebuit să lase toate astea în urmă"
"I asked the river, oh friend"
„Am întrebat râul, oh, prietene"
"many times I have asked the river"

„De multe ori am întrebat râul"
"But the river laughs at all of this"
„Dar râul râde de toate astea"
"it laughs at me and it laughs at you"
„râde de mine și râde de tine"
"the river is shaking with laughter at our foolishness"
„râul se cutremură de râs de nebunia noastră"
"Water wants to join water as youth wants to join youth"
„Apa vrea să se alăture apei așa cum tinerii vor să se alăture tinerilor"
"your son is not in the place where he can prosper"
„fiul tău nu este în locul unde poate prospera"
"you too should ask the river"
„Ar trebui să întrebi și tu râul"
"you too should listen to it!"
„Ar trebui să asculți și tu!"
Troubled, Siddhartha looked into his friendly face
Tulburat, Siddhartha se uită la chipul lui prietenos
he looked at the many wrinkles in which there was incessant cheerfulness
se uită la multele riduri în care era o veselie neîncetată
"How could I part with him?" he said quietly, ashamed
„Cum aș putea să mă despart de el?" spuse el liniștit, rușinat
"Give me some more time, my dear"
"Lasa-mi mai mult timp, draga mea"
"See, I'm fighting for him"
"Vezi, lupt pentru el"
"I'm seeking to win his heart"
„Caut să-i câștig inima"
"with love and with friendly patience I intend to capture it"
„Cu dragoste și cu răbdare prietenoasă intenționez să-l surprind"
"One day, the river shall also talk to him"
„Într-o zi, râul va vorbi și cu el"
"he also is called upon"
„și el este chemat"

Vasudeva's smile flourished more warmly
Zâmbetul Vasudevei înflori mai cald
"Oh yes, he too is called upon"
"Oh, da, și el este chemat"
"he too is of the eternal life"
„și el este din viața veșnică"
"But do we, you and me, know what he is called upon to do?"
— Dar știm noi, tu și cu mine, ce este chemat să facă?
"we know what path to take and what actions to perform"
„știm ce cale să luăm și ce acțiuni să facem"
"we know what pain we have to endure"
„Știm ce durere trebuie să înduram"
"but does he know these things?"
„dar știe el aceste lucruri?"
"Not a small one, his pain will be"
„Nu este unul mic, durerea lui va fi"
"after all, his heart is proud and hard"
„La urma urmei, inima lui este mândră și dură"
"people like this have to suffer and err a lot"
„Oameni ca ăsta trebuie să sufere și să greșească mult"
"they have to do much injustice"
„trebuie să facă multă nedreptate"
"and they have burden themselves with much sin"
„și s-au împovărat cu mult păcat"
"Tell me, my dear," he asked of Siddhartha
„Spune-mi, draga mea", a întrebat el lui Siddhartha
"you're not taking control of your son's upbringing?"
„Nu preiei controlul asupra creșterii fiului tău?"
"You don't force him, beat him, or punish him?"
— Nu-l forțezi, nu-l bați sau nu-l pedepsești?
"No, Vasudeva, I don't do any of these things"
„Nu, Vasudeva, eu nu fac nimic din aceste lucruri"
"I knew it. You don't force him"
„Știam. Nu-l forțezi"
"you don't beat him and you don't give him orders"

"nu-l bati si nu-i dai ordine"
"because you know softness is stronger than hard"
„pentru că știi că moliciunea este mai puternică decât tare"
"you know water is stronger than rocks"
„Știi că apa este mai puternică decât pietrele"
"and you know love is stronger than force"
„Și știi că dragostea este mai puternică decât forța"
"Very good, I praise you for this"
„Foarte bine, te laud pentru asta"
"But aren't you mistaken in some way?"
— Dar nu te înșeli într-un fel?
"don't you think that you are forcing him?"
„Nu crezi că îl forțezi?"
"don't you perhaps punish him a different way?"
„Poate nu-l pedepsești altfel?"
"Don't you shackle him with your love?"
— Nu-l legați cu dragostea ta?
"Don't you make him feel inferior every day?"
— Nu-l faci să se simtă inferior în fiecare zi?
"doesn't your kindness and patience make it even harder for him?"
„Nu cumva bunătatea și răbdarea ta îi îngreunează și mai mult?"
"aren't you forcing him to live in a hut with two old banana-eaters?"
— Nu-l forțezi să locuiască într-o colibă cu doi bătrâni mâncători de banane?
"old men to whom even rice is a delicacy"
„bătrâni pentru care până și orezul este o delicatesă"
"old men whose thoughts can't be his"
„bătrâni ale căror gânduri nu pot fi ale lui"
"old men whose hearts are old and quiet"
„bătrâni ale căror inimi sunt bătrâne și liniștite"
"old men whose hearts beat in a different pace than his"
„bătrâni ale căror inimi bat într-un ritm diferit decât al lui"
"Isn't he forced and punished by all this?""

„Nu este forțat și pedepsit de toate acestea?"
Troubled, Siddhartha looked to the ground
Tulburat, Siddhartha privi în pământ
Quietly, he asked, "What do you think should I do?"
În liniște, a întrebat: „Ce crezi că ar trebui să fac?"
Vasudeva spoke, "Bring him into the city"
Vasudeva a spus: „Adu-l în oraș"
"bring him into his mother's house"
„adu-l în casa mamei sale"
"there'll still be servants around, give him to them"
„Vor mai fi servitori prin preajmă, dă-i-le"
"And if there aren't any servants, bring him to a teacher"
„Și dacă nu sunt servitori, adu-l la un profesor"
"but don't bring him to a teacher for teachings' sake"
„dar nu-l duce la un profesor de dragul învățăturilor"
"bring him to a teacher so that he is among other children"
„adu-l la un profesor ca să fie printre alți copii"
"and bring him to the world which is his own"
„și adu-l în lumea care este a lui"
"have you never thought of this?"
„Nu te-ai gândit niciodată la asta?"
"you're seeing into my heart," Siddhartha spoke sadly
„Tu vezi în inima mea", a spus Siddhartha cu tristețe
"Often, I have thought of this"
„Adesea, m-am gândit la asta"
"but how can I put him into this world?"
„dar cum să-l pun pe lumea asta?"
"Won't he become exuberant?"
— Nu va deveni exuberant?
"won't he lose himself to pleasure and power?"
„Nu se va pierde el însuși în plăcerea și puterea?"
"won't he repeat all of his father's mistakes?"
„Nu va repeta el toate greșelile tatălui său?"
"won't he perhaps get entirely lost in Sansara?"
„Nu se va pierde poate cu totul în Sansara?"
Brightly, the ferryman's smile lit up

Luminos, zâmbetul ferrymanului s-a luminat
softly, he touched Siddhartha's arm
încet, a atins brațul Siddharthei
"Ask the river about it, my friend!"
— Întreabă râul despre asta, prietene!
"Hear the river laugh about it!"
"Auzi râul râzând despre asta!"
"Would you actually believe that you had committed your foolish acts?
„Chiar ai crede că ai săvârșit faptele tale nebunești?
"in order to spare your son from committing them too"
„pentru a-l scuti pe fiul tău să nu le comită și"
"And could you in any way protect your son from Sansara?"
— Și ai putea în vreun fel să-ți protejezi fiul de Sansara?
"How could you protect him from Sansara?"
— Cum ai putut să-l protejezi de Sansara?
"By means of teachings, prayer, admonition?"
„Prin învățătură, rugăciune, îndemn?"
"My dear, have you entirely forgotten that story?"
— Draga mea, ai uitat cu totul povestea asta?
"the story containing so many lessons"
„povestea care conține atât de multe lecții"
"the story about Siddhartha, a Brahman's son"
„povestea despre Siddhartha, fiul unui Brahman"
"the story which you once told me here on this very spot?"
„Povestea pe care mi-ai spus-o cândva aici chiar în acest loc?"
"Who has kept the Samana Siddhartha safe from Sansara?"
„Cine l-a ținut pe Samana Siddhartha ferit de Sansara?"
"who has kept him from sin, greed, and foolishness?"
„cine l-a ferit de păcat, lăcomie și nebunie?"
"Were his father's religious devotion able to keep him safe?
„A fost devotamentul religios al tatălui său capabil să-l țină în siguranță?
"were his teacher's warnings able to keep him safe?"
„Au putut avertismentele profesorului său să-l țină în siguranță?"

"could his own knowledge keep him safe?"
„Ar putea propriile sale cunoștințe să-l țină în siguranță?"
"was his own search able to keep him safe?"
„A fost propria lui căutare în stare să-l țină în siguranță?"
"What father has been able to protect his son?"
„Ce tată a reușit să-și protejeze fiul?"
"what father could keep his son from living his life for himself?"
„Ce tată l-ar putea împiedica pe fiul său să-și trăiască viața pentru sine?"
"what teacher has been able to protect his student?"
"ce profesor a fost capabil să-și protejeze elevul?"
"what teacher can stop his student from soiling himself with life?"
„ce profesor își poate împiedica elevul să se murdărească cu viață?"
"who could stop him from burdening himself with guilt?"
„cine l-ar putea împiedica să se împovăreze cu vinovăție?"
"who could stop him from drinking the bitter drink for himself?"
„cine l-ar putea opri să bea băutura amară pentru el?"
"who could stop him from finding his path for himself?"
„cine l-ar putea împiedica să-și găsească singur calea?"
"did you think anybody could be spared from taking this path?"
"Credeai că cineva ar putea fi scutit de a merge pe această cale?"
"did you think that perhaps your little son would be spared?"
„Te-ai gândit că poate fiul tău cel mic va fi cruțat?"
"did you think your love could do all that?"
"Credeai că dragostea ta ar putea face toate astea?"
"did you think your love could keep him from suffering"
„Credeai că dragostea ta l-ar putea împiedica să sufere"
"did you think your love could protect him from pain and disappointment?

„Credeai că dragostea ta l-ar putea proteja de durere și dezamăgire?
"you could die ten times for him"
„Poți muri de zece ori pentru el"
"but you could take no part of his destiny upon yourself"
"dar nu ai putea lua nicio parte din destinul lui asupra ta"
Never before, Vasudeva had spoken so many words
Niciodată, Vasudeva nu rostise atâtea cuvinte
Kindly, Siddhartha thanked him
Cu amabilitate, Siddhartha i-a mulțumit
he went troubled into the hut
a intrat tulburat în colibă

he could not sleep for a long time
nu a putut dormi mult timp
Vasudeva had told him nothing he had not already thought and known
Vasudeva nu-i spusese nimic despre care să nu fi gândit și să nu știe deja
But this was a knowledge he could not act upon
Dar aceasta era o cunoaștere pe care nu putea acționa
stronger than knowledge was his love for the boy
mai puternică decât cunoașterea era dragostea lui pentru băiat
stronger than knowledge was his tenderness
mai puternică decât cunoașterea era tandrețea lui
stronger than knowledge was his fear to lose him
mai puternică decât cunoașterea era teama lui de a-l pierde
had he ever lost his heart so much to something?
își pierduse vreodată inima atât de mult pentru ceva?
had he ever loved any person so blindly?
iubise vreodată vreo persoană atât de orbește?
had he ever suffered for someone so unsuccessfully?
suferise vreodată pentru cineva atât de fără succes?
had he ever made such sacrifices for anyone and yet been so unhappy?

făcuse vreodată asemenea sacrificii pentru cineva și totuși fusese atât de nefericit?
Siddhartha could not heed his friend's advice
Siddhartha nu putea asculta sfatul prietenului său
he could not give up the boy
nu putea renunța la băiat
He let the boy give him orders
L-a lăsat pe băiat să-i dea ordine
he let him disregard him
l-a lăsat să-l desconsidere
He said nothing and waited
N-a spus nimic și a așteptat
daily, he attempted the struggle of friendliness
zilnic, a încercat lupta de prietenie
he initiated the silent war of patience
a inițiat războiul tăcut al răbdării
Vasudeva also said nothing and waited
Nici Vasudeva nu a spus nimic și a așteptat
They were both masters of patience
Amândoi erau stăpâni ai răbdării

one time the boy's face reminded him very much of Kamala
o dată, chipul băiatului îi amintea foarte mult de Kamala
Siddhartha suddenly had to think of something Kamala had once said
Siddhartha a trebuit brusc să se gândească la ceva ce spusese Kamala odată
"You cannot love" she had said to him
„Nu poți iubi", îi spusese ea
and he had agreed with her
iar el fusese de acord cu ea
and he had compared himself with a star
și se comparase cu o stea
and he had compared the childlike people with falling leaves
iar el comparase oamenii copilăresc cu frunzele care cădeau

but nevertheless, he had also sensed an accusation in that line
dar, cu toate acestea, simțise și o acuzație în acel rând
Indeed, he had never been able to love
Într-adevăr, nu reușise niciodată să iubească
he had never been able to devote himself completely to another person
nu reușise niciodată să se dedice complet altei persoane
he had never been able to to forget himself
nu reușise niciodată să se uite de sine
he had never been able to commit foolish acts for the love of another person
nu fusese niciodată în stare să comită acte nebunești din dragostea altei persoane
at that time it seemed to set him apart from the childlike people
la vremea aceea părea să-l deosebească de oamenii copilăresc
But ever since his son was here, Siddhartha also become a childlike person
Dar de când fiul său a fost aici, Siddhartha a devenit și o persoană copilărească
he was suffering for the sake of another person
suferea de dragul altei persoane
he was loving another person
iubea o altă persoană
he was lost to a love for someone else
a fost pierdut din cauza dragostei pentru altcineva
he had become a fool on account of love
devenise un prost din cauza dragostei
Now he too felt the strongest and strangest of all passions
Acum simțea și el cea mai puternică și mai ciudată dintre toate pasiunile
he suffered from this passion miserably
a suferit lamentabil de această pasiune
and he was nevertheless in bliss
și totuși era în fericire

he was nevertheless renewed in one respect
a fost totuși reînnoit într-o privință
he was enriched by this one thing
s-a îmbogățit cu acest singur lucru
He sensed very well that this blind love for his son was a passion
Simțea foarte bine că această dragoste oarbă pentru fiul său era o pasiune
he knew that it was something very human
știa că era ceva foarte uman
he knew that it was Sansara
știa că era Sansara
he knew that it was a murky source, dark waters
știa că era o sursă tulbure, ape întunecate
but he felt it was not worthless, but necessary
dar a simțit că nu este lipsit de valoare, ci necesar
it came from the essence of his own being
a venit din esența propriei sale ființe
This pleasure also had to be atoned for
Și această plăcere trebuia ispășită
this pain also had to be endured
trebuia suportată și această durere
these foolish acts also had to be committed
trebuiau să fie comise și aceste fapte nebunești
Through all this, the son let him commit his foolish acts
Prin toate acestea, fiul l-a lăsat să-și comită actele nebunești
he let him court for his affection
l-a lăsat să curteze pentru afecțiunea lui
he let him humiliate himself every day
îl lăsa să se umilească în fiecare zi
he gave in to the moods of his son
a cedat stărilor de spirit ale fiului său
his father had nothing which could have delighted him
tatăl lui nu avea nimic care să-l fi încântat
and he nothing that the boy feared
și el nimic de care băiatul se temea

He was a good man, this father
Era un om bun, acest tată
he was a good, kind, soft man
era un om bun, bun, blând
perhaps he was a very devout man
poate că era un om foarte devotat
perhaps he was a saint, the boy thought
poate că era un sfânt, se gândi băiatul
but all these attributes could not win the boy over
dar toate aceste atribute nu l-au putut cuceri pe băiat
He was bored by this father, who kept him imprisoned
S-a plictisit de acest tată, care l-a ținut închis
a prisoner in this miserable hut of his
prizonier în această colibă mizerabilă a lui
he was bored of him answering every naughtiness with a smile
s-a plictisit ca el sa raspunda la fiecare obraznicie cu un zambet
he didn't appreciate insults being responded to by friendliness
nu a apreciat ca insultele să fie răspunse de prietenie
he didn't like viciousness returned in kindness
nu-i plăcea răutatea revenită în bunătate
this very thing was the hated trick of this old sneak
chiar acest lucru a fost trucul urât al acestui vechi furiș
Much more the boy would have liked it if he had been threatened by him
Băiatului i-ar fi plăcut mult mai mult dacă ar fi fost amenințat de el
he wanted to be abused by him
voia să fie abuzat de el

A day came when young Siddhartha had had enough
A venit o zi în care tânărul Siddhartha se săturase
what was on his mind came bursting forth
ce avea în minte a izbucnit

and he openly turned against his father
și s-a întors deschis împotriva tatălui său
Siddhartha had given him a task
Siddhartha îi dăduse o sarcină
he had told him to gather brushwood
îi spusese să adune tufișuri
But the boy did not leave the hut
Dar băiatul nu a părăsit coliba
in stubborn disobedience and rage, he stayed where he was
în încăpățânare neascultare și furie, a rămas acolo unde era
he thumped on the ground with his feet
a bătut cu picioarele în pământ
he clenched his fists and screamed in a powerful outburst
își strânse pumnii și țipă într-un izbucnire puternică
he screamed his hatred and contempt into his father's face
își țipă ura și disprețul în fața tatălui său
"Get the brushwood for yourself!" he shouted, foaming at the mouth
— Ia tu tușul! strigă el făcând spume la gură
"I'm not your servant"
„Nu sunt servitorul tău"
"I know that you won't hit me, you wouldn't dare"
„Știu că nu mă vei lovi, nu ai îndrăzni"
"I know that you constantly want to punish me"
„Știu că mereu vrei să mă pedepsești"
"you want to put me down with your religious devotion and your indulgence"
„Vrei să mă oprești cu devotamentul tău religios și îngăduința ta"
"You want me to become like you"
„Vrei să devin ca tine"
"you want me to be just as devout, soft, and wise as you"
„Vrei să fiu la fel de devotat, moale și înțelept ca tine"
"but I won't do it, just to make you suffer"
"dar nu o voi face, doar ca sa te fac sa suferi"

"I would rather become a highway-robber than be as soft as you"
"Aș prefera să devin un tâlhar de autostrăzi decât să fiu la fel de blând ca tine"
"I would rather be a murderer than be as wise as you"
"Aș prefera să fiu un criminal decât să fiu la fel de înțelept ca tine"
"I would rather go to hell, than to become like you!"
"Aș prefera să merg în iad, decât să devin ca tine!"
"I hate you, you're not my father
"Te urăsc, nu ești tatăl meu
"even if you've slept with my mother ten times, you are not my father!"
"Chiar dacă te-ai culcat cu mama mea de zece ori, nu ești tatăl meu!"
Rage and grief boiled over in him
Furia și durerea au fiert în el
he foamed at his father in a hundred savage and evil words
a făcut spume la tatăl său cu o sută de cuvinte sălbatice și rele
Then the boy ran away into the forest
Apoi băiatul a fugit în pădure
it was late at night when the boy returned
era noaptea târziu când băiatul s-a întors
But the next morning, he had disappeared
Dar a doua zi dimineață, el dispăruse
What had also disappeared was a small basket
Ceea ce dispăruse, de asemenea, era un mic coș
the basket in which the ferrymen kept those copper and silver coins
coșul în care bărbații țineau acele monede de aramă și argint
the coins which they received as a fare
monedele pe care le-au primit drept tarif
The boat had also disappeared
Barca dispăruse și ea
Siddhartha saw the boat lying by the opposite bank
Siddhartha a văzut barca întinsă pe malul opus

Siddhartha had been shivering with grief
Siddhartha tremurase de durere
the ranting speeches the boy had made touched him
discursurile răvășitoare pe care le rostise băiatul l-au atins
"I must follow him," said Siddhartha
— Trebuie să-l urmăresc, spuse Siddhartha
"A child can't go through the forest all alone, he'll perish"
„Un copil nu poate trece prin pădure singur, va pieri"
"We must build a raft, Vasudeva, to get over the water"
„Trebuie să facem o plută, Vasudeva, ca să trecem peste apă"
"We will build a raft" said Vasudeva
„Vom construi o plută", a spus Vasudeva
"we will build it to get our boat back"
„O vom construi pentru a ne recupera barca"
"But you shall not run after your child, my friend"
„Dar să nu alergi după copilul tău, prietene"
"he is no child anymore"
"nu mai este copil"
"he knows how to get around"
„știe cum să se deplaseze"
"He's looking for the path to the city"
„El caută calea către oraș"
"and he is right, don't forget that"
"și are dreptate, nu uita asta"
"he's doing what you've failed to do yourself"
„El face ceea ce tu nu ai reușit să faci"
"he's taking care of himself"
"are grija de el"
"he's taking his course for himself"
„își ia cursul pentru el însuși"
"Alas, Siddhartha, I see you suffering"
„Vai, Siddhartha, te văd suferind"
"but you're suffering a pain at which one would like to laugh"
„dar suferi de o durere de care cineva ar vrea să râdă"
"you're suffering a pain at which you'll soon laugh yourself"

„Suferi o durere de care vei râde și tu în curând"
Siddhartha did not answer his friend
Siddhartha nu i-a răspuns prietenului său
He already held the axe in his hands
Deja ținea securea în mâini
and he began to make a raft of bamboo
și a început să facă o plută de bambus
Vasudeva helped him to tie the canes together with ropes of grass
Vasudeva l-a ajutat să lege bastonul împreună cu funii de iarbă
When they crossed the river they drifted far off their course
Când au traversat râul, au plecat departe de cursul lor
they pulled the raft upriver on the opposite bank
au tras pluta în sus, pe malul opus
"Why did you take the axe along?" asked Siddhartha
— De ce ai luat toporul? întrebă Siddhartha
"It might have been possible that the oar of our boat got lost"
„Ar fi fost posibil ca vâsla bărcii noastre să se fi pierdut"
But Siddhartha knew what his friend was thinking
Dar Siddhartha știa la ce gândește prietenul său
He thought, the boy would have thrown away the oar
Se gândi, băiatul ar fi aruncat vâsla
in order to get some kind of revenge
pentru a obține un fel de răzbunare
and in order to keep them from following him
iar pentru a-i împiedica să-l urmeze
And in fact, there was no oar left in the boat
Și, de fapt, nu mai era nicio vâslă în barcă
Vasudeva pointed to the bottom of the boat
Vasudeva arătă spre fundul bărcii
and he looked at his friend with a smile
și s-a uitat la prietenul său zâmbind
he smiled as if he wanted to say something
a zâmbit de parcă ar fi vrut să spună ceva
"Don't you see what your son is trying to tell you?"

— Nu vezi ce încearcă să-ţi spună fiul tău?
"Don't you see that he doesn't want to be followed?"
— Nu vezi că nu vrea să fie urmărit?
But he did not say this in words
Dar nu a spus asta în cuvinte
He started making a new oar
A început să facă o vâslă nouă
But Siddhartha bid his farewell, to look for the run-away
Dar Siddhartha şi-a luat rămas bun, pentru a-l căuta pe fugar
Vasudeva did not stop him from looking for his child
Vasudeva nu l-a împiedicat să-şi caute copilul

Siddhartha had been walking through the forest for a long time
Siddhartha se plimba de mult prin pădure
the thought occurred to him that his search was useless
i-a venit gândul că căutarea lui era inutilă
Either the boy was far ahead and had already reached the city
Fie băiatul era mult înainte şi ajunsese deja în oraş
or he would conceal himself from him
sau s-ar ascunde de el
he continued thinking about his son
a continuat să se gândească la fiul său
he found that he was not worried for his son
a constatat că nu era îngrijorat pentru fiul său
he knew deep inside that he had not perished
ştia în adâncul sufletului că nu pierise
nor was he in any danger in the forest
nici nu era în pericol în pădure
Nevertheless, he ran without stopping
Cu toate acestea, a fugit fără oprire
he was not running to save him
nu alerga să-l salveze
he was running to satisfy his desire
alerga să-şi satisfacă dorinţa

he wanted to perhaps see him one more time
ar fi vrut să-l mai vadă poate o dată
And he ran up to just outside of the city
Și a fugit până în afara orașului
When, near the city, he reached a wide road
Când, în apropierea orașului, a ajuns la un drum larg
he stopped, by the entrance of the beautiful pleasure-garden
se opri, la intrarea frumoasei grădini de plăcere
the garden which used to belong to Kamala
grădina care obișnuia a aparținut lui Kamala
the garden where he had seen her for the first time
grădina în care o văzuse pentru prima dată
when she was sitting in her sedan-chair
când stătea în scaunul ei sedan
The past rose up in his soul
Trecutul s-a ridicat în sufletul lui
again, he saw himself standing there
din nou, s-a văzut stând acolo
a young, bearded, naked Samana
o Samana tânără, cu barbă, goală
his hair hair was full of dust
părul lui era plin de praf
For a long time, Siddhartha stood there
Multă vreme, Siddhartha a stat acolo
he looked through the open gate into the garden
se uită prin poarta deschisă în grădină
he saw monks in yellow robes walking among the beautiful trees
a văzut călugări în haine galbene mergând printre copacii frumoși
For a long time, he stood there, pondering
Multă vreme a stat acolo, gândindu-se
he saw images and listened to the story of his life
a văzut imagini și a ascultat povestea vieții sale
For a long time, he stood there looking at the monks
Multă vreme a stat acolo uitându-se la călugări

he saw young Siddhartha in their place
l-a văzut pe tânărul Siddhartha în locul lor
he saw young Kamala walking among the high trees
a văzut-o pe tânăra Kamala mergând printre copacii înalți
Clearly, he saw himself being served food and drink by Kamala
În mod clar, el s-a văzut primind mâncare și băutură de către Kamala
he saw himself receiving his first kiss from her
se văzu primind primul sărut de la ea
he saw himself looking proudly and disdainfully back on his life as a Brahman
s-a văzut privind cu mândrie și dispreț înapoi asupra vieții sale de Brahman
he saw himself beginning his worldly life, proudly and full of desire
s-a văzut începându-și viața lumească, mândru și plin de dorință
He saw Kamaswami, the servants, the orgies
A văzut pe Kamaswami, servitorii, orgiile
he saw the gamblers with the dice
i-a văzut pe jucători cu zarurile
he saw Kamala's song-bird in the cage
a văzut în cușcă pasărea cântătoare a lui Kamala
he lived through all this again
a trăit din nou toate acestea
he breathed Sansara and was once again old and tired
a respirat pe Sansara și a fost din nou bătrân și obosit
he felt the disgust and the wish to annihilate himself again
a simțit dezgustul și dorința de a se anihila din nou
and he was healed again by the holy Om
iar el a fost vindecat din nou de sfântul Om
for a long time Siddhartha had stood by the gate
multă vreme Siddhartha stătuse lângă poartă
he realised his desire was foolish
și-a dat seama că dorința lui era o prostie

he realized it was foolishness which had made him go up to this place
și-a dat seama că prostia îl făcuse să urce în acest loc
he realized he could not help his son
și-a dat seama că nu-și poate ajuta fiul
and he realized that he was not allowed to cling to him
și și-a dat seama că nu avea voie să se agațe de el
he felt the love for the run-away deeply in his heart
a simțit dragostea pentru fugar adânc în inima lui
the love for his son felt like a wound
dragostea pentru fiul său se simțea ca o rană
but this wound had not been given to him in order to turn the knife in it
dar această rană nu-i fusese dată ca să întoarcă cuțitul în ea
the wound had to become a blossom
rana trebuia să devină o floare
and his wound had to shine
iar rana lui trebuia să strălucească
That this wound did not blossom or shine yet made him sad
Că această rană nu a înflorit și nici nu a strălucit încă l-a întristat
Instead of the desired goal, there was emptiness
În loc de scopul dorit, a fost gol
emptiness had drawn him here, and sadly he sat down
golul îl atrase aici și, cu tristețe, s-a așezat
he felt something dying in his heart
a simțit ceva murind în inima lui
he experienced emptiness and saw no joy any more
a experimentat golul și nu a mai văzut bucurie
there was no goal for which to aim for
nu exista niciun scop spre care să țintească
He sat lost in thought and waited
Stătea pierdut în gânduri și aștepta
This he had learned by the river
Asta învățase la râu
waiting, having patience, listening attentively

așteptând, având răbdare, ascultând cu atenție
And he sat and listened, in the dust of the road
Și a stat și a ascultat, în praful drumului
he listened to his heart, beating tiredly and sadly
își asculta inima bătând obosit și trist
and he waited for a voice
și a așteptat o voce
Many an hour he crouched, listening
De multe ore s-a ghemuit, ascultând
he saw no images any more
nu mai vedea imagini
he fell into emptiness and let himself fall
a căzut în gol și s-a lăsat să cadă
he could see no path in front of him
nu vedea nicio cale în fața lui
And when he felt the wound burning, he silently spoke the Om
Și când a simțit rana arzând, a rostit în tăcere Om
he filled himself with Om
s-a umplut cu Om
The monks in the garden saw him
L-au văzut călugării din grădină
dust was gathering on his gray hair
se aduna praful pe părul cărunt
since he crouched for many hours, one of monks placed two bananas in front of him
de vreme ce s-a ghemuit multe ore, unul dintre călugări i-a pus în față două banane
The old man did not see him
Bătrânul nu l-a văzut

From this petrified state, he was awoken by a hand touching his shoulder
Din această stare pietrificată, a fost trezit de o mână care i-a atins umărul
Instantly, he recognised this tender bashful touch

Instantaneu, recunoscu această atingere tandră și timidă
Vasudeva had followed him and waited
Vasudeva îl urmase și așteptase
he regained his senses and rose to greet Vasudeva
și-a recăpătat simțirile și s-a ridicat pentru a o saluta pe Vasudeva
he looked into Vasudeva's friendly face
se uită în chipul prietenos al lui Vasudeva
he looked into the small wrinkles
se uită în micile riduri
his wrinkles were as if they were filled with nothing but his smile
ridurile lui erau de parcă nu erau pline decât de zâmbetul lui
he looked into the happy eyes, and then he smiled too
s-a uitat în ochii fericiți, apoi a zâmbit și el
Now he saw the bananas lying in front of him
Acum a văzut bananele întinse în fața lui
he picked the bananas up and gave one to the ferryman
a luat bananele și i-a dat una feribotului
After eating the bananas, they silently went back into the forest
După ce au mâncat bananele, s-au întors în tăcere în pădure
they returned home to the ferry
s-au întors acasă la feribot
Neither one talked about what had happened that day
Nici unul nu a vorbit despre ceea ce s-a întâmplat în acea zi
neither one mentioned the boy's name
niciunul nu a pomenit numele băiatului
neither one spoke about him running away
niciunul nu a vorbit despre el a fugit
neither one spoke about the wound
nici unul nu a vorbit despre rană
In the hut, Siddhartha lay down on his bed
În colibă, Siddhartha s-a întins pe patul lui
after a while Vasudeva came to him
după un timp a venit Vasudeva la el

he offered him a bowl of coconut-milk
i-a oferit un castron cu lapte de cocos
but he was already asleep
dar dormea deja

Om

For a long time the wound continued to burn
Multă vreme rana a continuat să ardă
Siddhartha had to ferry many travellers across the river
Siddhartha a trebuit să transporte mulți călători peste râu
many of the travellers were accompanied by a son or a daughter
mulți dintre călători erau însoțiți de un fiu sau o fiică
and he saw none of them without envying them
și n-a văzut pe niciunul dintre ei fără să-i invidieze
he couldn't see them without thinking about his lost son
nu le putea vedea fără să se gândească la fiul său pierdut
"So many thousands possess the sweetest of good fortunes"
„Atât de multe mii posedă cel mai dulce dintre norocul"
"why don't I also possess this good fortune?"
„De ce nu am și eu acest noroc?"
"even thieves and robbers have children and love them"
„Chiar și hoții și tâlharii au copii și îi iubesc"
"and they are being loved by their children"
„și sunt iubiți de copiii lor"
"all are loved by their children except for me"
„toți sunt iubiți de copiii lor, cu excepția mea"
he now thought like the childlike people, without reason
gândea acum ca oamenii copilăresc, fără motiv
he had become one of the childlike people
devenise unul dintre oamenii copilăresc
he looked upon people differently than before
privea oamenii altfel decât înainte
he was less smart and less proud of himself
era mai puțin deștept și mai puțin mândru de el însuși
but instead, he was warmer and more curious
dar, în schimb, era mai cald și mai curios
when he ferried travellers, he was more involved than before

când transporta cu feribotul călători, era mai implicat decât înainte
childlike people, businessmen, warriors, women
oameni copii, oameni de afaceri, războinici, femei
these people did not seem alien to him, as they used to
aceşti oameni nu i se păreau străini, aşa cum obişnuiau
he understood them and shared their life
i-a înţeles şi le-a împărtăşit viaţa
a life which was not guided by thoughts and insight
o viaţă care nu a fost ghidată de gânduri şi perspicacitate
but a life guided solely by urges and wishes
ci o viaţă călăuzită numai de îndemnuri şi dorinţe
he felt like the the childlike people
se simţea ca oamenii copilăresc
he was bearing his final wound
îşi purta rana finală
he was nearing perfection
era aproape de perfecţiune
but the childlike people still seemed like his brothers
dar oamenii copilăresc încă păreau fraţii lui
their vanities, desires for possession were no longer ridiculous to him
vanităţile lor, dorinţele de stăpânire nu mai erau ridicole pentru el
they became understandable and lovable
au devenit inteligibili si iubitori
they even became worthy of veneration to him
chiar au devenit vrednici de venerare pentru el
The blind love of a mother for her child
Dragostea oarbă a unei mame pentru copilul ei
the stupid, blind pride of a conceited father for his only son
mândria proastă şi oarbă a unui tată vanitos pentru singurul său fiu
the blind, wild desire of a young, vain woman for jewellery
dorinţa oarbă şi sălbatică a unei femei tinere şi zadarnice pentru bijuterii

her wish for admiring glances from men
dorința ei de priviri admirative ale bărbaților
all of these simple urges were not childish notions
toate aceste îndemnuri simple nu erau noțiuni copilărești
but they were immensely strong, living, and prevailing urges
dar erau îndemnuri extraordinar de puternice, vii și predominante
he saw people living for the sake of their urges
a văzut oameni trăind de dragul îndemnurilor lor
he saw people achieving rare things for their urges
a văzut oameni realizând lucruri rare pentru îndemnurile lor
travelling, conducting wars, suffering
călătorind, ducând războaie, suferind
they bore an infinite amount of suffering
au suportat o cantitate infinită de suferință
and he could love them for it, because he saw life
și i-a putut iubi pentru asta, pentru că a văzut viața
that what is alive was in each of their passions
că ceea ce este viu era în fiecare din pasiunile lor
that what is is indestructible was in their urges, the Brahman
că ceea ce este este indestructibil era în îndemnurile lor, Brahmanul
these people were worthy of love and admiration
acești oameni erau demni de dragoste și admirație
they deserved it for their blind loyalty and blind strength
au meritat-o pentru loialitatea lor oarbă și puterea oarbă
there was nothing that they lacked
nu le lipsea nimic
Siddhartha had nothing which would put him above the rest, except one thing
Siddhartha nu avea nimic care să-l pună deasupra celorlalți, cu excepția unui singur lucru
there still was a small thing he had which they didn't
mai era un lucru mic pe care ei nu îl aveau
he had the conscious thought of the oneness of all life

avea gândul conștient la unitatea întregii vieți
but Siddhartha even doubted whether this knowledge should be valued so highly
dar Siddhartha se îndoia chiar dacă această cunoaștere ar trebui apreciată atât de mult
it might also be a childish idea of the thinking people
ar putea fi, de asemenea, o idee copilărească a oamenilor care gândesc
the worldly people were of equal rank to the wise men
oamenii lumești erau de rang egal cu înțelepții
animals too can in some moments seem to be superior to humans
și animalele pot părea în unele momente a fi superioare oamenilor
they are superior in their tough, unrelenting performance of what is necessary
sunt superiori în performanța lor dură și neînduplecată a ceea ce este necesar
an idea slowly blossomed in Siddhartha
o idee a înflorit încet în Siddhartha
and the idea slowly ripened in him
iar ideea s-a copt încet în el
he began to see what wisdom actually was
a început să vadă ce era de fapt înțelepciunea
he saw what the goal of his long search was
a văzut care era scopul lungi sale căutări
his search was nothing but a readiness of the soul
căutarea lui nu era altceva decât o pregătire a sufletului
a secret art to think every moment, while living his life
o artă secretă de a gândi în fiecare moment, în timp ce își trăiește viața
it was the thought of oneness
era gândul la unitate
to be able to feel and inhale the oneness
pentru a putea simți și inspira unitatea
Slowly this awareness blossomed in him

Încet, această conștientizare a înflorit în el
it was shining back at him from Vasudeva's old, childlike face
îi strălucea din chipul bătrân, copilăresc al lui Vasudeva
harmony and knowledge of the eternal perfection of the world
armonie și cunoaștere a perfecțiunii eterne a lumii
smiling and to be part of the oneness
zâmbind și de a fi parte a unității
But the wound still burned
Dar rana încă ardea
longingly and bitterly Siddhartha thought of his son
Siddhartha se gândi cu dor și amar la fiul său
he nurtured his love and tenderness in his heart
și-a hrănit dragostea și tandrețea în inima lui
he allowed the pain to gnaw at him
a lăsat durerea să-l roadă
he committed all foolish acts of love
a săvârșit toate actele de dragoste nebunești
this flame would not go out by itself
această flacără nu s-ar stinge de la sine

one day the wound burned violently
într-o zi rana a ars violent
driven by a yearning, Siddhartha crossed the river
mânat de un dor, Siddhartha a traversat râul
he got off the boat and was willing to go to the city
a coborât din barcă și a fost dispus să meargă în oraș
he wanted to look for his son again
voia să-și caute din nou fiul
The river flowed softly and quietly
Râul curgea încet și liniștit
it was the dry season, but its voice sounded strange
era sezonul uscat, dar vocea lui suna ciudat
it was clear to hear that the river laughed
era clar să se audă că râul râdea

it laughed brightly and clearly at the old ferryman
râdea strălucitor şi limpede de bătrânul ferryman
he bent over the water, in order to hear even better
s-a aplecat peste apă, ca să audă şi mai bine
and he saw his face reflected in the quietly moving waters
şi şi-a văzut chipul reflectat în apele care se mişcau liniştit
in this reflected face there was something
în acest chip reflectat era ceva
something which reminded him, but he had forgotten
ceva care îi amintea, dar uitase
as he thought about it, he found it
pe măsură ce se gândea la asta, l-a găsit
this face resembled another face which he used to know and love
acest chip semăna cu o altă faţă pe care obişnuia să-l cunoască şi să-l iubească
but he also used to fear this face
dar obişnuia să se teamă şi de această faţă
It resembled his father's face, the Brahman
Semăna cu chipul tatălui său, Brahmanul
he remembered how he had forced his father to let him go
îşi amintea cum îşi forţase tatăl să-l dea drumul
he remembered how he had bid his farewell to him
îşi aminti cum îşi luase rămas bun de la el
he remembered how he had gone and had never come back
îşi aminti cum plecase şi nu se mai întorsese niciodată
Had his father not also suffered the same pain for him?
Nu suferise şi tatăl său aceeaşi durere pentru el?
was his father's pain not the pain Siddhartha is suffering now?
nu era durerea tatălui său durerea pe care Siddhartha o suferă acum?
Had his father not long since died?
Tatăl lui nu murise de mult?
had he died without having seen his son again?
murise fără să-şi fi revăzut fiul?

Did he not have to expect the same fate for himself?
Nu trebuia să se aștepte la aceeași soartă pentru el?
Was it not a comedy in a fateful circle?
Nu a fost o comedie într-un cerc fatidic?
The river laughed about all of this
Râul a râs de toate acestea
everything came back which had not been suffered
s-a întors tot ce nu fusese suferit
everything came back which had not been solved
a revenit tot ce nu fusese rezolvat
the same pain was suffered over and over again
aceeași durere a fost suferită din nou și din nou
Siddhartha went back into the boat
Siddhartha se întoarse în barcă
and he returned back to the hut
și s-a întors înapoi la colibă
he was thinking of his father and of his son
se gândea la tatăl său și la fiul său
he thought of having been laughed at by the river
s-a gândit că a fost râs de râu
he was at odds with himself and tending towards despair
era în dezacord cu el însuși și tindea spre disperare
but he was also tempted to laugh
dar era și tentat să râdă
he could laugh at himself and the entire world
putea râde de el însuși și de întreaga lume
Alas, the wound was not blossoming yet
Din păcate, rana nu înflorise încă
his heart was still fighting his fate
inima lui încă se lupta cu soarta
cheerfulness and victory were not yet shining from his suffering
veselia și victoria nu străluceau încă din suferința lui
Nevertheless, he felt hope along with the despair
Cu toate acestea, a simțit speranță împreună cu disperarea

once he returned to the hut he felt an undefeatable desire to open up to Vasudeva
odată ce s-a întors la colibă a simțit o dorință de neînvins să se deschidă către Vasudeva
he wanted to show him everything
voia să-i arate totul
he wanted to say everything to the master of listening
voia să-i spună totul maestrului ascultării

Vasudeva was sitting in the hut, weaving a basket
Vasudeva stătea în colibă, țesând un coș
He no longer used the ferry-boat
Nu a mai folosit feribotul
his eyes were starting to get weak
ochii lui începeau să slăbească
his arms and hands were getting weak as well
brațele și mâinile lui deveneau și ele slabe
only the joy and cheerful benevolence of his face was unchanging
numai bucuria și bunăvoința veselă a feței lui erau neschimbate
Siddhartha sat down next to the old man
Siddhartha se așeză lângă bătrân
slowly, he started talking about what they had never spoke about
încet, a început să vorbească despre ceea ce nu vorbiseră niciodată
he told him of his walk to the city
i-a povestit de mersul pe care a făcut-o până la oraș
he told at him of the burning wound
i-a povestit despre rana arzătoare
he told him about the envy of seeing happy fathers
i-a povestit despre invidia de a vedea tați fericiți
his knowledge of the foolishness of such wishes
cunoașterea lui despre nebunia unor astfel de dorințe
his futile fight against his wishes

lupta sa zadarnică împotriva dorințelor sale
he was able to say everything, even the most embarrassing parts
a fost în stare să spună totul, chiar și cele mai jenante părți
he told him everything he could tell him
i-a spus tot ce putea să-i spună
he showed him everything he could show him
i-a arătat tot ce putea să-i arate
He presented his wound to him
I-a prezentat rana
he also told him how he had fled today
i-a povestit și cum a fugit astăzi
he told him how he ferried across the water
i-a povestit cum a traversat apa
a childish run-away, willing to walk to the city
o fugară copilărească, dispusă să meargă până la oraș
and he told him how the river had laughed
și i-a spus cum râsese râul
he spoke for a long time
a vorbit mult timp
Vasudeva was listening with a quiet face
Vasudeva asculta cu un chip liniștit
Vasudeva's listening gave Siddhartha a stronger sensation than ever before
Ascultarea lui Vasudeva i-a dat lui Siddhartha o senzație mai puternică decât oricând
he sensed how his pain and fears flowed over to him
a simțit cum durerea și temerile îi curgeau asupra lui
he sensed how his secret hope flowed over him
a simțit cum nădejdea lui secretă curgea peste el
To show his wound to this listener was the same as bathing it in the river
A-și arăta rana acestui ascultător era același lucru cu a o scălda în râu
the river would have cooled Siddhartha's wound
râul ar fi răcit rana lui Siddhartha

the quiet listening cooled Siddhartha's wound
ascultarea liniştită a răcorit rana lui Siddhartha
it cooled him until he become one with the river
l-a răcorit până a devenit una cu râul
While he was still speaking, still admitting and confessing
În timp ce el încă vorbea, încă recunoaşte şi mărturisea
Siddhartha felt more and more that this was no longer Vasudeva
Siddhartha simţea din ce în ce mai mult că aceasta nu mai era Vasudeva
it was no longer a human being who was listening to him
nu mai era o fiinţă umană care îl asculta
this motionless listener was absorbing his confession into himself
acest ascultător nemişcat îşi absorbea mărturisirea în sine
this motionless listener was like a tree the rain
acest ascultător nemişcat era ca un copac ploaia
this motionless man was the river itself
acest om nemişcat era râul însuşi
this motionless man was God himself
acest om nemişcat era Dumnezeu însuşi
the motionless man was the eternal itself
omul nemişcat era eternul însuşi
Siddhartha stopped thinking of himself and his wound
Siddhartha a încetat să se mai gândească la el şi la rana lui
this realisation of Vasudeva's changed character took possession of him
această conştientizare a caracterului schimbat al lui Vasudeva a pus stăpânire pe el
and the more he entered into it, the less wondrous it became
şi cu cât intra mai mult în ea, cu atât devenea mai puţin minunat
the more he realised that everything was in order and natural
cu atât mai mult îşi dădea seama că totul era în ordine şi firesc

he realised that Vasudeva had already been like this for a long time
îşi dădu seama că Vasudeva era deja aşa de multă vreme
he had just not quite recognised it yet
pur şi simplu nu o recunoscuse încă deloc
yes, he himself had almost reached the same state
da, el însuşi aproape ajunsese în aceeaşi stare
He felt, that he was now seeing old Vasudeva as the people see the gods
A simţit că acum o vede pe bătrâna Vasudeva aşa cum îi văd oamenii pe zei
and he felt that this could not last
şi a simţit că asta nu poate dura
in his heart, he started bidding his farewell to Vasudeva
în inima lui, a început să-şi ia rămas bun de la Vasudeva
Throughout all this, he talked incessantly
De-a lungul tuturor acestor lucruri, a vorbit necontenit
When he had finished talking, Vasudeva turned his friendly eyes at him
Când a terminat de vorbit, Vasudeva şi-a întors privirea prietenoasă spre el
the eyes which had grown slightly weak
ochii care slăbiseră uşor
he said nothing, but let his silent love and cheerfulness shine
nu spuse nimic, dar lăsa să-i strălucească iubirea tăcută şi veselia
his understanding and knowledge shone from him
înţelegerea şi cunoştinţele lui au strălucit din el
He took Siddhartha's hand and led him to the seat by the bank
L-a luat de mână pe Siddhartha şi l-a condus la locul de lângă mal
he sat down with him and smiled at the river
s-a aşezat cu el şi a zâmbit râului
"You've heard it laugh," he said

— L-ai auzit râzând, spuse el
"But you haven't heard everything"
„Dar nu ai auzit totul"
"Let's listen, you'll hear more"
„Hai să ascultăm, vei auzi mai multe"
Softly sounded the river, singing in many voices
Râul suna încet, cântând cu multe voci
Siddhartha looked into the water
Siddhartha se uită în apă
images appeared to him in the moving water
i-au apărut imagini în apa în mişcare
his father appeared, lonely and mourning for his son
a apărut tatăl său, singur şi doliu pentru fiul său
he himself appeared in the moving water
el însuşi a apărut în apa în mişcare
he was also being tied with the bondage of yearning to his distant son
era, de asemenea, legat de robia dorului de fiul său îndepărtat
his son appeared, lonely as well
a apărut fiul său, singuratic şi el
the boy, greedily rushing along the burning course of his young wishes
băiatul, repezindu-se lacom pe cursul arzător al tinerelor sale dorinţe
each one was heading for his goal
fiecare se îndrepta spre obiectivul său
each one was obsessed by the goal
fiecare era obsedat de obiectiv
each one was suffering from the pursuit
fiecare suferea din cauza urmăririi
The river sang with a voice of suffering
Râul cânta cu glas de suferinţă
longingly it sang and flowed towards its goal
cu dor cânta şi curgea spre ţelul său
"Do you hear?" Vasudeva asked with a mute gaze
— Auzi? întrebă Vasudeva cu o privire mută

Siddhartha nodded in reply
Siddhartha dădu din cap ca răspuns
"Listen better!" Vasudeva whispered
„Ascultă mai bine!" şopti Vasudeva
Siddhartha made an effort to listen better
Siddhartha a făcut un efort să asculte mai bine
The image of his father appeared
A apărut imaginea tatălui său
his own image merged with his father's
propria sa imagine s-a contopit cu cea a tatălui său
the image of his son merged with his image
imaginea fiului său s-a contopit cu imaginea lui
Kamala's image also appeared and was dispersed
A apărut şi imaginea lui Kamala şi a fost împrăştiată
and the image of Govinda, and other images
şi imaginea lui Govinda şi alte imagini
and all the imaged merged with each other
şi toate imaginile s-au contopit între ele
all the imaged turned into the river
toate imaginile s-au transformat în râu
being the river, they all headed for the goal
fiind râul, toţi s-au îndreptat spre poartă
longing, desiring, suffering flowed together
dor, dorinţă, suferinţă curgeau împreună
and the river's voice sounded full of yearning
iar vocea râului suna plină de dor
the river's voice was full of burning woe
vocea râului era plină de vai arzătoare
the river's voice was full of unsatisfiable desire
vocea râului era plină de dorinţă nesatisfăcătoare
For the goal, the river was heading
Spre gol, râul se îndrepta
Siddhartha saw the river hurrying towards its goal
Siddhartha a văzut râul grăbindu-se spre obiectivul său
the river of him and his loved ones and of all people he had ever seen

râul lui și al celor dragi lui și al tuturor oamenilor pe care îi
văzuse vreodată
all of these waves and waters were hurrying
toate aceste valuri și ape se grăbeau
they were all suffering towards many goals
toți sufereau spre multe obiective
the waterfall, the lake, the rapids, the sea
cascada, lacul, repezirile, marea
and all goals were reached
și toate obiectivele au fost atinse
and every goal was followed by a new one
și fiecare obiectiv a fost urmat de unul nou
and the water turned into vapour and rose to the sky
iar apa s-a transformat în vapori și s-a ridicat la cer
the water turned into rain and poured down from the sky
apa s-a transformat în ploaie și s-a revărsat din cer
the water turned into a source
apa s-a transformat într-o sursă
then the source turned into a stream
apoi sursa s-a transformat într-un pârâu
the stream turned into a river
pârâul s-a transformat în râu
and the river headed forwards again
iar râul s-a îndreptat din nou înainte
But the longing voice had changed
Dar vocea dorului se schimbase
It still resounded, full of suffering, searching
Încă răsuna, plin de suferință, căutând
but other voices joined the river
dar alte voci s-au alăturat râului
there were voices of joy and of suffering
s-au auzit voci de bucurie și de suferință
good and bad voices, laughing and sad ones
voci bune și rele, râzând și triste
a hundred voices, a thousand voices
o sută de voci, o mie de voci

Siddhartha listened to all these voices
Siddhartha a ascultat toate aceste voci
He was now nothing but a listener
Acum nu era altceva decât un ascultător
he was completely concentrated on listening
era complet concentrat să asculte
he was completely empty now
acum era complet gol
he felt that he had now finished learning to listen
simțea că acum terminase de învățat să asculte
Often before, he had heard all this
Deseori înainte, auzise toate acestea
he had heard these many voices in the river
auzise aceste multe voci în râu
today the voices in the river sounded new
astăzi vocile din râu sunau noi
Already, he could no longer tell the many voices apart
Deja, nu mai putea deosebi multe voci
there was no difference between the happy voices and the weeping ones
nu era nicio diferență între vocile fericite și cele plângătoare
the voices of children and the voices of men were one
vocile copiilor și vocile bărbaților erau una
all these voices belonged together
toate aceste voci aparțineau împreună
the lamentation of yearning and the laughter of the knowledgeable one
tânguirea dorului și râsul celui priceput
the scream of rage and the moaning of the dying ones
țipătul de furie și gemetele celor pe moarte
everything was one and everything was intertwined
totul era unul și totul era împletit
everything was connected and entangled a thousand times
totul era legat și încurcat de o mie de ori
everything together, all voices, all goals
totul împreună, toate vocile, toate obiectivele

all yearning, all suffering, all pleasure
toată dorința, toată suferința, toată plăcerea
all that was good and evil
tot ce era bine și rău
all of this together was the world
toate acestea împreună erau lumea
All of it together was the flow of events
Toate acestea împreună a fost fluxul evenimentelor
all of it was the music of life
totul era muzica vieții
when Siddhartha was listening attentively to this river
când Siddhartha asculta cu atenție acest râu
the song of a thousand voices
cântecul cu o mie de voci
when he neither listened to the suffering nor the laughter
când nu asculta nici suferința, nici râsul
when he did not tie his soul to any particular voice
când nu-și lega sufletul de vreo voce anume
when he submerged his self into the river
când s-a scufundat în râu
but when he heard them all he perceived the whole, the oneness
dar când le-a auzit pe toate, a perceput întregul, unitatea
then the great song of the thousand voices consisted of a single word
apoi marele cântec al celor o mie de voci consta dintr-un singur cuvânt
this word was Om; the perfection
acest cuvânt era Om; perfecțiunea

"Do you hear" Vasudeva's gaze asked again
„Auzi?" a întrebat din nou privirea Vasudevei
Brightly, Vasudeva's smile was shining
Luminos, zâmbetul Vasudevei strălucea
it was floating radiantly over all the wrinkles of his old face
plutea strălucitor peste toate ridurile vechiului lui chip

the same way the Om was floating in the air over all the voices of the river
la fel în care Om plutea în aer peste toate vocile râului
Brightly his smile was shining, when he looked at his friend
Zâmbetul lui strălucea strălucitor, când se uită la prietenul său
and brightly the same smile was now starting to shine on Siddhartha's face
și strălucitor același zâmbet începea acum să strălucească pe chipul Siddharthei
His wound had blossomed and his suffering was shining
Rana îi înflorise și suferința îi strălucea
his self had flown into the oneness
sinele lui zburase în unicitate
In this hour, Siddhartha stopped fighting his fate
În această oră, Siddhartha a încetat să se mai lupte cu soarta lui
at the same time he stopped suffering
în același timp a încetat să mai sufere
On his face flourished the cheerfulness of a knowledge
Pe chipul lui înflorise veselia unei cunoștințe
a knowledge which was no longer opposed by any will
o cunoaștere căreia nu se mai opune nicio voință
a knowledge which knows perfection
o cunoaștere care cunoaște perfecțiunea
a knowledge which is in agreement with the flow of events
o cunoaștere care este în acord cu fluxul evenimentelor
a knowledge which is with the current of life
o cunoaștere care este cu curentul vieții
full of sympathy for the pain of others
plin de simpatie pentru durerea altora
full of sympathy for the pleasure of others
plin de simpatie pentru plăcerea altora
devoted to the flow, belonging to the oneness
devotat curgerii, aparținând unității
Vasudeva rose from the seat by the bank
Vasudeva se ridică de pe scaunul de lângă bancă

he looked into Siddhartha's eyes
se uită în ochii lui Siddhartha
and he saw the cheerfulness of the knowledge shining in his eyes
și a văzut veselia cunoașterii strălucind în ochii lui
he softly touched his shoulder with his hand
și-a atins ușor umărul cu mâna
"I've been waiting for this hour, my dear"
„Am așteptat ora asta, draga mea"
"Now that it has come, let me leave"
„Acum că a venit, lasă-mă să plec"
"For a long time, I've been waiting for this hour"
„De mult timp, am așteptat această oră"
"for a long time, I've been Vasudeva the ferryman"
„de multă vreme, sunt Vasudeva, bărbașul"
"Now it's enough. Farewell"
"Acum e de ajuns. La revedere"
"farewell river, farewell Siddhartha!"
"la revedere fluviu, la revedere Siddhartha!"
Siddhartha made a deep bow before him who bid his farewell
Siddhartha făcu o plecăciune adâncă în fața celui care și-a luat rămas bun
"I've known it," he said quietly
— Am știut, spuse el încet
"You'll go into the forests?"
— Vei merge în păduri?
"I'm going into the forests"
„Merg în păduri"
"I'm going into the oneness" spoke Vasudeva with a bright smile
„Intru în unicitate", a spus Vasudeva cu un zâmbet strălucitor
With a bright smile, he left
Cu un zâmbet strălucitor, a plecat
Siddhartha watched him leaving
Siddhartha îl privi plecând

With deep joy, with deep solemnity he watched him leave
Cu profundă bucurie, cu profundă solemnitate l-a privit plecând
he saw his steps were full of peace
și-a văzut pașii plini de pace
he saw his head was full of lustre
și-a văzut capul plin de strălucire
he saw his body was full of light
și-a văzut corpul plin de lumină

Govinda

Govinda had been with the monks for a long time
Govinda era cu călugării de multă vreme
when not on pilgrimages, he spent his time in the pleasure-garden
când nu era în pelerinaje, își petrecea timpul în grădina plăcerilor
the garden which the courtesan Kamala had given the followers of Gotama
grădina pe care curtezana Kamala o dăduse adepților lui Gotama
he heard talk of an old ferryman, who lived a day's journey away
a auzit vorbind despre un bătrân bătrân, care locuia la o zi de călătorie
he heard many regarded him as a wise man
a auzit că mulți îl considerau un om înțelept
When Govinda went back, he chose the path to the ferry
Când Govinda s-a întors, a ales calea către feribot
he was eager to see the ferryman
era nerăbdător să-l vadă pe ferryman
he had lived his entire life by the rules
își trăise toată viața după reguli
he was looked upon with veneration by the younger monks
era privit cu venerare de către călugării mai tineri
they respected his age and modesty
i-au respectat vârsta și modestia
but his restlessness had not perished from his heart
dar neliniștea lui nu pierise din inimă
he was searching for what he had not found
căuta ceea ce nu găsise
He came to the river and asked the old man to ferry him over
A venit la râu și l-a rugat pe bătrân să-l transporte
when they got off the boat on the other side, he spoke with the old man

când au coborât din barcă pe partea cealaltă, a vorbit cu bătrânul

"You're very good to us monks and pilgrims"
„Ești foarte bun cu noi, călugării și pelerinii"
"you have ferried many of us across the river"
„ai transportat pe mulți dintre noi peste râu"
"Aren't you too, ferryman, a searcher for the right path?"
— Nu ești și tu, ferryman, un căutător al drumului cel bun?
smiling from his old eyes, Siddhartha spoke
zâmbind din ochii lui bătrâni, Siddhartha a vorbit
"oh venerable one, do you call yourself a searcher?"
„O, venerabile, te numești căutător?"
"are you still a searcher, although already well in years?"
"Ești încă un căutător, deși deja bine de ani de zile?"
"do you search while wearing the robe of Gotama's monks?"
„Tu cauți în timp ce porți haina călugărilor lui Gotama?"
"It's true, I'm old," spoke Govinda
„E adevărat, sunt bătrân", a spus Govinda
"but I haven't stopped searching"
"dar nu m-am oprit din cautare"
"I will never stop searching"
„Nu voi înceta niciodată să caut"
"this seems to be my destiny"
„Acesta pare a fi destinul meu"
"You too, so it seems to me, have been searching"
„Și tu, așa mi se pare, ai căutat"
"Would you like to tell me something, oh honourable one?"
— Ai vrea să-mi spui ceva, o, onorabilă?
"What might I have that I could tell you, oh venerable one?"
„Ce aș putea să-ți spun, o, venerabile?"
"Perhaps I could tell you that you're searching far too much?"
— Poate că aș putea să-ți spun că cauți mult prea mult?
"Could I tell you that you don't make time for finding?"
— Aș putea să-ți spun că nu-ți faci timp să găsești?

"How come?" asked Govinda
„Cum se face?" întrebă Govinda
"When someone is searching they might only see what they search for"
„Când cineva caută, poate vedea doar ceea ce caută"
"he might not be able to let anything else enter his mind"
„s-ar putea să nu poată lăsa altceva să-i intre în minte"
"he doesn't see what he is not searching for"
„nu vede ce nu caută"
"because he always thinks of nothing but the object of his search"
„pentru că întotdeauna nu se gândește la nimic altceva decât la obiectul căutării sale"
"he has a goal, which he is obsessed with"
"are un scop, de care este obsedat"
"Searching means having a goal"
„A căuta înseamnă a avea un scop"
"But finding means being free, open, and having no goal"
„Dar a găsi înseamnă a fi liber, deschis și nu ai niciun scop"
"You, oh venerable one, are perhaps indeed a searcher"
„Tu, venerabile, ești poate într-adevăr un căutător"
"because, when striving for your goal, there are many things you don't see"
„Pentru că, atunci când te străduiești pentru obiectivul tău, sunt multe lucruri pe care nu le vezi"
"you might not see things which are directly in front of your eyes"
„Este posibil să nu vezi lucruri care sunt direct în fața ochilor tăi"
"I don't quite understand yet," said Govinda, "what do you mean by this?"
— Încă nu prea înțeleg, spuse Govinda, ce vrei să spui cu asta?
"oh venerable one, you've been at this river before, a long time ago"
„O, venerabile, ai mai fost la acest râu, cu mult timp în urmă"
"and you have found a sleeping man by the river"

„și ai găsit un om adormit lângă râu"
"you have sat down with him to guard his sleep"
„Te-ai așezat cu el să-i păzești somnul"
"but, oh Govinda, you did not recognise the sleeping man"
"dar, o Govinda, nu l-ai recunoscut pe omul adormit"
Govinda was astonished, as if he had been the object of a magic spell
Govinda era uluit, de parcă ar fi fost obiectul unei vrăji magice
the monk looked into the ferryman's eyes
călugărul se uită în ochii feribotului
"Are you Siddhartha?" he asked with a timid voice
— Tu ești Siddhartha? întrebă el cu o voce timidă
"I wouldn't have recognised you this time either!"
— Nici de data asta nu te-aș fi recunoscut!
"from my heart, I'm greeting you, Siddhartha"
„Din inima mea, te salut, Siddhartha"
"from my heart, I'm happy to see you once again!"
"din inima mea, ma bucur sa te vad inca o data!"
"You've changed a lot, my friend"
"Te-ai schimbat mult, prietene"
"and you've now become a ferryman?"
„și acum ai devenit ferryman?"
In a friendly manner, Siddhartha laughed
Într-o manieră prietenoasă, Siddhartha râse
"yes, I am a ferryman"
"Da, sunt ferryman"
"Many people, Govinda, have to change a lot"
„Mulți oameni, Govinda, trebuie să se schimbe foarte mult"
"they have to wear many robes"
„trebuie să poarte multe halate"
"I am one of those who had to change a lot"
„Sunt unul dintre cei care a trebuit să se schimbe mult"
"Be welcome, Govinda, and spend the night in my hut"
"Fii bine-venit, Govinda, și petrece noaptea în coliba mea"
Govinda stayed the night in the hut
Govinda a rămas noaptea în colibă

he slept on the bed which used to be Vasudeva's bed
a dormit pe patul care a fost patul lui Vasudeva
he posed many questions to the friend of his youth
i-a pus multe întrebări prietenului din tinereţe
Siddhartha had to tell him many things from his life
Siddhartha a trebuit să-i spună multe lucruri din viaţa lui

then the next morning came
apoi a venit dimineaţa următoare
the time had come to start the day's journey
sosise timpul să înceapă călătoria zilei
without hesitation, Govinda asked one more question
fără ezitare, Govinda a mai pus o întrebare
"Before I continue on my path, Siddhartha, permit me to ask one more question"
„Înainte de a-mi continua drumul, Siddhartha, permite-mi să mai pun o întrebare."
"Do you have a teaching that guides you?"
— Ai vreo învăţătură care să te ghideze?
"Do you have a faith or a knowledge you follow"
„Ai o credinţă sau o cunoaştere pe care o urmezi"
"is there a knowledge which helps you to live and do right?"
„Există o cunoaştere care te ajută să trăieşti şi să faci bine?"
"You know well, my dear, I have always been distrustful of teachers"
„Ştii bine, draga mea, mereu am fost neîncrezătoare în profesori"
"as a young man I already started to doubt teachers"
„De tânăr am început deja să mă îndoiesc de profesori"
"when we lived with the penitents in the forest, I distrusted their teachings"
„Când locuiam cu penitenţii în pădure, nu aveam încredere în învăţăturile lor"
"and I turned my back to them"
„şi le-am întors spatele"
"I have remained distrustful of teachers"

„Am rămas neîncrezător în profesori"
"Nevertheless, I have had many teachers since then"
„Cu toate acestea, am avut mulți profesori de atunci"
"A beautiful courtesan has been my teacher for a long time"
„O curtezană frumoasă a fost profesorul meu de mult timp"
"a rich merchant was my teacher"
„Un negustor bogat a fost profesorul meu"
"and some gamblers with dice taught me"
„și niște jucători cu zaruri m-au învățat"
"Once, even a follower of Buddha has been my teacher"
„Odată, chiar și un adept al lui Buddha a fost profesorul meu"
"he was travelling on foot, pilgering"
„călătorea pe jos, călătorind"
"and he sat with me when I had fallen asleep in the forest"
„și a stat cu mine când am adormit în pădure"
"I've also learned from him, for which I'm very grateful"
„Am învățat și de la el, pentru care sunt foarte recunoscător"
"But most of all, I have learned from this river"
„Dar mai presus de toate, am învățat din acest râu"
"and I have learned most from my predecessor, the ferryman Vasudeva"
„și am învățat cel mai mult de la predecesorul meu, ferrymanul Vasudeva"
"He was a very simple person, Vasudeva, he was no thinker"
„Era un om foarte simplu, Vasudeva, nu era gânditor"
"but he knew what is necessary just as well as Gotama"
„dar știa ce este necesar la fel de bine ca și Gotama"
"he was a perfect man, a saint"
„era un om perfect, un sfânt"
"Siddhartha still loves to mock people, it seems to me"
„Mi se pare, Siddhartha încă îi place să-și bată joc de oameni"
"I believe in you and I know that you haven't followed a teacher"
„Cred în tine și știu că nu ai urmat un profesor"
"But haven't you found something by yourself?"
— Dar nu ai găsit ceva singur?

"though you've found no teachings, you still found certain thoughts"
„Deși nu ai găsit nicio învățătură, totuși ai găsit anumite gânduri"
"certain insights, which are your own"
„anumite perspective, care sunt propriile tale"
"insights which help you to live"
„Insights care te ajută să trăiești"
"Haven't you found something like this?"
— N-ai găsit așa ceva?
"If you would like to tell me, you would delight my heart"
„Dacă ai vrea să-mi spui, mi-ai încânta inima"
"you are right, I have had thoughts and gained many insights"
„Ai dreptate, am avut gânduri și am obținut multe perspective"
"Sometimes I have felt knowledge in me for an hour"
„Uneori am simțit cunoașterea în mine de o oră"
"at other times I have felt knowledge in me for an entire day"
„Alteori am simțit cunoașterea în mine pentru o zi întreagă"
"the same knowledge one feels when one feels life in one's heart"
„aceeași cunoștințe pe care le simțim atunci când simțim viața în inimă"
"There have been many thoughts"
„Au fost multe gânduri"
"but it would be hard for me to convey these thoughts to you"
„dar mi-ar fi greu să-ți transmit aceste gânduri"
"my dear Govinda, this is one of my thoughts which I have found"
„Draga mea Govinda, acesta este unul dintre gândurile mele pe care le-am găsit"
"wisdom cannot be passed on"
„Înțelepciunea nu poate fi transmisă"

"Wisdom which a wise man tries to pass on always sounds like foolishness"
„Înțelepciunea pe care încearcă să o transmită un înțelept sună întotdeauna ca o prostie"
"Are you kidding?" asked Govinda
"Glumești?" întrebă Govinda
"I'm not kidding, I'm telling you what I have found"
"Nu glumesc, iti spun ce am gasit"
"Knowledge can be conveyed, but wisdom can't"
„Cunoașterea poate fi transmisă, dar înțelepciunea nu"
"wisdom can be found, it can be lived"
„Înțelepciunea poate fi găsită, poate fi trăită"
"it is possible to be carried by wisdom"
„este posibil să fii purtat de înțelepciune"
"miracles can be performed with wisdom"
„Minunile pot fi făcute cu înțelepciune"
"but wisdom cannot be expressed in words or taught"
„dar înțelepciunea nu poate fi exprimată în cuvinte sau predată"
"This was what I sometimes suspected, even as a young man"
„Asta a fost ceea ce bănuiam uneori, chiar și când eram tânăr"
"this is what has driven me away from the teachers"
„Asta m-a îndepărtat de profesori"
"I have found a thought which you'll regard as foolishness"
„Am găsit un gând pe care îl vei considera o prostie"
"but this thought has been my best"
„dar acest gând a fost cel mai bun pentru mine"
"The opposite of every truth is just as true!"
„Opusul oricărui adevăr este la fel de adevărat!"
"any truth can only be expressed when it is one-sided"
„orice adevăr poate fi exprimat doar atunci când este unilateral"
"only one sided things can be put into words"
„Numai lucrurile unilaterale pot fi exprimate în cuvinte"
"Everything which can be thought is one-sided"

"Tot ceea ce poate fi gândit este unilateral"
"it's all one-sided, so it's just one half"
"Totul este unilateral, deci este doar o jumătate"
"it all lacks completeness, roundness, and oneness"
"Totul îi lipsește completitatea, rotunjimea și unitatea"
"the exalted Gotama spoke in his teachings of the world"
"Exaltatul Gotama a vorbit în învățăturile sale despre lume"
"but he had to divide the world into Sansara and Nirvana"
"dar a trebuit să împartă lumea în Sansara și Nirvana"
"he had divided the world into deception and truth"
"a împărțit lumea în înșelăciune și adevăr"
"he had divided the world into suffering and salvation"
"a împărțit lumea în suferință și mântuire"
"the world cannot be explained any other way"
"Lumea nu poate fi explicată altfel"
"there is no other way to explain it, for those who want to teach"
"Nu există altă modalitate de a explica, pentru cei care vor să predea"
"But the world itself is never one-sided"
"Dar lumea în sine nu este niciodată unilaterală"
"the world exists around us and inside of us"
"Lumea există în jurul nostru și în interiorul nostru"
"A person or an act is never entirely Sansara or entirely Nirvana"
"O persoană sau un act nu este niciodată în întregime Sansara sau în întregime Nirvana"
"a person is never entirely holy or entirely sinful"
"o persoană nu este niciodată în întregime sfântă sau în întregime păcătoasă"
"It seems like the world can be divided into these opposites"
"Se pare că lumea poate fi împărțită în aceste opuse"
"but that's because we are subject to deception"
"dar asta pentru că suntem supuși înșelăciunii"
"it's as if the deception was something real"
"parcă înșelăciunea ar fi fost ceva real"

"Time is not real, Govinda"
„Timpul nu este real, Govinda"
"I have experienced this often and often again"
„Am pățit asta des și des din nou"
"when time is not real, the gap between the world and the eternity is also a deception"
„când timpul nu este real, decalajul dintre lume și eternitate este și o înșelăciune"
"the gap between suffering and blissfulness is not real"
„diferența dintre suferință și fericire nu este reală"
"there is no gap between evil and good"
„nu există nici un decalaj între rău și bine"
"all of these gaps are deceptions"
„Toate aceste lacune sunt înșelăciuni"
"but these gaps appear to us nonetheless"
„dar aceste lacune ni se par totuși"
"How come?" asked Govinda timidly
"Cum se face?" întrebă Govinda timid
"Listen well, my dear," answered Siddhartha
— Ascultă bine, draga mea, răspunse Siddhartha
"The sinner, which I am and which you are, is a sinner"
„Păcătosul, care sunt eu și care ești tu, este un păcătos"
"but in times to come the sinner will be Brahma again"
„dar în vremuri viitoare, păcătosul va fi din nou Brahma"
"he will reach the Nirvana and be Buddha"
„va ajunge la Nirvana și va fi Buddha"
"the times to come are a deception"
„Vremurile care vor veni sunt o înșelăciune"
"the times to come are only a parable!"
„Vremurile care vor veni sunt doar o pildă!"
"The sinner is not on his way to become a Buddha"
„Păcătosul nu este pe cale să devină Buddha"
"he is not in the process of developing"
„nu este în curs de dezvoltare"
"our capacity for thinking does not know how else to picture these things"

„capacitatea noastră de a gândi nu știe cum altfel să ne imaginăm aceste lucruri"
"No, within the sinner there already is the future Buddha"
„Nu, în păcătos există deja viitorul Buddha"
"his future is already all there"
„Viitorul lui este deja tot acolo"
"you have to worship the Buddha in the sinner"
„Trebuie să te închini lui Buddha în păcătos"
"you have to worship the Buddha hidden in everyone"
„Trebuie să te închini lui Buddha ascuns în toată lumea"
"the hidden Buddha which is coming into being the possible"
„Buddha ascuns care ia naștere posibilul"
"The world, my friend Govinda, is not imperfect"
„Lumea, prietene Govinda, nu este imperfectă"
"the world is on no slow path towards perfection"
„Lumea nu este pe o cale lent către perfecțiune"
"no, the world is perfect in every moment"
„Nu, lumea este perfectă în fiecare moment"
"all sin already carries the divine forgiveness in itself"
„tot păcatul poartă deja în sine iertarea divină"
"all small children already have the old person in themselves"
„toți copiii mici au deja bătrânul în ei înșiși"
"all infants already have death in them"
„toți bebelușii au deja moartea în ei"
"all dying people have the eternal life"
„toți cei pe moarte au viața veșnică"
"we can't see how far another one has already progressed on his path"
„Nu putem vedea cât de departe a progresat deja altul pe calea lui"
"in the robber and dice-gambler, the Buddha is waiting"
„în tâlharul și jucătorul de zaruri, Buddha așteaptă"
"in the Brahman, the robber is waiting"
„în Brahman, tâlharul așteaptă"

"in deep meditation, there is the possibility to put time out of existence"
„În meditația profundă, există posibilitatea de a scoate timpul din existență"
"there is the possibility to see all life simultaneously"
„Există posibilitatea de a vedea toată viața simultan"
"it is possible to see all life which was, is, and will be"
„Este posibil să vezi toată viața care a fost, este și va fi"
"and there everything is good, perfect, and Brahman"
„și acolo totul este bun, perfect și Brahman"
"Therefore, I see whatever exists as good"
„Prin urmare, văd tot ce există ca fiind bun"
"death is to me like life"
„Moartea este pentru mine ca viața"
"to me sin is like holiness"
„Pentru mine păcatul este ca sfințenia"
"wisdom can be like foolishness"
„Înțelepciunea poate fi ca nebunia"
"everything has to be as it is"
„totul trebuie să fie așa cum este"
"everything only requires my consent and willingness"
„Totul necesită doar acordul și voința mea"
"all that my view requires is my loving agreement to be good for me"
„Tot ceea ce parerea mea cere este acordul meu iubitor să fie bun pentru mine"
"my view has to do nothing but work for my benefit"
„viziunea mea nu trebuie să facă altceva decât să lucreze în beneficiul meu"
"and then my perception is unable to ever harm me"
„și atunci percepția mea nu poate să-mi facă vreodată rău"
"I have experienced that I needed sin very much"
„Am experimentat că am mare nevoie de păcat"
"I have experienced this in my body and in my soul"
„Am experimentat asta în trupul și în sufletul meu"
"I needed lust, the desire for possessions, and vanity"

„Am avut nevoie de poftă, de dorință de posesiuni și de vanitate"
"and I needed the most shameful despair"
„și aveam nevoie de cea mai rușinoasă disperare"
"in order to learn how to give up all resistance"
„pentru a învăța cum să renunți la orice rezistență"
"in order to learn how to love the world"
„pentru a învăța să iubești lumea"
"in order to stop comparing things to some world I wished for"
„Pentru a nu mai compara lucrurile cu o lume pe care mi-am dorit-o"
"I imagined some kind of perfection I had made up"
„Mi-am imaginat un fel de perfecțiune pe care am inventat-o"
"but I have learned to leave the world as it is"
„dar am învățat să las lumea așa cum este"
"I have learned to love the world as it is"
„Am învățat să iubesc lumea așa cum este"
"and I learned to enjoy being a part of it"
„și am învățat să mă bucur să fac parte din ea"
"These, oh Govinda, are some of the thoughts which have come into my mind"
„Acestea, o Govinda, sunt câteva dintre gândurile care mi-au venit în minte"

Siddhartha bent down and picked up a stone from the ground
Siddhartha s-a aplecat și a luat o piatră de pe pământ
he weighed the stone in his hand
a cântărit piatra în mână
"This here," he said playing with the rock, "is a stone"
„Aceasta aici", a spus el jucându-se cu piatra, „este o piatră"
"this stone will, after a certain time, perhaps turn into soil"
„Această piatră se va transforma, după un anumit timp, poate în pământ"
"it will turn from soil into a plant or animal or human being"

„se va transforma din sol într-o plantă sau animal sau ființă umană"

"In the past, I would have said this stone is just a stone"
„În trecut, aș fi spus că această piatră este doar o piatră"

"I might have said it is worthless"
„Aș fi putut spune că nu are valoare"

"I would have told you this stone belongs to the world of the Maya"
„Ți-aș fi spus că această piatră aparține lumii Maya"

"but I wouldn't have seen that it has importance"
"dar nu as fi vazut ca are importanta"

"it might be able to become a spirit in the cycle of transformations"
„ar putea fi capabil să devină un spirit în ciclul transformărilor"

"therefore I also grant it importance"
"de aceea ii acord si importanta"

"Thus, I would perhaps have thought in the past"
„Astfel, poate m-aș fi gândit în trecut"

"But today I think differently about the stone"
„Dar astăzi gândesc diferit despre piatră"

"this stone is a stone, and it is also animal, god, and Buddha"
„această piatră este o piatră și este, de asemenea, animal, zeu și Buddha"

"I do not venerate and love it because it could turn into this or that"
„Nu o cinstesc și nu o iubesc pentru că s-ar putea transforma în asta sau aia"

"I love it because it is those things"
„Îmi place pentru că sunt acele lucruri"

"this stone is already everything"
"piatra asta este deja totul"

"it appears to me now and today as a stone"
„Mi se pare acum și azi ca o piatră"

"that is why I love this"
"De aceea iubesc asta"

"that is why I see worth and purpose in each of its veins and cavities"
„De aceea văd valoare și scop în fiecare dintre venele și cavitățile sale"
"I see value in its yellow, gray, and hardness"
„Văd valoare în galben, gri și duritate"
"I appreciated the sound it makes when I knock at it"
„Am apreciat sunetul pe care îl scoate când bat la el"
"I love the dryness or wetness of its surface"
„Îmi place uscăciunea sau umezeala suprafeței sale"
"There are stones which feel like oil or soap"
„Există pietre care se simt ca ulei sau săpun"
"and other stones feel like leaves or sand"
„și alte pietre se simt ca frunze sau nisip"
"and every stone is special and prays the Om in its own way"
„și fiecare piatră este specială și roagă Om în felul ei"
"each stone is Brahman"
„Fiecare piatră este Brahman"
"but simultaneously, and just as much, it is a stone"
„dar în același timp, și la fel de mult, este o piatră"
"it is a stone regardless of whether it's oily or juicy"
"este o piatra indiferent daca este uleioasa sau suculenta"
"and this why I like and regard this stone"
„și de aceea îmi place și consider această piatră"
"it is wonderful and worthy of worship"
„este minunat și demn de închinare"
"But let me speak no more of this"
„Dar să nu mai vorbesc despre asta"
"words are not good for transmitting the secret meaning"
„cuvintele nu sunt bune pentru a transmite sensul secret"
"everything always becomes a bit different, as soon as it is put into words"
„Totul devine întotdeauna puțin diferit, de îndată ce este exprimat în cuvinte"
"everything gets distorted a little by words"
„Totul este denaturat puțin de cuvinte"

"and then the explanation becomes a bit silly"
„și atunci explicația devine puțin proastă"
"yes, and this is also very good, and I like it a lot"
"Da, și asta este, de asemenea, foarte bun și îmi place foarte mult"
"I also very much agree with this"
"Si eu sunt foarte de acord cu asta"
"one man's treasure and wisdom always sounds like foolishness to another person"
„Comara și înțelepciunea unui om sună întotdeauna ca o prostie pentru o altă persoană"
Govinda listened silently to what Siddhartha was saying
Govinda a ascultat în tăcere ce spunea Siddhartha
there was a pause and Govinda hesitantly asked a question
se făcu o pauză și Govinda puse șovăielnic o întrebare
"Why have you told me this about the stone?"
— De ce mi-ai spus asta despre piatră?
"I did it without any specific intention"
„Am făcut-o fără nicio intenție anume"
"perhaps what I meant was, that I love this stone and the river"
„Poate că ceea ce am vrut să spun a fost că iubesc această piatră și râul"
"and I love all these things we are looking at"
„și îmi plac toate aceste lucruri la care ne uităm"
"and we can learn from all these things"
„și putem învăța din toate aceste lucruri"
"I can love a stone, Govinda"
„Pot iubi o piatră, Govinda"
"and I can also love a tree or a piece of bark"
„și pot iubi și un copac sau o bucată de scoarță"
"These are things, and things can be loved"
„Acestea sunt lucruri și lucrurile pot fi iubite"
"but I cannot love words"
"dar nu pot iubi cuvintele"
"therefore, teachings are no good for me"

"Prin urmare, învățăturile nu sunt bune pentru mine"
"teachings have no hardness, softness, colours, edges, smell, or taste"
"Învățăturile nu au duritate, moliciune, culori, margini, miros sau gust"
"teachings have nothing but words"
"învățăturile nu au decât cuvinte"
"perhaps it is words which keep you from finding peace"
"Poate că cuvintele te împiedică să-ți găsești pacea"
"because salvation and virtue are mere words"
"pentru că mântuirea și virtutea sunt simple cuvinte"
"Sansara and Nirvana are also just mere words, Govinda"
"Sansara și Nirvana sunt, de asemenea, doar cuvinte, Govinda"
"there is no thing which would be Nirvana"
"Nu există nimic care să fie Nirvana"
"therefore Nirvana is just the word"
" de aceea Nirvana este doar cuvântul"
Govinda objected, "Nirvana is not just a word, my friend"
Govinda a obiectat: "Nirvana nu este doar un cuvânt, prietene"
"Nirvana is a word, but also it is a thought"
"Nirvana este un cuvânt, dar este și un gând"
Siddhartha continued, "it might be a thought"
Siddhartha a continuat: "Ar putea fi un gând"
"I must confess, I don't differentiate much between thoughts and words"
"Trebuie să mărturisesc, nu fac mare diferență între gânduri și cuvinte"
"to be honest, I also have no high opinion of thoughts"
"Ca să fiu sincer, nici eu nu am o părere înaltă despre gânduri"
"I have a better opinion of things than thoughts"
"Am o părere mai bună despre lucruri decât gânduri"
"Here on this ferry-boat, for instance, a man has been my predecessor"

„Aici, pe acest feribot, de exemplu, un bărbat a fost predecesorul meu"
"he was also one of my teachers"
„a fost și unul dintre profesorii mei"
"a holy man, who has for many years simply believed in the river"
„un om sfânt, care de mulți ani a crezut pur și simplu în râu"
"and he believed in nothing else"
„și nu credea în nimic altceva"
"He had noticed that the river spoke to him"
„El observase că râul îi vorbea"
"he learned from the river"
„a învățat de la râu"
"the river educated and taught him"
„râul l-a educat și l-a învățat"
"the river seemed to be a god to him"
„râul părea a fi un zeu pentru el"
"for many years he did not know that everything was as divine as the river"
„mulți ani nu a știut că totul era la fel de divin ca râul"
"the wind, every cloud, every bird, every beetle"
„vântul, fiecare nor, fiecare pasăre, fiecare gândac"
"they can teach just as much as the river"
„pot să învețe la fel de mult ca râul"
"But when this holy man went into the forests, he knew everything"
„Dar când acest sfânt a intrat în păduri, știa totul"
"he knew more than you and me, without teachers or books"
„a știut mai multe decât tine și mine, fără profesori sau cărți"
"he knew more than us only because he had believed in the river"
„Știa mai mult decât noi doar pentru că crezuse în râu"

Govinda still had doubts and questions
Govinda mai avea îndoieli și întrebări
"But is that what you call things actually something real?"

„Dar asta numiți lucrurile de fapt ceva real?"
"do these things have existence?"
„au aceste lucruri existență?"
"Isn't it just a deception of the Maya"
„Nu este doar o înșelăciune a mayașilor"
"aren't all these things an image and illusion?"
„Nu sunt toate aceste lucruri o imagine și o iluzie?"
"Your stone, your tree, your river"
„Piatra ta, copacul tău, râul tău"
"are they actually a reality?"
"sunt de fapt o realitate?"
"This too," spoke Siddhartha, "I do not care very much about"
„Și asta", a spus Siddhartha, „nu-mi pasă foarte mult"
"Let the things be illusions or not"
„Lasă lucrurile să fie iluzii sau nu"
"after all, I would then also be an illusion"
„La urma urmei, atunci aș fi și eu o iluzie"
"and if these things are illusions then they are like me"
„și dacă aceste lucruri sunt iluzii, atunci sunt ca mine"
"This is what makes them so dear and worthy of veneration for me"
„Acesta este ceea ce îi face atât de dragi și demni de venerare pentru mine"
"these things are like me and that is how I can love them"
„Aceste lucruri sunt ca mine și așa le pot iubi"
"this is a teaching you will laugh about"
„aceasta este o învățătură despre care vei râde"
"love, oh Govinda, seems to me to be the most important thing of all"
„Dragostea, oh Govinda, mi se pare cel mai important lucru dintre toate"
"to thoroughly understand the world may be what great thinkers do"
„a înțelege în detaliu lumea poate fi ceea ce fac marii gânditori"

"they explain the world and despise it"
„ei explică lumea și o disprețuiesc"
"But I'm only interested in being able to love the world"
„Dar pe mine mă interesează doar să pot iubi lumea"
"I am not interested in despising the world"
„Nu mă interesează să disprețuiesc lumea"
"I don't want to hate the world"
„Nu vreau să urăsc lumea"
"and I don't want the world to hate me"
„și nu vreau ca lumea să mă urască"
"I want to be able to look upon the world and myself with love"
„Vreau să pot să mă uit la lume și la mine cu dragoste"
"I want to look upon all beings with admiration"
„Vreau să privesc toate ființele cu admirație"
"I want to have a great respect for everything"
„Vreau să am un mare respect pentru tot"
"This I understand," spoke Govinda
„Am înțeles asta", a spus Govinda
"But this very thing was discovered by the exalted one to be a deception"
„Dar chiar acest lucru a fost descoperit de cel înălțat ca fiind o înșelăciune"
"He commands benevolence, clemency, sympathy, tolerance"
„El poruncește bunăvoință, clemență, simpatie, toleranță"
"but he does not command love"
„dar el nu poruncește dragostea"
"he forbade us to tie our heart in love to earthly things"
„ne-a interzis să ne legăm inima în dragoste de lucrurile pământești"
"I know it, Govinda," said Siddhartha, and his smile shone golden
— Știu asta, Govinda, spuse Siddhartha, iar zâmbetul lui străluci de aur
"And behold, with this we are right in the thicket of opinions"

"Și iată, cu asta suntem chiar în desișul opiniilor"
"now we are in the dispute about words"
„acum suntem în dispută despre cuvinte"
"For I cannot deny, my words of love are a contradiction"
„Pentru că nu pot nega, cuvintele mele de dragoste sunt o contradicție"
"they seem to be in contradiction with Gotama's words"
„Par să fie în contradicție cu cuvintele lui Gotama"
"For this very reason, I distrust words so much"
„Tocmai din acest motiv, am atât de multă încredere în cuvinte"
"because I know this contradiction is a deception"
„pentru că știu că această contradicție este o înșelăciune"
"I know that I am in agreement with Gotama"
„Știu că sunt de acord cu Gotama"
"How could he not know love when he has discovered all elements of human existence"
„Cum ar putea să nu cunoască dragostea când a descoperit toate elementele existenței umane"
"he has discovered their transitoriness and their meaninglessness"
„a descoperit caracterul lor tranzitoriu și lipsa de sens"
"and yet he loved people very much"
„și totuși iubea foarte mult oamenii"
"he used a long, laborious life only to help and teach them!"
„a folosit o viață lungă și laborioasă doar pentru a-i ajuta și a-i învăța!"
"Even with your great teacher, I prefer things over the words"
„Chiar și cu marele tău profesor, prefer lucrurile decât cuvintele"
"I place more importance on his acts and life than on his speeches"
„Acord mai multă importanță faptelor și vieții lui decât discursurilor sale"
"I value the gestures of his hand more than his opinions"

„Apreciez gesturile mâinii lui mai mult decât opiniile"
"for me there was nothing in his speech and thoughts"
„Pentru mine nu era nimic în vorbirea și gândurile lui"
"I see his greatness only in his actions and in his life"
„Îi văd măreția doar în acțiunile și în viața lui"

For a long time, the two old men said nothing
Multă vreme cei doi bătrâni nu au spus nimic
Then Govinda spoke, while bowing for a farewell
Apoi Govinda a vorbit, în timp ce se înclina pentru un rămas-bun
"I thank you, Siddhartha, for telling me some of your thoughts"
„Îți mulțumesc, Siddhartha, că mi-ai spus câteva dintre gândurile tale."
"These thoughts are partially strange to me"
„Aceste gânduri sunt parțial ciudate pentru mine"
"not all of these thoughts have been instantly understandable to me"
„Nu toate aceste gânduri au fost de înțeles imediat pentru mine"
"This being as it may, I thank you"
„Fiind vorba de asta, vă mulțumesc"
"and I wish you to have calm days"
"si iti doresc sa ai zile linistite"
But secretly he thought something else to himself
Dar, în secret, a gândit altceva pentru sine
"This Siddhartha is a bizarre person"
„Acest Siddhartha este o persoană bizară"
"he expresses bizarre thoughts"
„exprimă gânduri bizare"
"his teachings sound foolish"
„învățăturile lui sună prostesc"
"the exalted one's pure teachings sound very different"
„învățăturile pure ale celui înălțat sună foarte diferit"
"those teachings are clearer, purer, more comprehensible"

„acele învățături sunt mai clare, mai pure, mai inteligibile"
"there is nothing strange, foolish, or silly in those teachings"
„Nu este nimic ciudat, prostesc sau prostesc în aceste învățături"
"But Siddhartha's hands seemed different from his thoughts"
„Dar mâinile lui Siddhartha păreau diferite de gândurile lui"
"his feet, his eyes, his forehead, his breath"
„picioarele, ochii, fruntea, respirația"
"his smile, his greeting, his walk"
„zâmbetul lui, salutul, mersul lui"
"I haven't met another man like him since Gotama became one with the Nirvana"
„Nu am întâlnit un alt bărbat ca el de când Gotama a devenit una cu Nirvana"
"since then I haven't felt the presence of a holy man"
„de atunci nu am mai simțit prezența unui sfânt"
"I have only found Siddhartha, who is like this"
"Am găsit doar Siddhartha, care este așa"
"his teachings may be strange and his words may sound foolish"
„învățăturile lui pot fi ciudate, iar cuvintele lui pot suna nebunești"
"but purity shines out of his gaze and hand"
„dar puritatea strălucește din privirea și din mâna lui"
"his skin and his hair radiates purity"
„pielea și părul lui iradiază puritate"
"purity shines out of every part of him"
„puritatea strălucește din fiecare parte a lui"
"a calmness, cheerfulness, mildness and holiness shines from him"
„din el strălucește o liniște, veselie, blândețe și sfinţenie"
"something which I have seen in no other person"
„ceva ce nu am văzut la nicio altă persoană"
"I have not seen it since the final death of our exalted teacher"

„Nu l-am văzut de la moartea finală a înălțătorului nostru profesor"
While Govinda thought like this, there was a conflict in his heart
În timp ce Govinda gândea așa, în inima lui era un conflict
he once again bowed to Siddhartha
se înclină din nou în fața lui Siddhartha
he felt he was drawn forward by love
a simțit că este atras înainte de iubire
he bowed deeply to him who was calmly sitting
s-a înclinat adânc în fața celui care stătea calm
"Siddhartha," he spoke, "we have become old men"
„Siddhartha", a spus el, „am devenit bătrâni"
"It is unlikely for one of us to see the other again in this incarnation"
„Este puțin probabil ca unul dintre noi să-l revadă pe celălalt în această încarnare"
"I see, beloved, that you have found peace"
„Văd, iubițilalor, că ai găsit pacea"
"I confess that I haven't found it"
"Marturisesc ca nu l-am gasit"
"Tell me, oh honourable one, one more word"
„Spune-mi, o, onorabil, încă un cuvânt"
"give me something on my way which I can grasp"
„Dă-mi ceva pe drum pe care să-l înțeleg"
"give me something which I can understand!"
„Dă-mi ceva ce să înțeleg!"
"give me something I can take with me on my path"
„Dă-mi ceva ce să pot lua cu mine pe drumul meu"
"my path is often hard and dark, Siddhartha"
„Drumul meu este adesea greu și întunecat, Siddhartha"
Siddhartha said nothing and looked at him
Siddhartha nu spuse nimic și se uită la el
he looked at him with his ever unchanged, quiet smile
se uită la el cu zâmbetul lui mereu neschimbat, liniștit
Govinda stared at his face with fear

Govinda se uită la fața lui cu frică
there was yearning and suffering in his eyes
în ochii lui era dor și suferință
the eternal search was visible in his look
eterna cautare era vizibila în privirea lui
you could see his eternal inability to find
puteai să vezi incapacitatea lui eternă de a găsi
Siddhartha saw it and smiled
Siddhartha a văzut-o și a zâmbit
"Bend down to me!" he whispered quietly in Govinda's ear
— Apleacă-te spre mine! șopti el în liniște la urechea Govindei
"Like this, and come even closer!"
„Așa și vino și mai aproape!"
"Kiss my forehead, Govinda!"
— Sărută-mă pe frunte, Govinda!
Govinda was astonished, but drawn on by great love and expectation
Govinda a fost uimit, dar atras de mare dragoste și așteptare
he obeyed his words and bent down closely to him
i-a ascultat cuvintele și s-a aplecat aproape de el
and he touched his forehead with his lips
și și-a atins fruntea cu buzele
when he did this, something miraculous happened to him
când a făcut asta, i s-a întâmplat ceva miraculos
his thoughts were still dwelling on Siddhartha's wondrous words
gândurile lui încă stăteau asupra cuvintelor minunate ale lui Siddhartha
he was still reluctantly struggling to think away time
încă se lupta fără tragere de inimă să se gândească la timp
he was still trying to imagine Nirvana and Sansara as one
încă încerca să-și imagineze Nirvana și Sansara ca una
there was still a certain contempt for the words of his friend
mai exista un oarecare dispreț față de cuvintele prietenului său
those words were still fighting in him

acele cuvinte încă se luptau în el
those words were still fighting against an immense love and veneration
acele cuvinte încă luptau împotriva unei imense iubiri și venerații
and during all these thoughts, something else happened to him
iar în toate aceste gânduri i s-a întâmplat altceva
He no longer saw the face of his friend Siddhartha
Nu mai vedea chipul prietenului său Siddhartha
instead of Siddhartha's face, he saw other faces
în loc de chipul lui Siddhartha, a văzut alte fețe
he saw a long sequence of faces
a văzut o lungă succesiune de chipuri
he saw a flowing river of faces
a văzut un râu de chipuri care curgea
hundreds and thousands of faces, which all came and disappeared
sute și mii de chipuri, care toate au venit și au dispărut
and yet they all seemed to be there simultaneously
și totuși toate păreau să fie acolo simultan
they constantly changed and renewed themselves
s-au schimbat și s-au reînnoit constant
they were themselves and they were still all Siddhartha's face
erau ei înșiși și erau toți chipul Siddharthei
he saw the face of a fish with an infinitely painfully opened mouth
a văzut chipul unui pește cu gura deschisă infinit de dureros
the face of a dying fish, with fading eyes
chipul unui pește pe moarte, cu ochii decolorați
he saw the face of a new-born child, red and full of wrinkles
a văzut chipul unui copil nou-născut, roșu și plin de riduri
it was distorted from crying
a fost distorsionat din plâns
he saw the face of a murderer

a văzut chipul unui criminal
he saw him plunging a knife into the body of another person
l-a văzut aruncând un cuțit în corpul altei persoane
he saw, in the same moment, this criminal in bondage
a văzut, în același moment, acest criminal în robie
he saw him kneeling before a crowd
l-a văzut îngenuncheat în fața unei mulțimi
and he saw his head being chopped off by the executioner
și văzu că i-a tăiat capul de călău
he saw the bodies of men and women
a văzut trupurile bărbaților și femeilor
they were naked in positions and cramps of frenzied love
erau goi în poziții și crampe ale iubirii frenetice
he saw corpses stretched out, motionless, cold, void
a văzut cadavre întinse, nemișcate, reci, goale
he saw the heads of animals
a văzut capete de animale
heads of boars, of crocodiles, and of elephants
capete de mistreți, de crocodili și de elefanți
he saw the heads of bulls and of birds
a văzut capete de tauri și de păsări
he saw gods; Krishna and Agni
a văzut zei; Krishna și Agni
he saw all of these figures and faces in a thousand relationships with one another
a văzut toate aceste figuri și chipuri într-o mie de relații unul cu celălalt
each figure was helping the other
fiecare figură o ajuta pe cealaltă
each figure was loving their relationship
fiecare figură își iubea relația
each figure was hating their relationship, destroying it
fiecare figură își ura relația, distrugând-o
and each figure was giving re-birth to their relationship
și fiecare figură renaște relația lor

each figure was a will to die
fiecare figură era o voință de a muri
they were passionately painful confessions of transitoriness
erau mărturisiri pasional de dureroase de tranzitorie
and yet none of them died, each one only transformed
și totuși niciunul dintre ei nu a murit, fiecare s-a transformat doar
they were always reborn and received more and more new faces
au renascut mereu si au primit din ce in ce mai multe chipuri noi
no time passed between the one face and the other
nu trecu timp între o față și cealaltă
all of these figures and faces rested
toate aceste figuri și chipuri s-au odihnit
they flowed and generated themselves
curgeau și s-au generat singuri
they floated along and merged with each other
au plutit de-a lungul și s-au contopit unul cu celălalt
and they were all constantly covered by something thin
și toate erau acoperite constant de ceva subțire
they had no individuality of their own
nu aveau nici o individualitate proprie
but yet they were existing
dar totusi existau
they were like a thin glass or ice
erau ca un pahar subțire sau gheață
they were like a transparent skin
erau ca o piele transparentă
they were like a shell or mould or mask of water
erau ca o coajă sau mucegai sau mască de apă
and this mask was smiling
iar această mască zâmbea
and this mask was Siddhartha's smiling face
iar această mască era chipul zâmbitor al lui Siddhartha
the mask which Govinda was touching with his lips

masca pe care Govinda o atingea cu buzele
And, Govinda saw it like this
Și Govinda a văzut-o așa
the smile of the mask
zâmbetul măștii
the smile of oneness above the flowing forms
zâmbetul unității deasupra formelor curgătoare
the smile of simultaneousness above the thousand births and deaths
zâmbetul simultaneității deasupra celor o mie de nașteri și decese
the smile of Siddhartha's was precisely the same
zâmbetul lui Siddhartha era exact același
Siddhartha's smile was the same as the quiet smile of Gotama, the Buddha
Zâmbetul lui Siddhartha era același cu zâmbetul liniștit al lui Gotama, Buddha
it was delicate and impenetrable smile
era un zâmbet delicat și impenetrabil
perhaps it was benevolent and mocking, and wise
poate că era binevoitor și batjocoritor și înțelept
the thousand-fold smile of Gotama, the Buddha
zâmbetul de o mie de ori al lui Gotama, Buddha
as he had seen it himself with great respect a hundred times
așa cum o văzuse el însuși cu mare respect de o sută de ori
Like this, Govinda knew, the perfected ones are smiling
Așa, știa Govinda, cei perfecționați zâmbesc
he did not know anymore whether time existed
nu mai știa dacă timpul există
he did not know whether the vision had lasted a second or a hundred years
nu știa dacă viziunea durase o secundă sau o sută de ani
he did not know whether a Siddhartha or a Gotama existed
nu știa dacă există un Siddhartha sau o Gotama
he did not know if a me or a you existed
nu știa dacă exista un eu sau un tu

he felt in his as if he had been wounded by a divine arrow
se simțea în ale lui de parcă ar fi fost rănit de o săgeată divină
the arrow pierced his innermost self
săgeata i-a străpuns sinele cel mai interior
the injury of the divine arrow tasted sweet
rănirea săgeții divine avea un gust dulce
Govinda was enchanted and dissolved in his innermost self
Govinda era fermecat și dizolvat în sinele lui cel mai lăuntric
he stood still for a little while
a stat nemișcat puțin
he bent over Siddhartha's quiet face, which he had just kissed
se aplecă asupra chipului liniștit al lui Siddhartha, pe care tocmai o sărutase
the face in which he had just seen the scene of all manifestations
chipul în care tocmai văzuse scena tuturor manifestărilor
the face of all transformations and all existence
fața tuturor transformărilor și a întregii existențe
the face he was looking at was unchanged
chipul pe care îl privea era neschimbat
under its surface, the depth of the thousand folds had closed up again
sub suprafața ei, adâncimea celor mii de pliuri se închisese din nou
he smiled silently, quietly, and softly
a zâmbit tăcut, liniștit și încet
perhaps he smiled very benevolently and mockingly
poate că a zâmbit foarte binevoitor și batjocoritor
precisely this was how the exalted one smiled
tocmai așa zâmbea înălțatul
Deeply, Govinda bowed to Siddhartha
Adânc, Govinda se înclină în fața lui Siddhartha
tears he knew nothing of ran down his old face
lacrimi despre care nu știa nimic îi curgeau pe vechea față
his tears burned like a fire of the most intimate love

lacrimile îi ardeau ca un foc al iubirii celei mai intime
he felt the humblest veneration in his heart
simţea cea mai umilă veneraţie în inima lui
Deeply, he bowed, touching the ground
Adânc, se înclină, atingând pământul
he bowed before him who was sitting motionlessly
se înclină în faţa celui care stătea nemişcat
his smile reminded him of everything he had ever loved in his life
zâmbetul lui îi amintea de tot ceea ce iubise vreodată în viaţa lui
his smile reminded him of everything in his life that he found valuable and holy
zâmbetul lui i-a amintit de tot ce a găsit în viaţa lui valoros şi sfânt